Heribert Illig

Nachruf für Kaiser Karl

Aachens Pfalz /

Eisenarmierung /

Chronik der Mittelalterdebatte

Heribert Illig

Nachruf für Kaiser Karl

Aachens Pfalz / Eisenarmierung / Chronik der Mittelalterdebatte

Mantis Verlag

Titelbild: Blick in die Kuppel des Aachener Doms, gerahmt vom Barbarossa-Leuchter. Das Zentrum von 'Karls Reich' [pixabay].

Heribert Illig

Nachruf für Kaiser Karl

Aachens Pfalz / Eisenarmierungen / Chronik der Mittelalterdebatte

Mantis Verlag Dr. Heribert Illig
Umschlaggestaltung und Druck: winterwork, Borsdorf
Printed in Germany

ISBN 978-3-928852-61-6

Mantis Verlag Dr. Heribert Illig
D-82166 Gräfelfing, Lenbachstr. 2a
Fax 089 87 139 139
E-Mail: mantisillig@gmx.de
www.mantis-verlag.de
www.zeitensprünge.de

Inhaltsverzeichnis

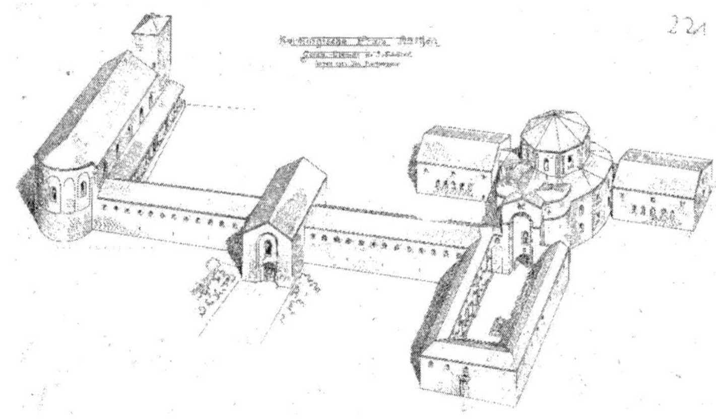

Überholte Rekonstruktion der Kaiserpfalz zu Aachen
[Zeichnung von Dombaumeister Joseph. Buchkremer].

Seit 30 Jahren erfundenes Mittelalter

Es ist Zeit für eine Zäsur. Meine Argumentation für die Datierung der Aachener Pfalzkapelle wird mit der nun nachgewiesenen Evolution der Eisenarmierungen abgeschlossen (s. S. 104). Da diese Kirche das Zentrum von Karls 'Regierungssitz' und das Zentrum seines Reiches bildete, erledigen sich beide – in Verbindung mit allen anderen vorgelegten Argumenten – gleich mit. Das erlaubt zugleich einen Rückblick auf eine Diskussion, die mehr Fachleute bewegt hat, als sie zugeben würden (s. S. 185). Und es eröffnet die Möglichkeit für eine neue Diskussionsrunde, nachdem sich mittlerweile das prophetische Wort von Johannes Fried bewahrheitet: „Die Garde stirbt und ergibt sich nicht" (s. S. 161).

In vielen Jahren habe ich eine Überfülle von Indizien präsentiert, die alle darauf hinweisen, dass das frühe Mittelalter in den Geschichtsbüchern deutlich zu lange angesetzt ist. In Unkenntnis wissenschaftlicher Gepflogenheiten glaubte ich, es gäbe so etwas wie eine kritische Masse an 'Beweisen', also an handfesten Indizien, die irgendwann die Fachgelehrten einfach überzeugt. Doch es kam anders. Indignierte Spezialisten pickten sich allenfalls schwächere Indizien heraus, argumentierten gegen sie und erklärten damit die gesamte Angelegenheit für erledigt. Gänzlich unverstanden blieb, dass Urkunden nicht nur paläographisch als Fälschungen erkennbar sind, sondern auch mittels Ausgrabungsergebnissen. Ansonsten überließen sie das Beweisen gerne Nicht-Mediävisten wie Dendrochronologen oder Archäoastronomen. Zugleich bevorzugten die Spezialisten sachfremde Argumentation, sofern man Verhöhnen, Beschimpfen und Beleidigen argumentativer Diskussion zurechnen möchte. Warum auch sollte es mir anders gehen als vielen anderen kritischen Denkern vor mir? Derartiges Verhalten ist widerwärtig, aber kein Skandalon mehr, zeigt es doch nur Schwächen der 'Orthodoxie', formuliert vom Nestor der Mediävisten, Christian Meier:

> „Eine Disziplin soll nicht wie eine Herde Elefanten ihr jeweils Allerwertestes nach außen kehren, um die auszuschließen und zu bestrafen, die sich um ein allgemeineres Begreifen ihrer Gegenstände, ein Begreifen innerhalb eines allgemeineren wissenschaftlichen Diskurses kümmern" [Meier 1989, 29 f.; ganzes Zitat s. S. 235].

Dabei sind meine Argumente in keiner Weise 'raffiniert'. Es geht im Wesentlichen darum, die ständig anwachsende archäologische Fundmenge nicht nur in Aachen, sondern in ganz Europa mit den Schriftquellen abzugleichen.

Aachen ist für das erfundene Frühmittelalter Dreh- und Angelpunkt. Hier soll sich Karl der Große seine wichtigste Pfalz gebaut haben, die er dann auch bis zu seinem Tod bevorzugte. Hier wären die Gesandtschaften von England, Konstantinopel oder Bagdad eingetroffen, hier wäre seine 'Gelehrtenrepublik' mit Bibliothek angesiedelt gewesen, hier hätte der Austausch mit der Geistlichkeit und mit dem Lateran stattgefunden. Leider ist von all dem beunruhigend wenig gefunden worden, wie die Spezialisten einräumen müssen. So wenig, dass es noch immer keinen Lageplan der Pfalz gibt (s. S. 12).

Aus dem römischen Thermalbad entstand eine Fiktion mit der Pfalzkapelle als sakralem Mittelpunkt, von Karl selbst in Auftrag gegeben und beim Bau von ihm überwacht. Den überflüssigen Streit, ob sie zu Karls Zeiten Pfalzkapelle, Marien-, Stifts-, Pfarr- oder Pfalzkirche gewesen wäre [u.a. Kraus 2013, 193-214], entscheide ich für mich mit Wahl der alten Bezeichnung „Pfalzkapelle“, die richtig bleibt, solange die Franzosen Aachen als „Aix-la-Chapelle“ benennen. Diese Kirche mit ihrem Thron gilt heute als geistlicher wie politischer Mittelpunkt des Karolingerreichs.

Die Ansiedlung Aachen zu Karls Zeiten ist für den Archäologen nicht auffindbar (s. S. 11); als Zeugen bleiben neben der Pfalzkapelle nur geringe Überreste von Aula und Verbindungsgang. Zusätzlich ruiniert der Fund einer römischen Mauer nahe der Aula die Einheit der karolingischen Pfalz, ebenso eine römische Straße (s. S. 12).

Erneut greife ich die Kirche heraus, an der ich vor rund 30 Jahren bereits mehr als 24 bauliche Merkmale festgestellt habe, die einfach zu früh auftreten [HI 1998, 24-35, 222-287]. Von ihnen wähle ich hier allein den Gewölbebau. Ich habe bereits gezeigt, dass es keine Architekturtradition gibt, die zu Aachens Steinkuppel und -gewölben hinführt, und dass danach keine architektonische Evolution erfolgte, sondern abbrach und ein Jahrhundert später von vorne begonnen werden musste (s. S. 27).

Diese erste Argumentationslinie ließ sich durch eine weitere ergänzen und verdeutlichen: Konnten die insgesamt sechs eisernen Ringanker von Hand so gut geschmiedet werden, dass sie mit modernem Baustahl verglichen werden können? Die Antwort habe ich in dem Buch *„Aachen ohne Karl den Großen · Technik stürzt sein Reich ins Nichts“* gegeben, 2014 in entscheidend erweiterter Form. Beide Argumentationslinien werden hier rekapituliert.

Als dritte, finale Antwort tritt die Rekonstruktion der Evolutionslinie für Eisenarmierungen an Bauten und Zimelien hinzu. Leider musste erst Notre-Dame de Paris brennen, damit französische Forscher, die diese Rekonstruktion seit Jahren leisten, mit dieser Kathedrale den bislang ältesten Bau mit Eisenarmierungen aufspüren konnten: Notre-Dame, begonnen 1163. So ergeben sich drei Entwicklungsstränge:

Der Gewölbebau mit massiven Hausteinen (s. S. 34),
die Technik des wassergetriebenen Fallhammers (s. S. 42),
die Gewölbearmierung mit Eisenankern (s. S. 79).

Werden sich wenigstens jetzt Mediävisten wundern, dass bereits 365 Jahre vor Notre-Dame in Aachens Pfalzkapelle eine viel bessere Armierung installiert werden konnte? Sicher nicht, weil für sie Tierhaut, sprich Pergament eindeutig Baustahl übertrumpft. Trotzdem muss diese Kirche ungeachtet mancher Urkunden- oder Chroniknennung verjüngt werden, womit sämtliche Dominosteine des Karlsreiches umstürzen. Aber nicht nur das Frühmittelalter stürzt, sondern auch die vorangehende Geschichte gerät in weitere Zweifel. Denn wenn ein Zeitraum, für den Tausende von Schriftquellen vorzuliegen scheinen, nicht zu halten ist, dann müssen Epochen mit viel schlechteren Schriftquellen umso mehr überprüft werden. Dazu erinnere ich an Arbeiten der 'Zeitenspringer' zu Megalithzeit [Illig 1988], Sumer [Heinsohn 1988], archaischem Griechenland und Ägypten [Heinsohn/ Illig 1990].

Dem Beweisgang für Aachens Kuppel lässt sich bei dieser Zäsur eine Chronik der Frühmittelalter-Diskussion in knapper Schilderung und in Tabellenform anfügen, wie sie Ende 1995 aufbrandete und sich ausbreitete, bis sie von den überforderten, weil von einem übergreifenden Beweisgang düpierten Fachgelehrten gestoppt wurde, indem sie mich als Sektengründer beleidigten, meine Thesen ins rechtsradikale Milieu zerrten und sie als „Verschwörungstheorie“ stigmatisierten (s. S. 163). Denn nur sie gehen „methodisch korrekt“ vor [Fößel 1999, 21]. Seit dem 8. Symposium der Mediävisten im März 1999 wusste ohnehin jeder vom Fach Bescheid – ob er wollte oder nicht.

Aachens Pfalz – römisch bestimmt

Bei der Kontroverse zwischen den Mediävisten und mir, zwischen orthodoxer Lehre und archäologischer Leere geht es immer wieder darum, wie weit wir uns auf die Schriftquellen verlassen können.

> „Ohne Wenn und Aber steht im Zentrum des historischen Arbeitens der Umgang mit den Quellen. Hier wird schnell deutlich, warum »historisch denken« immer auch »kritisch denken« heißt" [Gorzolla].

Was aber sind Quellen? Im einschlägigen Standardwerk von Hans-Werner Goetz lesen wir in der 4. Auflage [2014, 92 f.; Hvhg. des Urhebers]:

> *„Als historische Quellen bezeichnen wir im weitesten Sinn alle Zeugnisse (Überlieferungen), die über geschichtliche (=vergangene) Vorgänge (Abläufe, Zustände, Personen, Denk- und Verhaltensweisen) informieren,* d. h. letztlich über alles, was sich in der Vergangenheit ereignet hat, diese kennzeichnet, von Menschen gedacht, geschrieben oder geformt wurde. […]
> Quellen lassen sich einmal nach ihrer äußeren Form in ***Texte*** (Schriftquellen), ***Gegenstände*** (Sachquellen) und ***gegenstandslose** (abstrakte) **Quellen*** gliedern.".

Diese sinnvolle Einteilung wird aber sehr schnell vergessen, da es ab da [ebd. 96-288] nur noch um Schriftquellen und das Arbeiten mit ihnen geht, während Sachquellen, wie sie die Mittelalterarchäologie zu Tage fördert, auf genau 3 [ebd. 315-317] von insgesamt 416 Seiten behandelt wird. Meine Sicht ist eine grundsätzlich andere. Die allermeisten Schriftquellen werden nicht unter freiem Himmel, sondern in Räumen verfasst. Nicht nur von diesen Räumen, diesen Häusern, sondern auch von sonstigen Bauwerken und Alltagsgegenständen erhalten sich Überreste oder auch Negativabdrücke im Boden (‚Nichts ist so haltbar wie ein Loch'). Wenn es um eine Epoche geht, in der nicht alle am Hungertuch nagten und nichts bauen konnten, lassen sich Relikte erwarten.

Dazu haben meine Mitstreiterinnen, Mitstreiter und ich viele Orte kritisch gesichtet. Wie steht es aber konkret um die Aachener Pfalz, die in diesem Buch als maßgebliche 'pars pro toto' der Karolingerherrlichkeit behandelt wird? Ihre Schriftquellensituation darf als bekannt vorausgesetzt werden, doch was sagen die Archäologen?

Für Stadtarchivar Thomas Kraus als Herausgeber [2013] gaben die Bauhistorikerin Judith Ley, der Mediävist Harald Müller, Aachens Stadtarchäologe Andreas Schaub und der Historiker Frank Pohle im Jahr 2013 markante Antworten:

„eine genaue Vorstellung davon, wie das damalige Aachen jenseits von Königshalle und Marienkirche aussah, besitzen wir jedoch noch nicht“ [H. Müller in Kraus, 311].

„Wo sich der Marktplatz für den Umschlag der Grundnahrungsmittel wie der außergewöhnlichen Güter befand, ist offen. [...] Auch die eng mit dem Markt verknüpfte Münzprägestätte bleibt im Dunkel. [...] Auch zu weiteren Kirchen und Gebetsräumen innerhalb der Siedlung fehlen konkrete Angaben. Oratorien in den Häusern Einhards und Hilduins sind bezeugt, aber nicht zu lokalisieren“ [ebd. 317].

„Die Siedlung bei der Pfalz, für die sich der Begriff des *vicus* eingebürgert hat, bleibt in ihrer Bausubstanz beinahe ein Phantom“ [ebd. 318].

„Wo die Amtsleute, Bediensteten und Gäste des Hofes, die Handwerker, Kaufleute, Knechte, Mägde und Tagelöhner wohnten, bleibt genauso im Dunkel wie die Lage der von der herrscherlichen Familie bewohnten Gemächer“ [ebd. 335].

„... ist bisher in keinem Fall eine Straße oder ein Platz archäologisch in die frühmittelalterliche Zeit datiert“ [Schaub in Kraus, 324].

„Typische frühmittelalterliche Bauformen wie große Pfostenbauten oder Grubenhäuser fehlen bisher“ [ebd. 325].

„Ungewöhnlich scheint auch der Umstand, dass trotz langjähriger archäologischer Grabungen insgesamt nur zwei karolingerzeitliche Münzen aus Aachen bekannt sind (Dom und Neupforte): Dieses Phänomen scheint sich auch in den karolingerzeitlichen Pfalzen von Paderborn und Ingelheim zu bestätigen“ [ebd. 330].

„Aus historischer Sicht ist die Beleglage der Aachener Siedlung zu lückenhaft, um auch nur in Ansätzen eine Rekonstruktion vornehmen zu können“ [ebd. 335].

„Aachen in karolingischer Zeit – ein abschließender Blick [...] Im Gegensatz zu den großen Steinbauten der Kernpfalz lässt sich von der karolingischen Siedlung Aachen bisher kein klares Bild zeichnen. Trotz intensivierter archäologischer Forschungen bleibt die Lokalisierung des Marktes sowie einzelner, in den Schriftquellen erwähnter Gebäude der Pfalzumgebung unmöglich. Auch fehlen bislang Hinweise auf dörfliches Handwerk" [Müller in Kraus, 398 f.].

'Kein klares Bild zeichnen' – ein Euphemismus. Niemand kann einen Plan vom damaligen Aachen zeichnen, schon gar nicht ein Haus, ein Kloster, eine Straße einzeichnen – nichts. „Auch die Abschätzung der Bevölkerungszahl liegt jenseits des Möglichen" [ebd. 336]. Und später?

> „Auch wenn künftig einmal wieder archäologische Funde und Befunde des 10. und 11. Jahrhunderts in Aachens Untergrund auftauchen sollten, so wird sich das Bild nicht grundlegend ändern. Wir müssen für diese Zeit zumindest einen erheblichen Siedlungsrückgang konstatieren. Ob daran abzulesen ist, dass der Normanneneinfall [881] – für den es m.E. bislang keinen einzigen gesicherten archäologischen Befund gibt – doch nachhaltige Auswirkungen auf die Bevölkerungszahl hatte, kann man allenfalls vermuten. Eine wirkliche Boom-Phase erlebt Aachen aus archäologischer Sicht erst wieder in den Jahren um 1100" [Pohle in Kraus, 394].

Alles das konstatieren können, aber gleichwohl von einem einst existenten Ort auszugehen – das verweist auf bedingungslose Schriftgläubigkeit, doch ohne das oben von Peter Gorzolla unterstellte „kritisch denken". Der Abgleich zwischen Archäologen und Diplomatikern fällt eindeutig gegen ein karolingisches Aachen aus, das so gut wie keine relevanten Spuren hinterlassen hat.

Römermauer im karolingischen Aachen

2013 wurde von Judith Ley [Kraus, 133 f.] ein rätselhafter Befund nahe dem heutigen Rathaus angesprochen, der seit seinem Auftreten auch die letzten Vorstellungen von der Karlspfalz völlig zerstört haben müsste.

> „Dieser Markthügel war bis ins 12. Jahrhundert hinein zumindest teilweise noch mit den Resten einer spätantiken Befestigungsmauer umgeben, die demzufolge auch in karolingischer Zeit sichtbar gewesen sein muss. Der Verlauf der wenigen ergrabenen Reste dieser Befestigungsmauer und ihres bereits im 6. Jahrhundert zugeschütteten Wehrgrabens legen nahe, dass die Königshalle in diese Befestigung hinein gebaut wurde" [Ley in Kraus, 133 f.].

Im selben Jahr teilt Stadtarchäologe Andreas Schaub [150] mit, dass diese „spätrömische Umwehrung des Markthügels" bereits seit **2011** bekannt ist, bei einer Fundamentbreite von 4,46 bis ca. 5,30 m nicht nur westlich, sondern auch östlich des Rathauses in der Krämerstraße [ebd.

151]. Errichtet worden ist sie gleich nach den Germaneneinfällen von 275/76, wobei ältere Spolien verbaut worden sind. Ihr Abbruch wird über zwei Münzfunde in die Zeit nach 1104/1125 fixiert. Seit 2014 weiß der vom Oberbürgermeister geführte *Rathausverein* mehr, wiederum dank Schaub:

> „Das imposante Bauwerk verlief hinter der Rückfront mitten über den Katschhof und mindestens bis zur heutigen Häuserzeile gegenüber dem Rathaus. »Die fünf Meter breite und bis zu acht Meter hohe Schutzmauer befand sich also inmitten der karolingischen Pfalzanlage«, erklärte Schaub.
> Denn bei ihren Arbeiten am Fuß des Marienturms konnten die Experten bereits vor einiger Zeit belegen, dass der heutige Kernbereich des Marktes lange nach der Franken-Ära aufgeschüttet worden ist – Karl und seine Zeitgenossen waren also im Wortsinn auf einem Niveau unterwegs, das etwa zwei Meter tiefer lag als das heutige Pflaster. »Die römischen Mauerreste, die wir gefunden haben, überragen die Erdschichten aus dem 8. Jahrhundert um bis zu 70 Zentimeter«, erläuterte Schaub. »Damit ist klar, dass die Mauer erst später abgetragen worden sein kann.« Anhand von tausenden mittelalterlichen Scherbenfunden lasse sich sagen, dass dies erst vor rund 800 Jahren erfolgt sei“ [rathausverein 2014].

So wichtig der Scherbenbefund ist: Hier geht es um die Pfalz selbst. Sie besteht ohnehin nur aus Aula, Pfalzkapelle mit Atrium und ihren beiden Annexen, dazu dem verbindenden Gang, unterteilt vom mächtigen, mehrgeschossigen Mittelbau (29,55 x 15,80 m [Ley in Kraus, 141]). Er ist kein Torbau gewesen und er ist erst nach Karl d. Gr. und seinem Sohn Ludwigs des Frommen entstanden [Krücken, 79]. Sonstige Gebäude sind bislang nicht nachgewiesen. Realität ist jedoch seit 2011 eine römische Mauer, die den Rathaushügel in spätrömischer Zeit zu einem Kastell gemacht hat. Diese Mauer hat den späteren Pfalzbereich empfindlich zerschnitten, lief sie doch dicht an der Aula entlang, *zwischen* Aula und Pfalzkapelle! Eine 5 Meter breite Mauer, ursprünglich 8 m hoch! Sie hätte den Verbindungsgang verhindert und den Zusammenhalt der innersten Pfalz gestört! Mit ihren Höhe hätte die Mauer das Geschehen in der Pfalz massiv beeinträchtigt. Wäre sie aber teilweise ruinös eingestürzt gewesen, hätte das in der Pfalz noch mehr gestört! Doch am wichtigsten: Keiner der Zeitgenossen Karls hat je von dieser Mauer berichtet, die buchstäblich allen im Weg gestanden hätte!

Diese Mauer steht auch gegenwärtiger Forschung massiv im Weg. So hat Monika Krücken, als Aachener Stadtkonservatorin zuständig für

Denkmalpflege und Stadtarchäologie, 2016 einen aufwändigen Band über *„Offensichtlich Verborgen · Die Aachener Pfalz im Fokus der Forschung“* herausgegeben, an dem wiederum Ley, Müller und Schaub beteiligt waren, dazu Christian Raabe, der hier noch als Spezialist präsentiert werden wird. In diesem Buch wird die den Katschhof querende Römerstraße immerhin angedeutet, wenn auch nicht als römisch bezeichnet [Plan bei Krücken, 42]. Doch die Römermauer war offenbar nicht planrelevant! Dasselbe gilt für die zeichnerische Rekonstruktion des Pfalzzentrums durch den Archäologen Sebastian Ristow [Krücken, 60]. Solange es nur um das römische Aquae Granni geht, wird die Mauer ein Stück weit von Schaub eingezeichnet, doch sie fehlt im Pfalzbereich [ebd. 64, 85]. Nur zwei Seiten weiter folgt das nächste Verwundern. Denn hier wird die Aula noch einmal in Rekonstruktion gezeigt, mit ihrer Nordapsis und dem noch deutlich niedrigeren Granusturm; doch südöstlich von ihm verläuft eine niedere Mauer, über die jedoch nicht spekuliert werden soll.

> „Bis dahin kann die Vorstellung von der Weiterverwendung der bis auf eine gewisse Höhe abgebrochenen spätantiken Befestigungsmauer als Terrassenstützmauer als Hypothese dienen, die somit Raum für eine Art Protomarktplatz von Aachen entstehen ließ“ [Ristow in Krücken, 62].

Wir halten fest: Der *Rathausverein* befragt 2014 den Stadtarchäologen Straub, der bereits seit 2011 weiß, dass die Römermauer in der Pfalz gestanden und erst im 12. Jh. abgeräumt worden ist. Doch wenn Krücken ihr Buch zu den Ausgrabungen in der Pfalz vorlegt und Schaub dazu aus seinem Fachgebiet beiträgt, dann ist die Römermauer nur westlich der Aula nachgewiesen; das Digitalmodell des spätantiken Kastells lässt die Einnordung vermissen [ebd. 70], ebenso Ristows Plan des römischen Aachens [ebd. 64], was das Verständnis nicht erleichtert. Doch die zuletzt angesprochene Visualisierung geht sehr wohl von einer Mauer östlich des Granusturms aus. Ist sie nun – mehr als berechtigte Frage – nur westlich oder auch östlich des Granusturms verlaufen? Ja, ihre Existenz ist auch östlich nachgewiesen und zwar in der eingezeichneten Höhe. Ob nun die ursprünglich 8 m hohe Mauer bis auf 0,80 m abgetragen war, ob sie Karl und der Ortsbevölkerung als 5 m breite Terrassenstützwand diente oder in voller Höhe stand – festzuhalten ist, dass Ristow, Schaub und Krücken einen Schleiertanz um diese Mauer veranstalten. Er ist nur zu gut verständlich, soll doch das Offensichtliche in Gestalt der unzeitigen, unpassenden Mauer möglichst lange verborgen bleiben!

Das einzige Leben im Vicus, im Machtzentrum des Reiches können – wenn man mittelalterliche Literaturangaben beiseitelässt, was allen Beteiligten schwerfällt – nur die Dendrochronologen nachweisen.

> „Bereits in den 1960er Jahren wurden im oberen Abschnitt des Granusturms bei Restaurierungsmaßnahmen Bauhölzer entdeckt. Entsprechende den jüngsten, zurzeit noch nicht abgeschlossenen Nachuntersuchungen des Rheinischen Landesmuseums Trier datieren diese Hölzer vom Anfang des 9. Jahrhunderts (nach 815)“ [Ley in Kraus, 152].

> „Die naturwissenschaftliche Datierung der Fundamenthölzer unter dem so genannten Mittelbau hat bereits gezeigt, dass sogar nach dem Jahr 859 noch bedeutende bauliche Großprojekte im Bereich der »Kernpfalz« umgesetzt wurden“ [Schaub in Kraus, 369].

> „Selbst aus den allerletzten Jahren der karolingischen Zeit sind in Aachen bauliche Aktivitäten gesichert. Am Templergraben wurden zwei Fassbrunnen entdeckt, deren tiefliegende Reste noch in vorzüglicher Holzerhaltung angetroffen wurden [...] In einem Fall konnte eine geborgene Fassdaube dendrochronologisch in die Jahre um/nach 880 +/-10 Jahre datiert werden“ [Schaub in Kraus, 393].

Hier braucht es einen ganz neuen Erklärungsansatz, der die Dendro-Daten zunächst ebenso wie die Schriftquellen ignoriert, aber sich unmittelbar aus meinen Überlegungen ergibt. Die Karl zugeschriebene Aula ist wie die Pfalzkapelle erst im 12. Jh. entstanden, das resultiert aus meiner seit 1996 publizierten Umdatierung der Pfalzkapelle und aus dem 2016er-Befund von Ristow:

> „Baumaterial und -technik von Aula, Verbindungsgang und Atrium sind so ähnlich, dass an einer zeitnahen Bauabfolge kaum Zweifel bestehen“ [Ristow in Krücken, 59].

Die römische Kastellmauer hat also kein der Aula vergleichbares Gebäude eingeschlossen; vielmehr ist für den Bau der Aula im 12. Jh. die Römermauer niedergelegt worden. Nur deshalb hat sie in einer karolingischen Pfalz nicht gestört. Doch aus genau diesem Grund stört sie Archäologen und Historiker heute umso mehr!

Jetzt erst ist das Gemeinwesen wirklich entstanden, das dann von Friedrich I. 1166 Stadt-, Markt- und Münzrechte erhalten hat. Was als karolingisches Restmauerwerk am heutigen Rathaus bezeichnet wird [Kraus, 134-138], ist romanisches, also hochmittelalterliches Gemäuer, möglicherweise auf einer frühromanischen Mauerbasis oder einem niedergebrannten Gebäude, wie Ausgrabungen zeigen.

„Für die Königshalle gilt Ähnliches [»nur unzureichend erforscht«], denn auch wenn sich gerade am Marienturm noch heute ganz offensichtlich Mauerwerk abzeichnet, das nur aus romanischer Zeit stammen kann, ist es weder eindeutig datiert noch kontextualisiert“ [Pohle in Kraus, 396].

Als römisches Mauerwerk wäre es sofort an der Steinbauweise erkennbar. Ergo ist die Aula romanisch, auch wenn das Bauhistoriker abstreiten müssen. Die 6 m breite Vorhalle, die an der Südseite der Aula durch Fundamente und am Granusturm durch Verbindungsfragmente belegt wird [Kraus 137 f.], hatte ohnehin nur dann einen Sinn, wenn die unmittelbar davor aufragende Römermauer entfernt war und der Verbindungsgang zur Pfalzkapelle angeschlossen werden konnte. Sein doppelstöckiger Zugang ist mit Sicherheit nicht durch die 5 m breite Römermauer hindurch gegraben worden.

Seit 2017 wissen die Ausgräber, dass quer über den Katschhof eine römische Straße aus dem 1. Jh. lief, die von Gebäuden gesäumt wurde und noch im hohen Mittelalter benutzt worden ist.

„Der Katschhof sei in karolingischer Zeit kein freier Platz gewesen, sondern wurde von einer diagonal verlaufenden Straße durchtrennt, die bis ins 14. Jahrhundert existiert habe. »Die Pfalz ist

Das Pfalzmodell im Centre Charlemagne, Aachen [tourist]

> nicht plötzlich erbaut worden, sondern sukzessiv entstanden«, so Schaub weiter. »Aachen trug lange Zeit einen römischen Grundriss.«“ [rathausverein 2017]

Also alltägliches, mittelalterliches Leben zwischen Aula und Pfalzkapelle – kein Platz wie der Katschhof, sondern enggedrängtes kleinstädtisches Treiben. Wenn man wenigstens wüsste, wohin sich der Kaiser für die Amtsgeschäfte wie für die Freizeit mit seinen Konkubinen zurückziehen konnte. Deshalb sah man ihn sogar im völlig unbewohnbaren Granusturm hausen, vielleicht auch im ungastlichen Mittelbau. „Die Nutzung des Gebäudes ist nach wie vor offen“ [Schaub bei Krücken, 79]. Der Stadtarchäologe denkt dabei an ein Versammlungsgebäude. Hätte Karl mit seinen Kebsweibern gleich neben Marktweibern gelebt?

Es verwundert nicht, dass das neue Pfalzmodell im *Centre Charlemagne* diese Römermauer ignoriert und den ganzen Bereich zwischen Aula und Pfalzkapelle offenlässt, obwohl der Mittelbau durch Fundamente belegt ist. Der Fund einer noch im 12. Jh. zumindest partiell noch bestehenden Römermauer mitten im Pfalzzentrum erstickt alle Karlsphantasien. Eigentlich hat das Pfalzmodell seinen eher provisorischen Charakter bekommen, damit man alle hinzutretenden archäologischen Befunde umgehend ins Modell einbringen kann. Bei unerwünschten Ergebnissen wartet man wohl, bis auch exakte Höhe und selbst die Dachausgestaltung im Detail geklärt sind.

Zweifel sind obendrein an der ältesten Darstellung der Pfalzkapelle des Ademar von Chabannes anzumelden, die aus seiner bis 1028

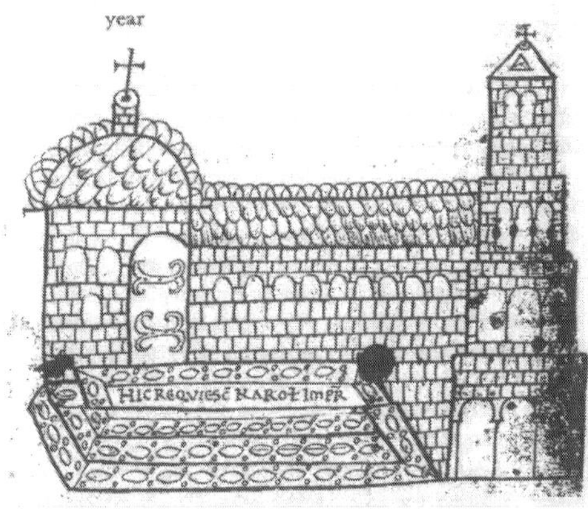

Ademar von Chabannes: Angebliche Darstellung der Pfalzkapelle in Aachen mit dem Karlsgrab davor [ZS 3/2000, 485].

gefertigten Chronik stammt [Lange 2020]. Schon bislang gab es Zweifel, weil die Abbildung eher die Palastaula samt Westapsis und Granusturm zeigt, bereichert um ein außenliegendes Karlsgrab [Friedrich 2006, 428].

Dabei wurde Ademar (989–1034) längst als unverfrorener Fälscher entlarvt, hatte er doch aus dem Bischof Martial des 3. Jh. einen Apostel Jesu gemacht, ihm eine Biografie und sogar eine „Apostolische Messe" geschrieben, den nur scheinbar ältesten Autographen abendländischer Musik. Als der Schwindel schon im 11. Jh. aufflog, fälschte er souverän für 1031 ein Konzil, das Martial als Apostel bestätigte, und bestätigte seine eigene Fälschung durch einen päpstlichen Brief – ein Lügengeflecht, das die Catholica „bis in die 1990er-Jahre ignoriert" hat [wiki: Ademar von Chabannes].

Insofern kann Ademar viel gezeichnet haben, aber sicher nicht die Aachener Pfalzkapelle. Da sie damals noch nicht existierte, mag Ademar irgendeine andere Kirche gezeichnet haben, vor der sich das Grab Karls des Großen besonders gut ausmachte. Eigentlich wollte dieser ohnehin in Saint-Denis begraben werden, wie sich Georg Minkenberg [bei Silberer 2010] erinnert. Aber auch Saint-Denis hat keine Ähnlichkeit mit der seltsamen Zeichnung. Schließlich ist von Volker Friedrich auch die Aula der Aachener Pfalz vorgeschlagen worden [Friedrich 2006, 426]. Dann würde es sich um einen vorromanischen Vorgänger handeln.

Eine andere Frage wird umso drängender: Warum wäre ab 936 in Aachen gekrönt worden? Der Ort – oder soll man korrekter sagen: das Kaff? – war spätestens seit dem Normannenüberfall eine Ruinenstätte, in der eine fränkische Primitivansiedlung imperial-römische Überreste überlagerte, ein für Krönungen ungeeignetes Hinterhofmilieu. Vom späteren Dombaumeister Hugot gab es ein Modell der Pfalz. So zeigte

> „das Modell 1965 südlich des Badehauses Karls ein Ruinenfeld, dann ein großes, von Arkaden gesäumtes (imaginäres) Freibad über teilergrabenen römischen Grundrissen" [Pohle in Kraus, 115].

Hugot glaubte dank Einhard [cap. 22] zu wissen, dass Karl gerne mit mehr als 100 Personen badete, weshalb der Pfalzkenner in einem Ruinenfeld römischer Bauten ein Freibad imaginiert hat, das wiederum Horst Bredekamp [2014] zu Phantasmagorien anregte [vgl. HI 2014a]. Das große Bad wurde entsorgt, aber das Ruinengelände ließ sich noch nicht aufhübschen oder ersetzen. Manches davon wird sich hier erhellen lassen, zunächst die Baugeschichte der Pfalzkapelle, zusammen mit der dendrochronologischen Frage.

Datierungen mit Holz

Pünktlich zu Karls Todestag am 28. 01. traf die erlösende Nachricht ein: Es ist gelungen, ein Stück Holz aus dem Fundament der Pfalzkapelle dendrochronologisch zu datieren: „Demnach haben die Bauarbeiten im Jahr 793 begonnen und waren spätestens im Jahr 813 abgeschlossen". Das stellte die *Frankfurter Rundschau* zu Karls Todestag 2019 ins Netz [dpa]. Doch das war damals nur das 10-Jahres-Jubiläum der Datierung (oder die Zeitungsmeldung ist falsch datiert).

Denn bereits am 04. 06. 2009 war die *dpa*-Meldung über den Ticker gelaufen: „Eichenpfähle verraten Alter des Doms" [stern]. Für Aachen war sie unerhört und erlösend. Warum? Dazu ein weiteres Zitat:

> „Eine Frage an Helmut Poqué, Dompropst.
> Der Chronologiekritiker HI bezweifelt, dass der Aachener Dom so alt sein kann und dass Kaiser Karl überhaupt gelebt hat. Was sagen Sie nun seinen Anhängern?
> Poqué: Zunächst: Die Bestätigung durch die Wissenschaftler, dass der Dom tatsächlich 1200 Jahre auf dem Buckel hat, ist eine klassse Nachricht. Die Zweifler sind eindeutig widerlegt. Karl der Große hat gelebt und er hatte auch was mit dem Dom zu tun. (dd)" [D/N 2009].

Gleichermaßen zufrieden war die in Aachen verlegte *„Kirchenzeitung"*. Thomas Kreft [2009] schließt mit dem Satz:

> „Dombaumeister Maintz frohlockt noch aus einem anderen Grund: Die Forderung des Herbert Illig [sic], drei Jahrhunderte samt Karl den Großen aus den Geschichtsbüchern zu löschen, ist jetzt endgültig vom Tisch."

Es ist durchaus befriedigend, ernst genommen zu werden. Und wenn Dombaumeister, Dompropst und viele andere angesehene Bewohner der uralten Stadt Aachen zitter(te)n, ihren Karl ganz und von ihrem wichtigsten Bauwerk mehrere Jahrhunderte zu verlieren, dann ist das eine ganz spezielle Anerkennung. Hinzu kommt das stillschweigende Eingeständnis, dass weder Mediävisten noch eingebundene Naturwissenschaftler diese Ängste hatten vertreiben können.

Es ging auch um Einiges. Jahrelang hatte die Bauarchäologen unter der Pfalzkapelle gegraben und gearbeitet, wollten sie doch endlich Karls Grab finden. Es sollte laut seinem Biographen Einhard in der

Kirche liegen – aber es blieb unauffindbar. Denn an welcher Stelle die Gebeine gefunden worden sind, haben weder Otto III. noch Barbarossa verraten und so die aufwändigste Grabsuche über viele Jahrhunderte hinweg in Gang gesetzt: um 1000, um 1165, vor 1781, 1843, 1861, 1886, 1910–1913 und 2007–2010 [vgl. HI 2014, 66 f.]. Ich gestehe reuig, auch eine Ursache gewesen zu sein für hohe Ausgabe aus Staats-, Landes- und Stadtkassen, die allesamt der Stadt und dem Land – fast 'urbi und orbi' – Sicherheit über ihre glorreiche Vergangenheit geben sollten. Harald Müller [bei Kraus, 283] konstatierte 2013:

> „Wenn es dort je ein Karlsgrab gab, wird man es nicht mehr lokalisieren können, lautet das Ergebnis der letzten archäologischen Grabungskampagne."

Konnten wenigstens dendrochronologische Labore die erhoffte Sicherheit für den Kirchenbau geben? Dazu zwei Beispiele aus Aachen.

Der Thron in der Pfalzkapelle

Der Thron auf der Empore bzw. Oberkirche besteht aus Stein. Da in ihm aber Holzbretter als Sitzfläche dienen, bestand sehr früh das Bedürfnis, sie dendrochronologisch zu datieren. Dies geschah durch den 'Papst' der deutschen Dendrochronologie, der die westdeutsche Eichenchronologie erstellt hat, Ernst Hollstein. Nach seiner Untersuchung von 1967 sind die zugehörigen Bäume um 935 gefällt worden, also vielleicht zur Krönung von Otto d. Gr., 936. Heute wird der Bericht Widukinds von Corvey ebenso bezweifelt wie der Steinthron auf der Empore; vielmehr sei König Otto in der Vorhalle gehuldigt worden. Hollsteins Ergebnis überprüfte mit Bernd Becker der Fortentwickler der Standardkurve bald; doch das für Aachen bittere Ergebnis ist erst 1976 von Dombaumeister Leo Hugot veröffentlicht worden. Das karlsfixierte Aachen ließ nicht locker. Vor der Ausstellung *„Krönungen"* im Jahr 2000 wurden alle dendrochronologischen Unterlagen zusammengesucht:

> „Die Resultate können wie folgt zusammengefaßt werden: Ernst Hollsteins Datierung ***kann nicht mehr nachvollzogen werden,*** die Unterlagen für die Datierung Beckers sind ***nicht mehr vorhanden*** " [Schütte 2000, 219 f., Hvhg. HI; vgl. HI 3/2000, 478 f.].

Sven Schütte [2001] formulierte die Aachener Befindlichkeit zum Thron:

> „In den 70er Jahren des 20. Jahrhunderts nämlich war er Kaiser Karl abgesprochen und den Karolingern »entrissen« worden."

Schütte beeilte sich, das 'gräuliche Unrecht' wieder gut zu machen. Allerdings gelang es den Dendrochronologen bis zur Ausstellung nicht, ein brauchbares Ergebnis beizusteuern. Deshalb stand damals nur dieses Schild neben dem Thron:

> „Das Fälldatum der Holzstücke liegt nicht um 935, sondern zwischen 760 und 824, mit der höchsten Wahrscheinlichkeit bei 798" [festgehalten von HI, publiziert *ZS* 2/2001, 266].

Es handelte sich um keine dendrochronologische, sondern um eine durch C14 gewonnene Datierung. Erst im Juni 2001 konnte Schütte eine halbwegs punktgenaue Datierung präsentieren; dabei machte er deutlich, dass dendrochronologische Auswertungen sich nicht aufs Baumringzählen beschränken, sondern in großem Umfang auf Statistik und Wahrscheinlichkeitsrechnung zurückgreifen.

> „Zur Sicherheit waren an dieser Untersuchung mehrere Analytiker, Dendrochronologen [...] und Radiokohlenstoff-Forscher beteiligt. ***Statistiker rüttelten die Kurven und siehe da:*** Der große Karl darf wieder Platz nehmen. Der Unsicherheitsfaktor beträgt nur wenige Jahre, und so dürfen wir heute als sicher annehmen, dass der Thron zu Lebzeiten Karls, also um das Jahr 800 errichtet worden ist" [Schütte 2001; Hvhg. HI].

Der stets auf Superlative und Sensationen bedachte Schütte (s. seine Ausführungen zu St. Pantaleon in Köln, zu dortiger Synagoge und Mikwe) ließ nicht nur rütteln und schütteln, sondern behauptete obendrein, dass die Steine des Throns aus der Grabeskirche zu Jerusalem stammen und der Steinsitz insgesamt eine Reliquie sei. Dem ließ sich gut begründet widersprechen [vgl. HI 1/2001, 114-117; 3/2001, 521 f.]. Daraufhin verzichtete Schütte bis heute auf seine oft angekündigte und noch öfters vermisste Monografie zum Thron.

Unwillkürlich denkt man an die französischen Dendrochronologen Georges Lambert und Catherine Lavier, die sich frustriert geäußert hatten, wie Hans-Ulrich Niemitz in seiner Darstellung gut aufgriff:

> „Wir meinen, dass sich unsere Art der Darstellung von der anderer Labors in Frankreich, der Schweiz und besonders Deutschland unterscheidet. Diese erzeugten Zauberdaten ['magic dates'], die nur auf ihren eigenen Überzeugungen beruhen – auf der Grundlage von geheimen Verfahren und Standardsequenzen ['secret procedures and masters'] (d.h. nicht genau festgelegt, nicht diskutiert und nicht publiziert). Also: Wie können wir denn die Glaubwürdigkeit der von diesen Labors erstellten Daten prüfen?" [Lambert/Lavier 1991; Übers. Niemitz 1995, 310]

Datierungen für die Pfalzkapelle

Auch für die Pfalzkapelle selbst wurde dringend eine möglichst genaue Datierung gesucht. Die Suche nach geeignetem Holz gestaltete sich schwierig; die wenigen Funde wurden immer wieder untersucht.

Ernst Hollstein prüfte 1967 eine auch durch Insektenbefall stark beschädigte Probe, gewann ihr 42 Jahrringe ab und erwog ein „Fälldatum um 790±6 n. Chr.“ [S/G 51]. 1980 wurden daraus 56 Jahrringe und ein mögliches Fälljahr „nach 776 (± 10) (Hollstein 1980)“. Doch 1999 wurde diese Probe „als nicht datierbar gewertet“ [S/G 52].

2004 beschrieb der Dombaumeister, wie in fast 26 m Höhe ein Stück des damals einzig bekannten Holzankers freigelegt und ein etwa 0,30 m langes Stück abgetrennt worden ist. „Das Holz kann mit den bloßen Händen wie Watte auseinander gepflückt werden“, weshalb es vor der Entnahme in Gips eingegossen wurde [Maintz 2004, 38]. Der 'Watte' konnte nur ein Stück mit „30 zusammenhängenden Jahresringen“ entnommen werden. Zwei davon entnommene Proben ergaben die C14-Werte „640-880 calAD und 820-980 calAD“ [ebd. 39]. Bis Dezember 2004 datierte das Labor die „Holzprobe auf rund AD 650“ [ebd. 39]. Hier endigte der ältere Bericht des Dombaumeisters; er ließ aber in seinem gedruckten Text extra Platz zum handschriftlichen Nachtrag des endgültigen Werts.

2012 setzt sich der Bericht in einer Weise fort, die nicht mirakulös, aber zumindest überraschend zu nennen ist:

> „Eine erste Näherung im Januar 2003 war auf ein Ergebnis um 780 gekommen. Ergänzende Röntgenschnittbilder der Hölzer (Fachhochschule Aachen) und die Auswertung der Vermessung des Ankerkanals in der Oktogonkuppel (LVR-ADR) [Landschaftsverband Rheinland – Amt für Denkmalpflege im Rheinland] ermöglichten es, die Datierung zu präzisieren. Insgesamt konnten an dem entnommenen Holzstück 95 [!] Jahrringe ermittelt werden. Der jüngste Jahresring wurde dendrochronologisch auf das Jahr 753 datiert, die Anwuchszeit auf 657. Durch die Kenntnis über die Größe des Ankerkanals (der Holzringanker wurde mit dem Mauerwerk vermauert) und den Durchmesser des Balkenquerschnitts konnten die fehlenden Jahresringe bis zur Balkenkante mit 30+/-5 AD rekonstruiert werden. Mit den fehlenden Splintringen von 20 +/-10 AD ergibt sich die Datierung 803 +/-10 AD“ [Maintz 2012, 93]

Der „Watte“ waren somit 95 Jahrringe abgewonnen worden, die sich indirekt um maximal 65 Jahrringe ergänzen ließen, so dass die seit langem präferierte Jahreszahl 803 präsentiert werden konnte. Weitere Suche im Mauerwerk ergab zwar kein Holz, aber immerhin Hohlräume für einen zusätzlichen Holzanker.

Über weitere Holzfunde im Oktogon hat Maintz, Dombaumeister bis 2023, nichts mehr mitgeteilt. Hier kommt mit Burghart Schmidt ein beteiligter Dendrochronologe zu Wort. Er weiß, dass die 95 Jahrringe dadurch entstanden, dass das fragliche Stück fein zerteilt, mit flüssigem Stickstoff tiefgekühlt und scheibchenweise untersucht worden ist [S/G 2017, 53]. Schmidt und der Kernphysiker Wolfgang Gruhle haben in ihrem Buch gezeigt, wie viel Statistik in die Datierung einfließt: die Jahrringanalysen, der Gleichläufigkeitswert, die Weiserjahrberechnung, der t-Wert (Student-Test), Korrelationskoeffizientenberechnung und der Datierungsindex (D). Zusätzlich wird die C14-Methode benutzt; anders ist nicht zu erklären, wie man wissen kann, dass zwei Hölzer genau 24 Jahre auseinanderliegen – 545 bzw. 569 v. Chr. –, obwohl die Lücke mangels Hölzer nicht überbrückt werden kann [S/G 43]. Auch von anderen Zeiten gab es sehr wenige oder auch fast gar keine Hölzer.

> „In den letzten Jahrzehnten konnte die Qualität auch der westdeutschen Jahrringchronologien für die karolingische Zeit wesentlich verbessert worden. Zwischen 1980 und 2007 wurden beispielsweise im Kölner Dendro-Labor mehrere karolingische Brunnen und eine Mühle aus dem rheinischen Braunkohletagebaugebiet untersucht, so dass die Jahrringkurve für das 8. und 9. Jahrhundert durch etwa 60 Hölzer festgelegt werden konnte. Im Vergleich mit der ersten Hälfte der römischen Kaiserzeit (über 1000 datierte Hölzer)“ [S/G 53]

ist zwar die Karolingerzeit weiterhin beunruhigend fundarm, erfährt aber einen ständigen Zuwachs an Holz.

Für Aachen gibt es auch im Untergrund Befunde, mussten doch vor Baubeginn des Oktogons an einer der Fundamentecken Eichenpfähle zur Verbesserung des Untergrunds eingeschlagen werde. Ein erster, 2007 gefundener Pfahl mit nur 25 Jahrringen war ungeeignet, auch der 2009 geborgene Pfahl 2 ermöglichte mit 46 Ringen keine sichere Datierung. Erst beim gleichzeitig gefundenen Pfahl 3 mit 57 Jahrringen wurde der jüngste bei 781 n. Chr. angesetzt [S/G 57]. Auch hier müssen Splintholz und fehlende Kernholzringe geschätzt werden, weshalb

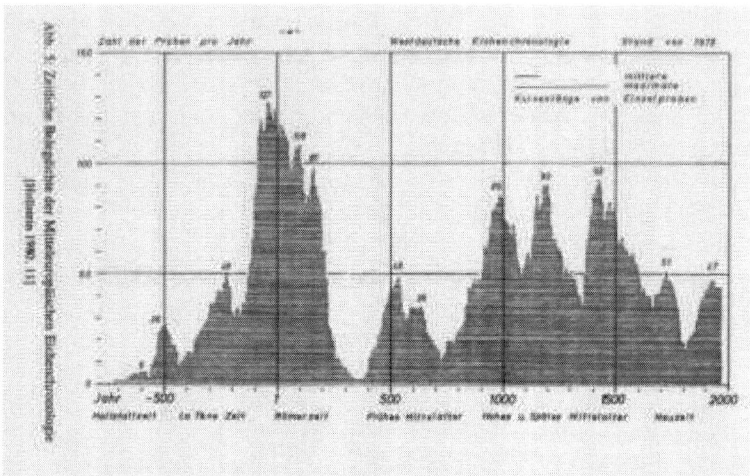

Zeitliche Belegdichte der Mitteleuropäischen Eichenchronologie [Hollstein 1980, 11] mit markanten Lücken. Die zur Datierung nutzbaren Hölzer stammen aus Gebäuden oder Auwäldern und sind mindestens 50 Jahre lang gewachsen [vgl. dazu Niemitz 1995].

> „mit einer Fällzeit frühestens um (781 n. Chr. + 17 ± 5 n. Chr., d.h. zwischen 793 und 803 n. Chr. zu rechnen ist“ [S/G 57].

Für Aachen muss das Unsicherheitsintervall maximal ausgeschöpft werden, um wenigstens auf 10 Jahre Bauzeit und nicht auf den zeitgleichen Bau von Fundament und Kuppel zu kommen. Seitdem ist Aachen glücklich und der widerborstige 'Dr. Seltsam aus Bajuwarien' (s.u.) gestoppt.

Meine Erklärung: Zu Beginn der dendrochronologischen Untersuchungen war der karolingische Baumbestand eindeutig zu gering. Damals könnte eine Jahrringsequenz verdoppelnd in die Standardkurve geraten sein, die seitdem durch immer neue Untersuchungen verfestigt wird. Da in dieser Zeit auch die C14-Messwerte mehrdeutig sind, mutmaße ich weiterhin, dass hier die Dendrochronologie nicht das Maß aller Dinge ist, liefern doch Eisendatierungen bessere Relativ- wie Absolutwerte. Doch das soll erst abgewogen werden, wenn die Datierung mit Eisen dargestellt ist. Zuvor noch eine Abschweifung zur Dendrochronologie.

Elsässischer Odilienberg

„Um die Abhänge des Berges herum zieht sich die sogenannte Heidenmauer (frz.: *mur païen*), eine mehr als 10 km lange Schutzmauer, die lange für prähistorisch gehalten wurde. Aktuelle Untersuchungen (publiziert im Jahr 2003, dendrochronologisch und nach der C14-Methode) von wiederaufgefundenen Eichenholzklammern, mit denen die Steine der Mauer verbunden waren, datieren diese Klammern zweifelsfrei in das letzte Viertel des 7. oder das beginnende 8. Jahrhundert n. Chr. Eventuell stammen sie aus einer Reparaturphase, denn eine so späte Entstehung der Gesamtanlage war bisher nicht ernsthaft in Betracht gezogen worden.
Auf dem Berg und in der Region finden sich zahlreiche keltische Zeugnisse. Aus der römischen Epoche ist das römische Tor erhalten" [wiki: Odilienberg; gelesen am 10.09.23].

Heidenmauer am Odilienberg [Foto: Jürgen Hannemann]

Auf dem Mont Sainte-Odile stünde eine Megalithmauer aus dem frühen 8. Jh.? Das wurde und wird dank der dendrochronologischen Datierungen, publiziert 2003, für möglich gehalten [vgl. HI 2004, 260 f]. Das wäre jenes Jahrhundert, an dessen Ende die Aachener Pfalzkapelle mit ihrer 30 m hohen Kuppel gebaut worden wäre? Eine aberwitzige Vorstellung. Zum Glück gibt es hier weiterhin eine alternative Sicht:

> „Die Heidenmauer stellt mit ihren imposanten Ausmaßen das größte frühgeschichtliche Bauwerk in Westeuropa dar. Es besteht aus einem teilweise noch bis zu 2 m hohen Mauerzug, dessen Blöcke sorgfältig mit Schwalbenschwanzbindern zusammengefügt sind.
> Die Heidenmauer wurde vermutlich in der jüngeren Bronzezeit (1000 – 750 v. Chr.) begonnen und in der keltischen Hallstatt- und La-Tène-Zeit (750 – 58 v. Chr.) ausgebaut. Sie wurde in der Spätantike weiter genutzt und im 10. Jahrhundert zum Schutz gegen die Ungarn wieder hergestellt“ [BW].

Unverkennbar stammt die Mauer, teilweise heute noch über 2 m hoch, aus der Vorzeit, zumal schon die alten Ägypter und Griechen schwalbenschwanzförmige, hölzerne Verbindungsteile zwischen Steinquadern benutzt haben. Aber wenn eine physikalisch-chemische Methode die Zeit um z.B. -700 verwirft und dafür die Zeit um +700 dekretiert, wird der mediävistische, der archäologische und bauhistorische Sachverstand zurückgestellt. Dabei sind die fraglichen Holzteile nicht einmal eindeutig der Mauer zuzuschreiben, sondern wurden in Schubladen bei Sammlern gefunden, die viel früher diese Klammern an oder in der Mauer gefunden hätten. Historischer Sachverstand müsste sofort fragen, gegen welchen Feind mitten im Merowingerland eine 760 m hohe Bergkuppe hätte geschützt werden müssen, zumal nirgends sonst Adäquates nötig geworden wäre. Das Frankenreich war damals in Expansion, kannte keine äußeren Feinde – von dem späteren Sarazenenvorstoß abgesehen. An der Tagesordnung waren allenfalls innerfamiliäre Fehden zwischen rivalisierenden Merowingerdynastien. Dafür sind nirgends sonst größere oder gar große Wallanlagen errichtet worden. Was wollen wir mit einer Geschichtswissenschaft, die bei einem abwegigen Laborwert sofort dem eigenen Denken misstraut?

Gewölbebau im Mittelalter

Europa kennt eine große Anzahl berühmter, unvergleichlicher Kirchen: von Durhams türmereicher Kathedrale im Nordwesten bis zur lichtdurchfluteten Hagia Sophia im Südosten am Bosporus, von der Hieronymus-Klosterkirche in Lissabon-Belém bis zur Basilius-Kathedrale am Roten Platz in Moskau. In dieser erlesenen Schar gehört der Aachener Dom keineswegs zu den nachrangigen Vertretern – ganz im Gegenteil, da er als Krönungskirche zugleich ein Symbol für das „Heilige Römische Reich 'deutscher' Nation“ *(Sacrum Imperium Romanum Nationis Germaniae)* darstellt. Aus architekturhistorischer Sicht ist er doppelt berühmt: für sein kuppelgekröntes Oktogon und für seinen hochgotischen Chor mit den himmelwärts geführten Glasfenstern.

Da berührt es seltsam, wenn diese erlesene, ungemein alt eingeschätzte Kirche gerade in jenen Kategorien einfach übergangen wird, in denen sie außergewöhnlich ist.

- Das über 30 m hohe Oktogon ist mit einem achteckigen Klostergewölbe (auch als Faltkuppel bezeichnet) geschlossen.
- Die Ringtonne im Erdgeschoss muss zwischen dem äußeren 16-Eck und dem inneren 8-Eck die Verbindung herstellen. Das ist mit einer gleichmäßigen, wabenförmigen Struktur des Kreuzgratgewölbes gelungen.
- Der Umgang ist eine perfekt gewinkelte Ringtonne; würde man sie begradigen, ergäbe sich ein 70 m langes Seitenschiff und damit eine respektable Kirchenlänge.
- Auf der ebenfalls sechzehneckigen Empore verbinden sich radial ansteigende, zum Teil konische Tonnen mit sphärischen Zwickeln.
- Die beiden Wendeltreppen im Westbau sind mit spiralig steigenden Tonnengewölben gedeckt und oben mit sphärischen Kappen geschlossen.
- Es handelt sich also um eine durchgehend gewölbte Kirche, bei der mit komplizierten Wölbformen geradezu gespielt wird. Von den mittelalterlichen Wölbungen fehlt nur das gotische Kreuzrippengewölbe mit seinen Varietäten.
- Direkte Vorgänger sind nicht bekannt; die Franken kamen vom Fachwerkbau und hatten kaum Erfahrung mit Steinbau.

- Vergleiche mit römischen Grabrotunden wie Santa Costanza oder byzantinischen Bauten wie San Vitale in Ravenna scheitern an den unterschiedlichen Baumaterialien, der Wölbtechnik und dem zu großen zeitlichen Abstand, wird doch Wissen von Meister zu Meisterschüler mündlich weitergegeben, nicht über viele Jahrhunderte hinweg in Buchform. Diese Unterschiede sind elementar.

Der Kunsthistoriker und Dozent für Architekturgeschichte Ernst ***Adam*** [1968, 43] beschreibt Aachens Vielgestaltigkeit der Gewölbe und nennt für die Rohbaufertigstellung das Jahr 798, dem die heute vertretene Meinung gut entspricht. Nur 37 Seiten später beschreibt er den ***Dom von Speyer***. Seine erste Bauphase ist 1030 von Kaiser Konrad II. begonnen und 1061 unter Kaiser Heinrich IV. abgeschlossen worden. Damals konnten nur die Seitenschiffe gewölbt werden. 20 Jahre später lässt derselbe Kaiser den riesigen Bau erweitern und zur Gänze einwölben. Das Mittelschiff erhält Kreuzgratgewölbe zwischen Gurtbögen, jeder Querschiffarm ein riesiges Gewölbegeviert. Mit dem Tod von Kaiser Heinrich IV. im Jahr 1106 gilt der Bau als abgeschlossen, was allerdings nicht sicher ist. Auch wenn dieser Dom wiederholt verheerenden Schaden erlitten hat, ist er immer wieder aufgebaut worden – so wurden die heutigen Querschiffgewölbe mit ihren Bandrippen nach einem Brandschaden von 1159 errichtet und entsprechen damit bereits frühgotischem Bauen. Adams Resümee lautet:

> „Speyer ist der erste abendländische Bau großen Ausmaßes, bei dem Gewölbe angewandt wurden, eine Neuerung von unabsehbaren Konsequenzen“ [Adam, 80].

Nebenbei erwähnt dieser Kenner, dass der Weg der Architektur dadurch „bis hin zur Gotik mit ihrer völligen Auflösung der Wände zwischen dem tragenden Gerüst der Glieder“ vorgezeichnet ist [Adam, 84].

Da lässt sich genauer hinsehen. „Der erste abendländische Bau großen Ausmaßes“, also kein Aachen? In Aachen sind die Emporen bis weit in den Dachraum hinein geöffnet, gut kaschiert durch die doppelstöckigen Säulenstellungen ohne tragende Funktion. In Speyer blieb eine so große Dunkelzone zwischen Arkaden und Obergaden, dass sie Ludwig I., als Bayerns König auch für die Pfalz zuständig, durch große Gemälde Johann von Schraudolphs im heute als leidig empfundenen Nazarener-Stil abschwächen ließ. Anders als in Speyer ist in Aachen die Auflösung der Wände zwischen den Pfeilern fast so weit wie viel später in der Gotik vorangetrieben worden. Hat der Weg der Architektur in Aachen bereits mit diesem Ziel begonnen, um in der Romanik zurück-

Speyrer Dom von Nordosten [wiki]

Speyrer Dom nach der Zerstörung von 1689, südöstliche Ansicht von 1755 [dom/bau]

zufallen und jetzt zum zweiten Mal den Weg bis hin zur Gotik zu beschreiten? Nicht zu vergessen: Ernst Adam als Kenner romanischer Architektur konnte sich 37 Seiten später nicht mehr an das vollständig eingewölbte Aachen erinnern. Ein Einzelfall?

30 Jahre später wurden in der Reihe *„Taschens Weltarchitektur"* karolingische und romanische Bauten auf zwei Bände verteilt. Insofern konnte *Xavier* ***Barral i Altet*** [1997, 28] die Gewölbe von Aachens Pfalzkapelle im ersten seiner Bände problemlos ansprechen. Im Romanik-Folgeband stellte derselbe Autor scheinbar ohne jede Erinnerung an seinen Vorgängerband und an Aachen die Entwicklung der Gewölbetechnik so dar:

> „Die größte Neuerung dieser Zeit bestand darin, daß die Kirchen ***nun in allen Teilen mit einem Steingewölbe überdeckt*** wurden. [...] Die im Jahre 1009 geweihte Kirche des Bergklosters ***Saint-Martin-du-Canigou*** in den östlichen Pyrenäen gehört zu den ersten vollständig überwölbten Bauten dieser Zeit" [Barral i Altet 1998, 24; Hvhg. HI].
>
> „Die frühen Versuche, die Kirche in allen Teilen zu überwölben, waren zunächst auf kleine Schiffe beschränkt" [ebd. 26].

Im Vertrauen auf zwei Urkunden sieht man den Bau von Saint-Martin-du-Canigou ungefähr 997 begonnen und 1009 abgeschlossen, also genau 200 Jahre nach Aachen! Zuvor konnten nur Kirchenkrypten gewölbt werden, da bei ihnen das umgebende Erdreich der Schubkraft der Gewölbe standhält.

Große technische und künstlerische Perfektion wird in der vor 1040 geweihten Stiftskirche ***Sant Vicenç*** (San Vicente) im katalanischen ***Cardona*** erreicht:

> „Das breite, hohe Langhaus ist von einem Tonnengewölbe überdeckt, die Gurtbögen liegen auf mächtigen Wandpfeilern auf" [Barral i Altet 1998, 29].

Doch die Breite fällt in absoluten Zahlen weniger mächtig aus, ist doch das Mittelschiff nur 6,50 m breit, die Seitenschiffe sind „äußerst schmal gehalten" [wiki: San Vicenç (Cardona)].

Saint-Philibert, Tournus – Département Sâone-et-Loire – sollte ab 1020/30 zur Gänze eingewölbt werden. Das gelang in der Vorkirche, dem Narthex [Barral i Altet 1998, 34], doch anfänglich nicht im Hauptschiff.

> „Als die Wölbung des Vorbaus gelungen war, überwölbte man – mutig geworden – um 1050 das noch breitere Hauptschiff. Dabei nutzte man die Erfahrungen vom Bau der nahegelegenen Prio-

ratskirche St-Martin in Chapaize. Trotzdem misslang der Versuch, denn schon bald drohte das Gewölbe wegen der auftretenden Schubkräfte einzustürzen. Deshalb riss man es schon um 1070 wieder ab, errichtete als Notlösung in jedem der kurzen Joche des Mittelschiffs ein eigenes – quer zur Längsrichtung errichtetes – Tonnengewölbe und konnte so die alten Pfeiler und Außenmauern beibehalten. Auf Schwibbögen ruhen seitdem fünf quer zur Mittelschiffsachse stehende Tonnengewölbe mit geringem Radius. Ihre Schubkräfte hoben sich gegenseitig auf und drückten die seitlichen Mauern nicht mehr nach außen“ [wiki: St-Philibert (Tournus)].

Nach dem Abriss wagte man also kein durchgehendes Gewölbe mehr, sondern nur die quergestellten kleinen Tonnen. Sie stützen sich gegenseitig, sind aber nur eine aus der Not geborene Lösung. Soweit schlecht beschrifteten Plänen zu entnehmen ist, beträgt die Breite des Mittelschiffs nur um die 4 m, die Höhe 18 m, ein zwar hoher, aber sehr schmaler Bau. Die Michaelskapelle über dem Eingangsbereich ist bei gleicher Breite 12 m hoch; ihr Gewölbe benötigt noch heute quer durchs Schiff laufende hölzerne Zuganker. Der Kunsthistoriker Louis Grodecki [1973, 73; Hvhg. HI] kam angesichts der Abteikirche von Tournus geradezu ins Schwärmen:

> „Sämtliche Konstruktionsmöglichkeiten sind hier vereinigt: Kreuzgratgewölbe, Tonnengewölbe über Gurtbogen, quergerichtete Tonne, Halbtonnengewölbe, ***der Okzident kennt kein weiteres romanisches Bauwerk von ähnlichem Erfindungsreichtum an Strukturformen***, die die Schaffung einer Reihe verschiedener Konstruktionssysteme vorwegnehmen.“

Aachen präsentierte damals bereits seit 200 Jahren eine ebenso große Variationsbreite an Gewölbeformen, sogar in größerem Maßstab und in besserer Ausführung! Gehört Aachen nicht zum Okzident? Auch Kunsthistoriker sind nur Spezialisten mit einem durch ihr Spezialistentum verengten Horizont. Das setzt sich fort. Für den Narthex von Tournus wird aktuell im Internet mitgeteilt:

> „Da kurz zuvor in der Abtei Cluny erstmals seit der Antike ein Gewölbe geglückt war, versuchte man es auch hier. In der oberen Etage [= Michaelskapelle] hat sich ***dieses früheste Tonnengewölbe großen Ausmaßes*** erhalten“ [tournus; Hvhg. HI].

Auch hier muss Aachen ignoriert werden, weil es nicht ins Schema passt. Mit „Cluny“ ist Cluny II gemeint, das noch gründlicher zerstört worden ist als das riesige Cluny III. 50 Jahre nach Grodecki lässt sich die Gewölbeevolution noch immer nicht erklären. Wo, wann und wie soll das Aufkommen von Wölbungen angesetzt werden? Das muss hier nicht entschieden, sondern nur die Jahresangabe in drastischer Rundung mit „1000“ festgehalten werden. Aachens Pfalzkapelle müsste zwangsläufig jünger sein, handelt es sich doch um denselben Kulturkreis und dieselben Völker. Sehen wir weiter.

Nur ein Jahr später stellte *Rolf* ***Toman*** [1996] in großem Stil die Romanik von ganz Europa vor. Die ganze Romanik? Sogar mehr, denn er behandelt auch die Karolingerzeit, gewissermaßen als ‘Vorvorromanik’, da es ja auch eine Vorromanik gibt, die „premier art roman“ oder „ottonische Kunst“ im deutschen Sprachraum. Wenn es allerdings um Details geht, wird Toman zögerlich. Schreibt er über „Komponenten und Bauteile des romanischen Sakralbaus“ [Toman, 20-30], dann gibt es keine Erstbauten und keine Jahreszahlen, auch kein Entstehen des Gewölbebaus. Bei ***Aachens Pfalzkapelle*** [ebd. 32 f.] spricht er „von einem achtteiligen Klostergewölbe“, das nicht jeder als hohe, kühne Kuppel versteht; dass alle übrigen Bauglieder gewölbt und zwar raffiniert gewölbt sind, erwähnt Toman nicht. Auch bei der „vereinfachten[n] Nachahmung der Pfalzkapelle“ im elsässischen ***Ottmarsheim*** spricht er die Wölbung nicht an [ebd. 44]. Beschreibt er Abt Wulfrics II. Oktogon in Canterbury, das gegen 1050 begonnen worden ist, nennt er nicht Aachen, sondern das fast doppelt so weit entfernte elsässische Ottmarsheim als Vorbild.

Später [ebd. 46] gibt Tomans Überschrift „Der Speyerer Kaiserdom – Vorreiter für die Wölbung in Deutschland“ eine halbwegs konkrete Information. „Die Großtat war nun vor allem die geglückte Einwölbung des Mittelschiffs“ [ebd. 48]. Zugleich sieht er hier erstmals das „gebundene System“ verwirklicht [ebd. 48], das in St. Michael zu Hildesheim zwar begonnen, aber noch keineswegs durchgehalten worden war, ist doch die ausgeschiedene Vierung erst bei Restaurierungen im 19. Jh. ausgeführt worden [ebd. 41]. Umbau und entscheidende Erweiterung des Kaiserdoms mit Wölbung des Mittelschiffs, also ***Speyer II,*** lässt sich von 1080 bis 1106 ansetzen – bei Toman wiederum ohne Jahreszahlen. Möglicherweise sah er die damit verbundenen Probleme.

Ab 1089 war in Burgund ***Cluny III*** im Bau. Hier entstand eine gewaltige fünfschiffige Klosterkirche mit zwei Querhäusern und einem Umgangschor mit fünf Radialkapellen. Bis 1130 wurde hier die größte Kirche der Christenheit mit einer Spitztonne überwölbt.

Fast gleichzeitig wurde der Dom zu Speyer entscheidend erweitert. Die Chorpartie wurde umgestaltet, das Mittelschiff erhöht und jetzt mit Kreuzgratgewölben geschlossen. Allerdings verlangte die Statik unter der Tonne frei laufende, also sichtbare Holzbalken als Zuganker [Winterfeld, 91]. Hinzu kam eine Kuppel über der Vierung (die Kuppel überm Westwerk ist erst später gebaut worden).

Interessant ist der Vergleich mit Cluny III. Dieser Bau maß 187 m in der Länge, seine Spitztonne über Mittel- und Querschiffen ca. 30 m in der Höhe. Speyer II ist 'nur' 134 m lang, doch 33 m hoch. Insofern lassen sich Höchstmaße von gut 30 m für romanische Architektur – Aachen inklusive – festhalten. In der Gotik – in Amiens, Beauvais und im Mittelschiff des Kölner Doms, das damals geplant, aber erst im 19. Jh. errichtet wurde –, wird die Höhe bis auf 48,20 m gesteigert, also noch einmal um fast zwei Drittel.

Daneben gibt es Spezialausformungen wie die Turmspitze des Freiburger Münsterturms. Dort ist über dem Glockengeschoss ein von jedem Einbau freier Raum bis zur Kreuzblume hinauf entstanden, der etwa 60 m hoch ist: Oktogonhalle + Turmhelm. Da auf diesen Turm wegen seiner Eisenarmierungen zurückzukommen ist, sei erwähnt, dass er 116 m hoch und zwischen 1317 und 1330 [Zimdars, 37] fertiggestellt worden ist. Sein Maß zeigt, dass er tatsächlich samt Wetterfahne in den Kuppelraum des Petersdoms gestellt werden könnte, stünde da nicht Berninis Baldachin, größtes Bronzemonument überhaupt, das aber mit seinen 28,75 m Höhe schnell beiseitezuschaffen wäre....

Zurück zur Gewölbeevolution. Wenn das Wölben schmaler Schiffe ab dem Jahr 1000 einsetzt und bis Speyer auf eine Spannweite von 15,40 m kommt, dann hat sich in diesem Jahrhundert die Fähigkeit zum Gewölbebau in der Spannweite ungefähr verdreifacht. Doch Aachen steht bislang weit außerhalb dieser Entwicklung. Da seine Kuppel praktisch dieselbe Spannweite von 15,40 m hat – der genaue Wert variiert bei einem Achteck –, wäre ebenfalls eine Entwicklungszeit von zumindest 100 Jahren anzusetzen. Doch zu Aachen hin gibt es keine direkte Evolution im Gewölbebau. Mangels Bauten lässt sich keine Linie ziehen; sie kann auch nicht durch Rückgriffe auf fast drei Jahrhundert ältere Bauten wie San Vitale in Ravenna künstlich generiert werden. Bei derzeitiger Datierung wäre die Aachener Kuppel aus dem Stand heraus von Handwerkern gebaut worden, denen Stein- und Eisenbearbeitung fremd war. Das ist eine technische Unmöglichkeit, weshalb gerne an ausländische Gastarbeiter gedacht wird (s.u.). Völlig unverständlich wäre, dass die Franken unmittelbar danach Wölbung und Technik vergessen, um sie im 10.und 11. Jh. mühsam zurückzugewinnen. Mediävisten müssen jedoch an dieses unmögliche Auf und Ab glauben und es vertreten, um ihren Pergamenten treu bleiben zu können. Zu den maximal 11 Jahren Bauzeit wird 2009 Aachens Stadtarchäologie zitiert:

> „Schaub betonte überdies, dass es eine schier sensationelle Leistung sei, dieses Bauwerk in derart kurzer Zeit zu verwirklichen. Nach den Römern sei nämlich die Steinbauweise in unseren Breiten in Vergessenheit geraten. Erst die Karolinger hätten wieder darauf zurückgegriffen. So habe es Ende des 8. Jahrhunderts eigentlich gar keine Infrastruktur für einen derartig raschen Baufortschritt gegeben. Vermutlich sei diese auf kaiserliche Anordnung hin in Aachen geradezu aus dem Boden gestampft worden“ [az].

So wäre damals wohl auch – doch viel zu früh – die traditionsbildende Form der Dombauhütte begründet worden. Dieser Erklärung verleitete mich für die damalige Berichterstattung zu dem ironischen Kommentar. „Der Optimist würde sagen: Wenn man etwas schon nicht kann, dann muss man es möglichst rasch machen!“ [HI 2/2009, 475]. Dahinter steht ein weiteres Problem, müssen doch die Unsicherheitsintervalle der Holzdatierungen so interpretiert werden, dass sie mit einem Alkuin-Brief und einem aufgefundenen Denar harmonieren.

Dimensionierung des Mauerwerks

Die Stärke des Mauerwerks der Pfalzkapelle ist den Anforderungen angepasst und materialsparend bemessen. Im Aachener Westbau schwanken die Mauerstärken zwischen 0,65 m bei der Westnische, 1,70 m bei den Treppentürmen und 2,70 m an den Seiten des Mitteltrakts [H/S 217]. An den Außenmauern des Sechzehnecks werden 1,57 bis zu 1,90 m gemessen [H/S 169, 227]. Das Oktogon ist mit 1,06 bis 1,10 m einheitlich aufgemauert [H/S 187]. Bei diesen Wandstärken in über 20 m Höhe waren Eisenanker von vornherein einkalkuliert. Die Bauleute wussten auch, dass sie im Gegensatz zur schweren Grauwacke im Tambourbereich für die Kuppel besser den leichteren Travertin verwenden [H/S 189]. Am interessantesten ist das Mauerwerk der Kuppel:

> „Die Dicke des Oktogongewölbes beträgt oben in der Mitte ca. einen Meter. Die Gewölbeschale verjüngt sich zunächst an den Seiten auf bis ca. 75 cm […] bzw. 80 cm […], verbreitert sich dann bis zur dicksten Stelle am Dachansatz auf 1,60 m (alle Maße radial gemessen) und läuft schließlich in die 1,06 bis 1,11 m dicken Oktogonwände aus. Bei den Maßangaben muss beachtet werden,

> dass die heutige Vermessung natürlich die Innenkante des Mosaiks und die Außenkante der modernen Zementabdeckung der Kuppel erfasst. Die eigentliche Kuppelschale ist also noch etwa 10 cm dünner. Eine Radaruntersuchung der Kuppel ergab keine Hinweise auf ein Schalenmauerwerk oder Hohlräume" [H/S 201].

Auch für diese Gestaltung ist ein gediegenes Wissen um Kuppelbau vorauszusetzen, sonst hätte der Baumeister nicht gewusst, wo er Gewicht sparen kann und wo er beträchtliche Steinmasse zusetzen muss. Und das, obwohl die einzigen Erfahrungswerte nur von römischen oder byzantinischen Bauten stammen könnten, die jedoch entweder aus Beton gegossen oder dünn aus leichten Tonröhren gemauert waren. Deshalb müssen wir für Aachens perfekte Gestaltung zwingend Vorgänger von gemauerten Kuppeln erwarten, die jedoch nur aus ottonischer und romanischer Zeit stammen können. Kann dieses Wissen „von innovativer Kraft und weitblickender Kenntnis" stammen [H/S 222], gar antizipativ? Innovative Kraft war notwendig, aber auch weitblickende Kenntnis wurzelt in der Vergangenheit, nicht in der Zukunft. Hier sind andere Erklärungen notwendig.

2018 die Klarstellung aus Aachen?

Bereits 1994 habe ich skeptisch auf die Vielfalt der Gewölbe im Aachener Dom hingewiesen. Darauf kam im Wesentlichen Spott und Häme von Seiten des örtlichen Mediävisten, Max Kerner. Er war auch damals kein Bauhistoriker. Gerade mit den Gewölben wollten sich die meisten meiner Kritiker nicht beschäftigen. Erst 2018 legten zwei Professoren und eine „M. Sc." von Uniroma 3, doch alle der RWTH Aachen zugehörig, gemeinsam eine Studie vor, deren Präsenz im Internet ihnen sehr wichtig ist: Christian **R**aabe, Martin **T**rautz und Carlaluisa Di **P**umpo (= RTP): *„Karolingische Tonnengewölbe im Aachener Dom. Baugeschichte, Konstruktion und Technik"*. Sie wollten Antworten auf die Fragen geben: Woher stammten die Kenntnisse zu den Gewölben und wie wurden sie ausgeführt? [RTP 4] Dafür unterscheidet das Trio:

- Ringförmige Tonne,
- waagrechte Tonne,
- konische Tonne,
- halbkonische Tonne,
- steigende Tonne,
- spiralförmige Tonne,

- waagrechte Tonne, [RTP 5].
- (Die sphärischen Zwickel als Bindeglieder zwischen den ansteigenden Tonnen über der Empore werden unter Tonnengewölbe subsumiert.)

Woher stammten die dafür zwingend notwendigen handwerklichen Kenntnisse? Auf diese simple Frage gibt es überraschende Antworten. So finden die Drei eine ringförmige Tonne auch in der „Abbaye de Saint Michael de Cuxa“ [RTP 5] (wenn schon französisch, dann L'abbaye de Saint-Michel-de-Cuxa), die sie korrekt im 11. Jh. ansetzen. Also ein Aachener Vorläufer im 11. Jh.? Ist das Schluderei oder bewusstes Vernebeln? Als zweites 'Vorbild' wird das Mausoleum Santa Costanza in Rom aus dem 4. Jh. genannt. Allerdings wird kein Wort über die ganz unterschiedlichen Baumaterialien verloren, wölbten doch die Weströmer in Beton.

Dann fällt der gemeinsame Blick auf San Vitale in Ravenna. Hier werden sogar die materialtechnischen Unterschiede erwähnt, wenn auch schlecht verstanden: „Leichtbauweise mit *tubi fittili* in Gips getaucht“ [RTP 7]. Nicht Gips, sondern Mörtel hält sie zusammen. Unabhängig davon wird reine Literaturgläubigkeit demonstriert: Schließlich habe Kaiser Karl einige Reminiszenzen aus Ravenna mitgenommen, „unter anderem die Reiterstatue von Theoderich“ [RTP 7]. Niemand hat je diese Reiterstatue gesehen, niemand wüsste, wo sie in Ravenna gestanden hat und wo sie in Aachen postiert worden wäre, niemand kann die Herkunft der Emporensäulen angeben. Aber wenn es auf Pergament geschrieben steht, dann muss es auch wahr sein.

Die einschlägigen Meinungen von Dombaumeister Felix Kreusch, von Elide Tomasoni, Günther Bandmann und Josef Strzygowsky werden kurz vorgetragen, aber kaum gewertet. Immerhin wird die kleine Kirche Germigny-des-Prés zum Vergleich herangezogen; herrschende Lehre sieht sie allerdings erst von 803 bis 806, als direkten Nachfolger, nicht als Vorläufer Aachens. Hier wächst der Verdacht auf Täuschung.

Aber dieser ursprüngliche Zentralbau könne zur armenischen Bauweise vermitteln, ebenso wie Gewölbe aus der irakischen Region von Hatra. Da Karl der Große von Harun al-Raschid, dem Kalifen von Bagdad einen Elefanten und eine Wasseruhr geschenkt bekommen hätte, gäbe es doch eine naheliegende Konsequenz: „Man kann sich fragen, ob der Basileus ihn mit einem Baumeister beschenkte“ [RTP 11]. Bis dahin war der Basileus der byzantinische Kaiser und nicht sein arabischer Kontrahent. „Das ist natürlich nur eine Hypothese“ [RTP 11].

Nicht erwähnt wird, dass Hatra weder im Territorium des damaligen Basileus noch in dem von Harun ar-Raschid – so es die beiden je gegeben hat – lag. Denn Hatra gehörte zum Einflussbereich des parthischen Arsakidenreich, während das Römische Reich damals noch vom alleinigen Kaiser in Rom regiert worden ist. Hatra selbst blühte im 2. Jh. n. Chr. Doch 224 stürzten die Sassaniden die Arsakiden im Iran. Trotz Unterstützung durch römische Truppen wurde die Stadt Hatra nach mindestens zweijähriger Belagerung durch die Sassaniden eingenommen. Danach scheint Hatra aufgegeben worden zu sein und verfiel; zu dieser Zeit gab es weder einen Basileus noch einen Kalifen. Aber 575 Jahre später hätte sich ein Basileus an die Ruinenstadt erinnert und obendrein einen Baumeister gefunden, der sich in den Ruinen nicht nur zurechtfand, sondern dort auch noch aus heidnischen Trümmern die Ideen für Aachens Palastkirche geschöpft hätte. Wie leicht schreibt es sich doch, wenn Wunschbilder erzeugt sein wollen.

Daraufhin spricht das Trio die Servatiusbasilika in Maastricht an. Da auch sie erst gegen 1000 begonnen worden ist, scheidet sie wiederum als Vorbild für Aachen aus. Also tatsächlich Täuschungsabsicht. Wenn ihr Bauprinzip dem von Aachen ähnelt, ist das gegen den Willen der drei Autoren ein Argument für die Verjüngung der Aachener Pfalzkapelle. Sie wird im rezensierten Text „Dom“ genannt; doch das heutige Bistum Aachen wurde erst 1930 errichtet. Die Bezeichnung „Dom“ für ein vermeintlich 1.200 Jahre altes Kernbauwerk, das dieser Bezeichnung wegen des lange fehlenden Bistums noch keine 100 Jahre gerecht wird, ist irreführend, zumal mit „Pfalzkapelle“ eher dem Umstand Rechnung getragen wird, dass es eine 'karolingische' Kernsubstanz gebe, die ziemlich genau 555 Jahre später um eine gotische Chorhalle erweitert worden wäre. Den Begriff „Dom“ verwende ich nur für den heutigen Baubestand der gesamten Kirchenanlage.

Es geht nun bei den drei Autoren mit der Schilderung fortgeschrittener Technologie in Forscherhand weiter, die auch die dreidimensionale Wiedergabe von Gewölben erlaubt.

Danach werden die Gesteinsarten vorgestellt, die unter Karl verwendet worden wären: Travertin und Grauwacke, eine ziemlich willkürliche Simplifikation. „Vom römischen Einfluss ist nur noch die höhere Qualität des Mörtels zu finden“ [RTP 14].

Im nächsten Abschnitt [RTP 16-21] werden die spiralförmigen Tonnen im Westwerk behandelt. Hier lässt sich lernen:

> „Die zwei Treppen waren abwechselnd verwendet worden. Über eine hätten die Lasttiere die Materialien hochgebracht und wären im Nachhinein über die andere wieder heruntergegangen“ [RTP 19].

Wie sah das beim Bau aus? Ohne noch nicht gebaute Querverbindung hätten die Grautiere auf der dafür viel zu schmalen Treppe umkehren oder zum anderen Treppenturm springen müssen. Obwohl man bei Reitertreppen auf Stufen verzichtet, wollte man hier den Tragtieren das Passieren mit Stufen 'erleichtern'. Hoffentlich wurden die Mulis nicht stark beladen, da die lichte Treppenbreite nach Plan nur 1,30 m beträgt [Binding, 79]. Geistliche waren meist schlanker und wohl die eigentliche Ursache für die Treppen: Der Grund

> „ist, dass diese Treppen von den Pfarrern benutzt wurden, um die Reliquien von dem Fenster aus den Gläubigen zuzeigen [sic!]“ [RTP 16].

Wenn es um die Gewölbe auf der Empore geht, erfährt man überraschend: „davon sind acht rechteckige im Kufverband gemauerte Tonnengewölbe und acht dreieckige vorhanden“ [RTP 23]. Konische Gewölbe gibt es nicht mehr; dafür zählen nun sphärische Zwickel als Tonnengewölbe? Dazu werden verschiedene ältere Meinungen vorgetragen und dann eine erläutert:

> „Das Prinzip der pyramidalen Lastabtragung nutzt die Tragfähigkeit des Materials besser als die perpendikulare Lastabtragung. Die Pyramide muss hohl sein. In diesem Falle stellt sich ein Membranspannungszustand ein und entstehen zusätzlich zu Meridiankräften auch Breitenkräften [sic], die dazu führen, dass die Seitenflächen sich einander unterstutzen [sic]“ [RTP 26].

Angesichts dieser professoralen Rätselworte über Hohlpyramiden und noch Abwegigeres stimmt es zumindest hoffnungsfroh, dass dieses Bauprinzip „den Baumeistern wahrscheinlich in einer empirischen Form bekannt war“ [RTP 25].

Das Interesse wendet sich den Gewölben über der Empore zu. Der Unterschied zwischen kreisförmiger und elliptischer Bogenführung führt zu der tiefsinnigen Folgerung, dass eine verschiebbare, frei auf dem Boden stehende Holzlehre für jedes Gewölbepartiment benutzt worden ist [RTP 26-28]. Spätestens bei einem halbkonischen Tonnengewölbe wird nicht nur das Deutsch mirakulös:

> „Gleichzeitig ist der Verlauf im konischen Teil das Gewölbe mit abnehmenden Kreisen sich annährt. Das führt dazu, anzunehmen“ [RTP 32],

dass in diesem Fall Baugerüste, aber textmäßig keine KI-Bauteile verwendet worden sind. Von Punkt „5 Zusammenfassung und Schlussfolge“ nehmen wir eine 'ganz neue' Erkenntnis mit:

> „Der Aachener Dom ist der älteste gewölbte Monumentalbau im Mauerwerk im Norden Europas. Das Mauerwerk ist nicht wie in der römischen Baustelle in opus caementicium, sondern komplett durchgemauert [...]
> Eine mögliche Erklärung könnte die Anwesenheit arabischer Arbeiter im Karlshof sein“ [RTP 34].

Gastarbeiter aus Spanien oder Nordafrika? Schon die gerne vermuteten Maurer aus Como [vgl. Ley in Kraus, 171] sind für Aachen Fiktion, umso mehr Mudejaren.

Wer um Karls Willen konnte einen „Univ.-Prof.Dr.-Ing.“ von „LFG Denkmalpflege und Historische Bauforschung RWTH Aachen“, einen weiteren „Univ.-Prof.Dr.-Ing.“ vom „Lehrstuhl für Tragkonstruktionen RWTH Aachen“ und eine Master of Science zwingen, diese Arbeit zu schreiben und auch noch ins Netz zu stellen? Ein derartiger Text mit zahlreichen Druckfehlern, voller „Irrsal und Wirrsal“ (Martin Bubers Übersetzung für Tohuwabohu) und einer strikt vermiedenen Formatierung, die in einer wahllosen, lesefeindlichen Seitenaufteilung endigt? Bereits bei Facharbeiten für die gymnasiale Oberstufe muss ein derartiges Niveau überboten werden; dort wird vielleicht auch noch auf sprachliche Korrektheit geachtet. Und so ein professorales Machwerk steht unbeanstandet seit fünf Jahren im Netz? Sehr frei nach Grabbe: 'Scherz, Satire, Ironie ohne tiefere Bedeutung'? Hier braucht es einen weit wallenden Schleier der Barmherzigkeit.

Vor 28 Jahren habe ich Aachen den Fehdehandschuh hingeworfen, indem ich auf zahllose Ungereimtheiten, Anachronismen und sonstige Widersprüche am Bau der Aachener Pfalzkapelle hingewiesen habe. Meine Thesen wurden zwar landauf, landab von interessierten Laien beachtet, jedoch von einschlägigen Fachgelehrten nach sehr kurzer Prüfung verworfen. Aus Aachen meldete sich Prof. Dietrich Lohrmann ganz knapp, dafür mit Prof. Max Kerner kein Kunsthistoriker, sondern ein Mediävist immer wieder zu Wort. Sogar eine Vorlesung, die erste *„Uni im Rathaus“* wurde von ihm am 14. 11. 1996 gegen mich abgehalten, allerdings nicht in Form einer „dynamischen Podiumsdiskussion“, wie sie dort seitdem veranstaltet werden. Kerner lud mich nicht ein, beschränkte sich damals auf Unsachliches und vermied Argumente. Nun kommt 22 Jahre nach meinem einschlägigen Buch aus Aachen ein scheinbar klärender Aufsatz von drei erwiesenen Spezialisten. Klärend? Bereits der erste Satz der Zusammenfassung ist nicht reflektiert, sondern ein Glaubensbekenntnis: „Der Aachener Dom ist der älteste gewölbte Monumentalbau im Mauerwerk im Norden Europas“ [RTP 34].

Gerade darum geht es mir seit 30 Jahren. Ein Bauwerk, das so viele unterschiedliche Wölbungsformen aufweist, das erstmals im Mittelalter in allen Bauteilen gewölbt ist und prinzipiell anders als römische wie byzantinische 'Vorläufer' errichtet ist, kann nicht am Beginn einer Traditionslinie stehen, sondern muss in der Entwicklungsreihe des Gewölbebaus erst viel später kommen. Damals plädierte ich fürs frühe 12. Jh., heute sehe ich die Pfalzkapelle im späten 12. Jh. entstehen, wie in diesem Buch dargelegt wird. Autorin und beide Aachener Autoren übersehen selbstverständlich, dass Ende des letzten Jahrtausends die Axt an die Aachener Datierungen gelegt worden ist. Haben sie lieber anno 2023 an der Heiltumsfahrt zu den Windeln Jesu und zum Geißelstrick Christi teilgenommen, fanden diese doch unter Karl dem Großen ihren Weg nach Aachen?

Da sich immer mögliche Kritik gerne am Unwesentlichen abarbeitet, erkläre ich die im letzten Absatz genannten „30 Jahre“. Ab Juli 1990 formulierte ich an meiner These und publizierte zu ihr erstmals im Januar 1991 den Aufsatz: *„Die christliche Zeitrechnung ist zu lang“*. Aachens Fehldatierung war im August 1992 Thema in dem Heft *„Karl der Fiktive, genannt Karl der Große. Als Herrscher zu groß, als Realität zu klein“*. 1994 wurde insbesondere der Wirrwarr um Aachens Pfalzkapelle viel detaillierter dargestellt in dem Buch *„Hat Karl der Große je gelebt? Bauten, Funde und Schriften im Widerstreit“*. Nach diesen Publikationen im eigenen Verlag erschien das Buch in nochmals erweiterter Form 1996 als *„Das erfundene Mittelalter“* mit wechselnden Untertiteln im Econ Verlag, später im Ullstein Verlag. Als Bezugsjahre können demnach 1990, 1992, 1994 oder 1996 gelten. Deshalb im Mittel „30 Jahre“.

Eisenproduktion

Die vermeintlich präzisen Holzdatierungen werden durch Eisendatierungen widerlegt; die Grundlage dafür hat Dombaumeister Helmut Maintz persönlich verkündet. Da er 2012 mit nur minimalen Änderungen die gleiche Äußerung wie 2004 publiziert hat, gilt die jüngere Formulierung:

> „Im Rahmen aller Untersuchungsöffnungen war zu beobachten, dass die Eisenringanker oder Eisenklammer-Ringanker alle satt im karolingischen Mörtel lagen, also im Zusammenhang mit dem Aufmauern eingebaut worden sind. In einigen Publikationen wurde dies bezweifelt und der Umkehrschluss ausgeführt, dass die Eisenanker erst später eingebaut worden seien, auch weil man gar nicht in der Lage gewesen sei, die Eisenstangen in dieser Länge zur karolingischen Zeit herzustellen. Dies ist hiermit widerlegt“ [Maintz 2012, 87; vgl. 2004, 31].

Die Stangenlänge wurde von ihm recht präzise angegeben: „ca. 6,40 m“ [ebd. 84]. Nachdem mich das Problem seit etwa 1992 umtreibt, würden mich jene publizierte Thesen beschäftigen, die dem Dombaumeister in dieser Form widersprochen hätten. Aber ich bin keiner begegnet. Nur meine eigenen Gedanken kommen in die Nähe der Äußerung von Maintz. Tatsächlich halte ich die Produktion derartiger Eisenstangen in karolingischer Zeit für unmöglich. Allerdings habe ich niemals von einem späteren Einbau gesprochen, sondern von einer 'für Öcher' noch unmöglicheren Konsequenz, sofern es so etwas gibt: Weil die Stangen gegen 800 noch nicht geschmiedet werden konnten, muss ihre Fabrikation und ihr Einbau im 12. Jh. angesetzt werden – und das *zusammen mit* Aufmauerung der Steine und sog. karolingischem Mörtel. Gemäß meiner Argumentation handelt es sich nicht um karolingischen Mörtel, sondern um solchen des 12. Jh. Mit ihm wurden die gerade aufgemauerten Steine verbunden und von den Eisenstangen zusammengehalten.

Die vom Dombaumeister angesprochenen Varianten kann kein Baukundiger vorgebracht haben, denn jeder von ihnen weiß: Ohne Eisenringanker hätte die Kuppel nur so lange gehalten, wie die in den Wänden liegenden Holzanker standgehalten hätten. Ab da würde die schwere, massive Steinkuppel die Mauerkrone nach außen drücken und die Kuppel zum Einsturz bringen! Es ist

„dargestellt, dass die karolingischen Ringanker E3 und E4 in der richtigen Höhe eingebaut sind, eine sehr wichtige Funktion haben und daher unverzichtbar sind im Hinblick auf die Standfestigkeit der Kuppel und des Oktogons“ [Maintz 2012, 95].

Wegen der Schadhaftigkeit beider Anker wurde der neue, außen geführte Eisenringanker zwingend, der nach vielen Schubkraftberechnungen bündig ums Oktogon gelegt worden ist.

Nein, es ging und geht tatsächlich darum: Steine, Mörtel und Eisenringe bilden eine unveränderte Einheit, wie am Bau vom Spezialisten konstatiert. Aber diese Einheit muss umdatiert werden. Sie kann nicht mehr für Karl den Großen und die Zeit um 800 bürgen, sondern gehört ins späte 12. Jahrhundert!

Bislang stützte sich meine Schlussfolgerung – neben vielen anderen Indizien [vgl. HI 2017 passim] – auf die Einführung des mit Wasser angetriebenen Fallhammers. Er steht keineswegs bereits gegen 800 zur Verfügung, sondern erst irgendwann nach 1000. Ein genaues Datum gibt es dafür nicht, aber Hinweise fiskalischer wie bauhistorischer Natur. In der Oberpfalz wird der Ort Schmidmühlen bereits um 1010 als „Smidmuln“ genannt [vgl. HI 2013, 683 f.]. Maintz hat auch hier einen wertvollen Hinweis gegeben, der sich auf die Eisenringanker und den Bleiverguss des Eckbereichs Süd/Südostseite des Oktogons bezieht:

„Im März 2006 wurden dem Deutschen Bergbau-Museum Bochum, Forschungsbereich Archäometallurgie, Eisen- und Bleiproben aus diesem Bereich zur Verfügung gestellt [Berichterstellung November 2006 lt. Maintz 2012, 116, Endnote 7]. Beim Eisen konnte festgestellt werden, dass die Stücke sehr gut geschmiedet wurden, so dass die Schweißstellen im Gefüge nur durch leichte Entkohlung und Rekristallisation erkennbar sind. Auch ein Eisenstück eines Ringankers der Chorhalle wurde untersucht und festgestellt, dass hier nicht optimal geschmiedet wurde. Also ist das 600 Jahre ältere Eisen des Oktogons besser geschmiedet als das Eisen der Chorhalle: ein weiterer Hinweis darauf, dass beim Bau der Pfalzkapelle sehr gute Handwerker verpflichtet wurden“ [Maintz 2012, 88].

Nachdem um 1400 längst wasserbetriebene Fallhämmer benutzt wurden, um den ständig wachsenden Eisenbedarf von Kathedralbauern und anderen Bauherren zu befriedigen, würde die Aussage des Dombaumeisters bedeuten: Fürs Oktogon wurden die acht bis zu 200 kg schweren Vierkanteisenstangen eines Eisenringankers von Hand geschmiedet – mit Vorschlaghämmern von zumeist 5 kg Gewicht. Für die Chorhalle kamen im 13. Jh. auf jeden Fall wasserbetriebene Fallhämmer mit

„Bären“ (Hammerköpfen) von 50, 150 kg oder noch mehr Gewicht zum Einsatz, die im Abstand von wenigen Sekunden auf das Werkstück einschlugen. Wenn trotzdem das Oktogon-Eisen qualitativ besser ist als das Chorhallen-Eisen, dann beweist dies, dass beide Eisenproben mit dem Fallhammer geformt worden sind, weil die Kraft der Faust nicht ausreicht, um Schlacke und Kohlereste auszutreiben. Beim Oktogon-Eisen haben die Schmiede am Fallhammer besser gearbeitet.

Doch das ändert nichts daran, dass für die manuelle Bearbeitung ein Vierkanteisen nicht stärker sein darf als ca. 3 x 3 cm, maximal 4 x 4 cm [Le Goff/Glassman 2010. Aussagen verschiedener Schmiede gegenüber HI]. Das ergibt einen Querschnitt von maximal 16 cm². Mehr lässt sich von Hand nicht verdichten. Aachener Eisenanker zeigen aber auch Maße von z.B. 5,2 x 6,2 cm; das ergibt mit 32 cm² bereits doppelten Querschnitt, doppeltes Volumen. Nachdem aber Maintz betont hat, dass die Eisenanker der Pfalzkapelle mit heutigem Baustahlqualität vergleichbar sind, hat er – ungewollt – bewiesen, dass Acht- und Sechzehneck erst in der protoindustriellen Zeit des wasserbetriebenen Fallhammerbetriebs erbaut worden sind.

> „Das gleiche Institut [in Stuttgart] hat sich aber auch mit der Qualität des [Aachener] Eisens beschäftigt. Zusammenfassend wird hier testiert, dass das Schmiedeeisen von hoher Qualität ist. Mit Ausnahme des extremen Phosphorgehaltes entspricht der Werkstoff bezüglich der Gehalte von wichtigen Begleitelementen bzw. Verunreinigungen nahezu den heutigen Anforderungen an einen Baustahl. Die Zugfestigkeit erreicht etwa die eines modernen Baustahles (etwa St 33)“ [Maintz 2004, 32].

2012 bestätigte dies Matthias Kempen: Es

> „entspricht z. B. der karolingische Stahl in seiner Festigkeit und seinen Legierungsbestandteilen weitgehend einem heutigen normalen Handelsbaustahl!“ [Pufke, 231]

Holzers Geschichte der Eisenarmierung, 2021

Einen aktuellen Blick auf die europäische Baugeschichte bietet Stefan Holzer von der ETH Zürich in seinem ins Internet gestellten Skript für das Semester 2021/22. Er bringt sicher den aktuellen Forschungsstand. Holzer suchte nach wesentlichen Kriterien und fand sie bei Vitruv und Alberti:

„Schon der altrömische Architekturschriftsteller Marcus Vitruvius Pollio, kurz «Vitruv», der im 1. Jahrhundert vor Christus seine *De architectura libri decem* verfasste (die älteste erhaltene Schrift zur Architekturtheorie), erwähnte in einem kurzen Abschnitt die sogenannte «Trias» von Schönheit *(venustas),* Standsicherheit und Dauerhaftigkeit *(firmitas)* und Zweckmässigkeit *(utilitas).* Vollends zum kategorischen Imperativ der Architektur erhoben wurde die Forderung nach Einhaltung dieser drei Kriterien sodann in der ersten Architekturlehrschrift der Neuzeit, der von dem italienischen Humanisten Leon Battista Alberti um 1450 verfassten *De re aedificatoria"* [Holzer, 2].

In meinem Text geht es ganz wesentlich um Standsicherheit, Dauerhaftig- und Zweckmäßigkeit, leider kaum um Schönheit. Das deckt sich mit Holzers Anliegen:

„Inhaltlich geht es in der Baugeschichte um immer wiederkehrende elementare Fragen des Bauens: Wie konstruiert man materialgerecht eine Stütze, eine Wand, eine Decke? Wie steuert man den Weg eines Besuchers im Bauwerk? Wie belichtet man den Bau zweckmässig? Wie erzeugt man maximalen repräsentativen Effekt, ohne dass die Baukosten durch die Decke gehen? Wie sichert man bei statisch anspruchsvollen Bauten die Langlebigkeit und Standsicherheit, auch in Sonderereignissen wie Erdbeben oder Feuersbrunst?" [ebd. 6]

Seltsamerweise findet er erst in der sogenannten „Spätgotik" Neuland mit der

„nunmehr souveränen Beherrschung des Wölbens, in der Entwicklung neuer sakraler und profaner Bautypologien, was einherging mit deutlichen Fortschritten im Bau grosser hölzerner Dachkonstruktionen, aber auch im aufkommenden Einsatz des Materials Eisen für Verstärkungen von Mauerwerks- und Holzkonstruktionen" [ebd. 10].

Auf Eisen als Baumaterial kommt Holzer erst bei den Kathedralen der Hochgotik wie etwa Reims und bei der Fenstergliederung mit Steinstrukturen zurück.

„Aufgrund der schlanken Proportionen wäre das Masswerk allerdings für sich allein nie standsicher. Es funktioniert nur im Zusammenwirken mit Eisenstäben (sog. «Sturmeisen» oder «Windeisen»), die das Fenster horizontal unterteilen und auch die einzelnen Stücke des Stabwerks halten" [Holzer, 83].

Erst im 15. Jh. sieht er den Einsatz von Eisen für das Maßwerk und – so lässt sich ergänzen – für ganz spezielle Schmuckformen, etwa die Abhänglinge an raffinierten Gewölben, die an Eisenstangen befestigt wurden. Im selben 15. Jh., bereits ab 1419 entwickelt Brunelleschi in Florenz ganz neue Wölbformen, gerade für seine offenen Loggien, auf denen weitere Stockwerke aufruhen. Es

> „ist eine solche Architektur nahezu unmöglich ohne eiserne Anker, die den zur Platzfront hin gerichteten Schub der Gewölbe aufnehmen und unschädlich machen. Andernfalls würde die gesamte Fassade auf den Platz kippen, oder wenigstens würden Risse in den Kuppelschalen entstehen. Entsprechend ist jede einzelne Säulenarkade des Findelhauses [Ospedale degli Innocenti] im unteren Drittelspunkt des Gurtbogens durch eine eiserne Zugstange an die Rückwand der Halle zurückgehängt" [Holzer, 99].

In Kirchen wie San Lorenzo sieht man die über den Hängekuppeln verlaufenden Anker nicht [ebd. 100]. Die damaligen Baumeister haben Steinblöcke mit Eisenklammern verbunden und so Ringanker erzeugt [Holzer, 109]. Dass es solche bereits 620 Jahre früher gegeben haben soll, ist Holzer leider entgangen.

Ab dem 15. Jh. treten Eisenarmierungen in Kirchen und Palästen auf; sie können fast jede Bauform ermöglichen. Berühmtestes Beispiel ist die Kuppel des Petersdoms. Michelangelo hat noch ihre Basis bereiten können, Giacomo della Porta überhöhte das Kuppelmodell seines Vorgängers um entscheidende Meter und meisterte die heikelste Stelle:

> „Eine besondere Rolle spielen auch bei della Portas Kuppel eiserne Ringe. Vier Ringanker aus Eisenbändern, die aus Einzelstücken über Ösen mit hindurchgesteckten Keilen gebildet wurden, sind auf verschiedener Höhenlage in der Kuppel angeordnet; ein fünfter Eisenring umschliesst die Laterne. Die Ringe verlaufen (bis auf einen) nicht aussen um die Kuppel herum, sondern im Inneren des unteren massiven Drittels der Kuppelschale oder umziehen die innere Schale, was verdeutlicht, dass della Porta dieser inneren Schale die hauptsächliche Tragwirkung zugedacht hatte. Planmässig eingelegte eiserne Ringe wurden von da ab in Kuppeln sehr häufig verwendet" [ebd. 144].

Dass Eisenringanker bereits die Kuppel von Aachen ermöglicht hätten, scheint in Zürich unbekannt zu sein, eine spezielle Verdrängungsleistung. Holzers letztes Beispiel ist die bekannte römische Kirche Sant' Agnese in Agone, die an der Piazza Navona steht. Ab 1653 ist dort Francesco Borromini tätig und baut eine besondere Kuppel.

„Zur Statik der Kuppel waren eiserne Verstärkungen unentbehrlich. In dem ringförmigen Sockel der Kuppel verbergen sich Zugstangen, die um die vier grossen Bögen herumgeführt sind und über den Pfeilern mit starken vertikalen Eisenstangen verankert sind. Auch die Kuppelschale ist mit Ringankern verstärkt. Ein Ringanker aus acht Stäben, die an den Enden angeschmiedete Ösen aufwiesen, durch die zur Verbindung vertikale Eisenstäbe («paletti» oder «palettoni») gesteckt wurden, wurde knapp über dem Kuppelansatz in der Mauerstärke vermauert. Sein Gewicht betrug etwa 1.3 t. Ein weiterer Eisenring von nur rund 475 kg Gewicht (und aus nur sechs Teilen bestehend) wurde auch noch weiter oben in das Kuppelmauerwerk eingelassen, vielleicht im oberen Teil der Kuppel oder auch erst am Fuss der Laterne“ [ebd. 150].

Hier verblüfft der Professor für Bauforschung und Konstruktionsgeschichte der ETZ Zürich: Bereits in Aachen sind mehrere Ringanker mit einem Gewicht von mehr als einer Tonne verbaut, doch er ignoriert sie beharrlich, als würde Aachens Dom nicht im Abendland stehen. Dieser ausblendende Blick ist nicht allein Holzer eigen, sondern allen Bauforschern, soweit sie überhaupt wagten, meiner Sicht zu Aachen entgegenzutreten. Keiner hat es bislang gewagt.

Zwei heutige Anker-Beispiele

Zwei aktuelle Beispiele können den Überblick abrunden. In Aachen ergab die Prüfung eine bedrohliche Schwächung der alten Ringanker. Deshalb musste ein neuer Ringanker außen um das Oktogon gelegt werden. Ihn zu dimensionieren und die richtige Stahllegierung zu finden, war schwierig. Schließlich wurde aus 4,8 cm durchmessenden Rundstangen von jeweils rund 4,50 m Länge der Anker um die Kuppelbasis gelegt. Gewählt wurde eine Nickel-Eisen-Legierung, die in dem Riesen-Temperaturintervall zwischen -50° und +250° keine Längenänderung erfährt [Pufke, 234]. Denn der Anker muss immer bündig am Mauerwerk anliegen, sonst könnte bei einem Bruch der alten Anker die Steine auseinanderdriften; hier wäre jeder Zentimeter verhängnisvoll [Maintz 2004, 46 f.].

Als zweites Beispiel dient die Dresdner Frauenkirche. Sie war im 18. Jh. ein ausgesprochenes Wagnis, das George Bär eingegangen ist, dem aber ein Blick auf sein ab 1726 entstehendes Meisterwerk nicht mehr vergönnt war, da er 1738 gestorben, sie aber erst 1743 fertiggestellt worden ist. Insofern wusste er nach jahrelangem Gerangel um die einzusetzende Bautechnik noch nicht, dass schließlich 7 Schmiedeeisenanker die Kuppel umgürten sollten [Lugenheim, 193]. Prekärerweise wurde damals der Kuppelfuß nicht gesichert. Beim Wiederaufbau legte man um ihn einen mehrteiligen Zuganker. Bei jedem der 4 Pfeiler wurden Gelenkelemente eingebaut, die den Schub über weitere Zugstangen in die Ankerblöcke der Pfeiler ableiten – hochkomplexe Bauteile, wie die Abbildung demonstriert. In der Außenkuppel sind jetzt 6 Ringanker eingesetzt. Sie messen 3 x 10 bzw. 3 x 15 cm im Querschnitt.

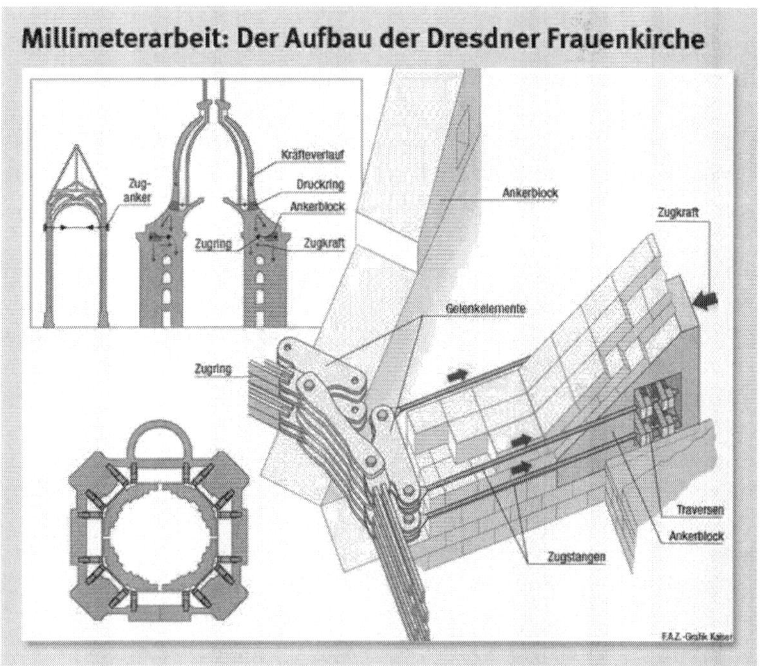

Dresdner Frauenkirche: 8 Anker verteilen die Kuppellast [Küffner]

Die Innenkuppel ist 'nur' 36,65 m hoch, während die Kirche bis 91,20 m aufragt. Allein das Eisen für Anker, Emporenträger und Fensterrahmen wiegt 570 t, ähnlich viel wie Aachens Steinkuppel insgesamt [frauenkirche]. Insgesamt sind 2 km an Stahlankern, nicht nur in Ringform eingebaut worden [Wenzel, 54].

Eisenarmierungen

Nach diesem Rückblick auf die Gewölbeentwicklung lässt sich die Eisenherstellung rekapitulieren und deutlich mehr zu den Armierungen in dieser edlen, ehrfurchtseinflößenden Kirche zu Aachen sagen.

Seit 1887 sind ihre Eisenanker bekannt. 1916 hat Karl Faymonville erstmals die 'im Prinzip' verdeckten Ringanker ausgemessen; die Maße sind später präzisiert worden. Er war Kunsthistoriker und Architekt und mit der Inventarisierung der rheinischen Kunstwerke beauftragt. Ernst Günther Grimme konnte 1994 [40] nur berichten, dass Felix Kreusch ca. 1958 als erster die stützende Bedeutung der Ringanker erkannt habe. Dombaumeister Hans-Karl Siebigs legte 2004 seine Betrachtungen zum Aachener Dom vor, konnte aber zur Materialstärke der Eisenanker nichts beitragen.

Ein Jahr später musste der damals amtierende Dombaumeister Helmut Maintz [2004, 31] den Außenringanker ums Oktogon legen; dafür benötigte er möglichst exakte Daten über die alten Anker und konnte nach Recherche und Mauereröffnungen auch Fotos der Eckverbindungen zeigen. Das Mauerwerk konnte obendrein in der Substanz mit Radarmessungen erforscht werden. Demnach ist die Kuppel durchgehend, ohne Hohlräume gemauert und misst „0,85 m im Scheitel bis 1,60 m im Übergang zu den Wandflächen" [Maintz 2004, 25]. Anders als bei römischen Mauern sind auch die Wände des Oktogons und des Westbaus einschalig gemauert. (Bei zweischaligen Wänden werden zwei Außenmauern ohne bearbeitete Innenseiten aufgeführt und der Spalt zwischen ihnen mit Schutt, Mörtel oder Beton verfüllt.) Maintz [2004, 26; 2012, 83] nennt allerdings in kleinen Bereichen auch Zweischaligkeit.

Die Eisenstangen des untersten Ringankers des Oktogons messen ca. 6,40 m in der Länge. Die frühere Behauptung, es gäbe senkrechte Verbindungen zwischen den horizontalen Ringankern [vgl. HI 1996, 256] gilt nur für die Ringanker der gotischen Chorhalle. Nach aktuellem Forschungsstand finden sich in der Pfalzkapelle insgesamt 9 Ringanker, gezählt von unten nach oben:

drei eiserne (E1, E2, E2a) im 16-Eck,
vier eiserne (E3, E4, E5, E6) im Kuppelansatz des Oktogons,
zwei Holzringanker (H1, H2) zwischen E5 und E6.

Die Armierung im Oktogon der Aachener Pfalzkapelle: zwei Holzanker, vier Eisenringanker, die beiden oberen als Klammerringanker mit kurzen Stangen; bei den beiden unteren sind die über 6 m langen Stangen mit 'Schlössern' verbunden [Zeichnung Hans-Dieter Heckes bei Pufke, 204].

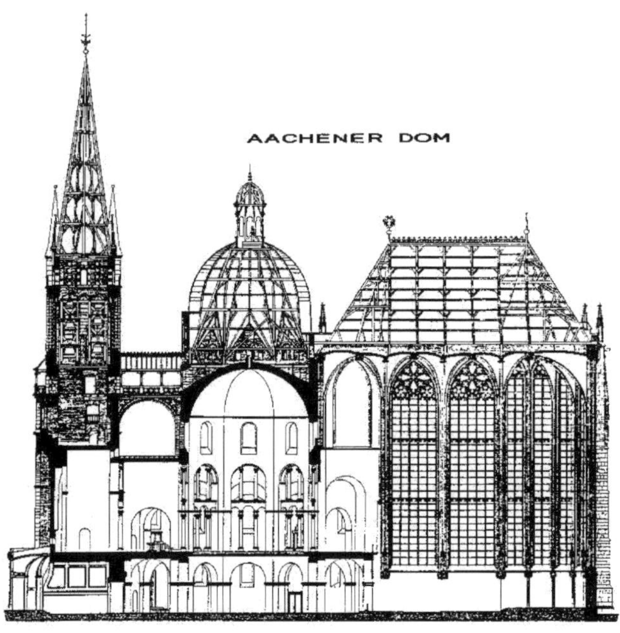

Schnitt durch Aachens Ensemble; Eisenanker im Oktogon, im 16-Eck und im Hochchor [berufsfeuerwehr]

E3 und E4 tragen die Hauptlast der Kuppel, die korrekterweise als achteckiges Klostergewölbe anzusprechen ist. Die Eisenstangen reichen jeweils über eine ganze Oktogon-Seite hinweg [H/S 204].

Techniker sprechen von Eisenringankern und Eisenklammer-Ringankern. Bei ***Eisenringankern*** (E2, E3, E4) reichen lange Stangen im Polygon von einem Mauereck zum nächsten. Sie sind durch sog. Schlösser verbunden: Zwei am Ende gelochte Stangen (angeschweißte 'Augen') stoßen aneinander, Platten mit zwei Löchern werden oben und unten beigelegt; durch die beiden Löcher werden Splinte geführt und mit Eisenkeilen der Anker gespannt [Maintz 2012, 90; H/S 203]. Alternativ dazu werden die Stangenenden um 90 ° abgewinkelt (oder ein Haken angeschweißt) und mit einem ovalen Eisenring verbunden (E2a) [Abb. Maintz 2012, 86]. Bei E5 liegt wohl ein Eisenklammer-Ringanker vor, der an den acht Ecken mit Eisenringen verbunden worden ist.

Bei ***Eisenklammer-Ringankern*** greifen zwei Stangen mit ihren abgebogenen Enden gemeinsam in einen Steinquader; die gemeinsame Öffnung wird mit Blei ausgegossen (so bei E1und E6). Hier ersetzt der Stein die eiserne Verbindungslasche. Diese Stangen sind nur 70 bis 100 cm lang [H/S 204, 206].

Bei gotischen Kathedralen werden ***Eisen-Stein-Kettenanker*** gebildet, bei denen eine Klammer zwei Bausteine verbindet: Hier erhält jeder Baustein zwei Lochungen und wird so zu einem 'gleichberechtigten' Bindeglied: Klammer – Stein – Klammer – Stein. Diese Konstruktion spart Eisen.

Das notwendige Blei als Rostschutz und Ausgleich für Eisenausdehnung (Rost) könnte aus dem Sauerland oder aus dem Harz stammen; zur Herkunft von Aachens Eisen gibt es – durchaus überraschend – bislang keine Aussage [H/S 203].

Entscheidend für die maximale Zugbelastung sind die Querschnitte. Am ***Sechzehneck*** wurden von früheren Restauratoren deutlich größere Maße angegeben. Heute gilt:

3,5 bis 4,0 x 1,5 bis 2 cm [Maintz 2004, 35; 2012, 90; H/S 203].

Die Ringstrukturen wurde zwangsläufig beim Anbau der Chorhalle zerstört. Aber der Westbau und die später fünf angebauten Kapellen stützen das 16-Eck und sind ihrerseits mit Ringankern versehen. Beim viel höheren ***Oktogon*** sind die Größen ebenfalls recht homogen:

E3: 4,7 bis 6,2 x 6,7 bis 7,0 cm [Maintz 2012, 86],
E4: 4,5 bis 5,2 cm x ? [Wert fehlt bei Maintz wie bei H/S],
E5, E6: 4,5 bis 6 cm x 7 cm [H/S 204].

Ulrike Heckner und Christoph Schaab [H/S 204 f.] geben die Querschnitte für alle vier Anker an mit 4,5 bis 6 cm Höhe und ca. 7 cm Breite; E5 und E6 sind Eisenklammer-Ringanker, bei denen jeweils zwei 0,7 bis 1,0 m lange Stangen in einen Steinquader greifen. Zumindest beim Anker E5 sind zwei Klammer-Enden an einer Ecke durch einen Eisenring verbunden [H/S 207].

Es ist sicher nicht einfach, verbindliche Werte zu gewinnen, liegen doch die Anker tief im Mauerwerk und wurden deshalb nur an wenigen Stellen, insbesondere an Ecken des Oktogons freigelegt. Die beiden unten positionierten Eisenringanker liegen in einer Steintiefe von 10–18 cm bzw. sogar 23–28 cm. Damit ist zweifelsfrei ausgeschlossen, dass die Eisenringanker zu einem späteren Zeitpunkt montiert wurden. Dafür hätte zu tief ins Mauerwerk eingegriffen werden müssen, und die

Kuppel wäre beim Schwinden der Holzanker eingestürzt. Denn mittlerweile ist klar, dass die Kuppel niemals ohne die vier Eisenanker gehalten hätte. Bedenkenswert ist folgende Aussage:

> „Nach Aussage des Statikers Matthias Kempen sind sie genau richtig dimensioniert und positioniert“ [H/S, 205].

Wer nicht an magische Intuition oder höhere Eingebung glaubt, kann nur folgern, dass die Erbauer bereits auf einen Erfahrungsschatz zurückgegriffen haben, der Bau also Vorläufer mit Eisenarmierungen gehabt haben muss. So sehen das auch Heckner und Schaab, die sich das Wissen karolingischer Baumeister über Eisenanker nicht erklären können, zumal es nicht von römischen Bauwerken stammen kann [H/S 203]. An dieser Stelle ist aus naheliegenden Gründen nicht weiter gegrübelt worden, ginge es doch um

> „die singuläre Stellung, die das Aachener Ringankersystem nach dem bisherigen Forschungsstand einnimmt. [...] In die wissenschaftliche Literatur zur Entwicklung historischer Bautechniken hat dieses einzigartige Beispiel einer Eisenkonstruktion aus dem späten 8. Jahrhundert aber bisher kaum Eingang gefunden. [...] finden sich dagegen oft falsche oder ungenaue Darstellungen zur Baukonstruktion und zur Statik des Aachener Kuppelbaus, falls dieser überhaupt erwähnt wird“ [H/S 202f.].

Nur der Vollständigkeit halber: An den originalen Fensteröffnungen des Oktogons sind abgesägte Flacheisen mit 3,5 bis 4,5 cm Breite und 1 bis zu 1,5 cm Dicke nachgewiesen. Mit ihnen waren wohl die Fensterrahmen befestigt [H/S 191]; sie werfen für Schmiede kein Problem auf.

Problematisch ist der simple Schluss des Dombaumeisters: Es wurde bezweifelt, dass zu Karls Zeiten derartig lange Eisenstangen hergestellt werden konnten. „Dies ist hiermit widerlegt“ [Maintz 2012, 87]. Durch das simple Postulat, Mauer, Mörtel und Eisen seien gleichzeitig um 800 eingebaut worden, sollen den Karolingern antizipatorische Schmiedefähigkeiten zugeschrieben werden, zumal Maintz hier kein Wort zur Eisenqualität verliert! Schon eine Seite weiter konstatiert er, das gotische Eisen sei von schlechterer Qualität als das karolingische [ebd. 88]. Die Begründung dafür – „dass beim Bau der Pfalzkapelle sehr gute Handwerker verpflichtet wurden“ [ebd.88] greift viel zu kurz, weil beim Chorbau ab 1355 – Stand der Technik – selbstverständlich die Eisenstangen mit wassergetriebenen Fallhämmern geschmiedet worden sind. Ehrlicher ist die Antwort des Quartetts Harald Müller, Judith Ley, Frank Pohle und Andreas Schaub [Pohle 2013, 186]:

> „Fragen hinsichtlich des Schmiedeprozesses werfen die besonders harten eisernen Ringanker auf. Nachzuvollziehen ist hingegen die Herstellung von Bronzetüren"... [Kraus, 186].

Der Jahre dauernde Guss von Bronzetüren erschiene einfacher als die Fertigung von Ringankern? Selbst der Dombaumeister muss Probleme einräumen:

> „Denn zur damaligen Zeit war es nicht selbstverständlich, Eisenstangen in dieser Länge herzustellen. Die Eisenherstellung erfolgte in Brennöfen, denen man nur kleine Brocken Luppe entnehmen konnte, die wiederum in mehreren Arbeitsgängen zu der Stange zusammengeschmiedet werden mussten" [Maintz bei Pufke, 84].

Die Herstellung der Ringanker ist demnach für die Zeit um 800 nicht nachzuvollziehen. Oder doch? Im selben Buch dekretieren Ünsal Yalçın und Michael Bode:

> „Die Herstellung der Eisenstangen für die Ringanker der karolingischen Pfalzkapelle kann man im 8. Jahrhundert durchaus annehmen" [Yalçın/Bode in Pufke, 313].

Jede Lösung ist einfach, wenn das Problem ausgeklammert wird.

> „Die statische Konstruktion des Aachener Kuppelbaus mit einer eisernen Ringverankerung stellt eine herausragende bautechnische Leistung dar. In die wissenschaftliche Literatur zu Entwicklung historischer Bautechniken hat dieses einzigartige Beispiel einer Eisenkonstruktion aus dem späten 8. Jahrhundert aber bisher kaum Eingang gefunden" [H/S 202].

So ist zu konstatieren, dass die Forschung das Problem kennt, aber für die Zeit um 800 nicht lösen kann. Deshalb ist meine Umdatierung weder tolldreist noch dumme Frechheit, sondern zwingend!

Ergänzend: Zur ***Chorhalle*** erfahren wir bei Jürgen Kaiser [61] Details. Sie ist mit 31,63 m noch etwas höher als die Oktogonkuppel (30,47 m) [aachenerdom]. Dass sie noch steht, verdankt sie sechs Ringankern im oberen Drittel, einem Korsett aus 15 Tonnen Stahl. Im 19. Jh. rissen unbedarfte Restauratoren jene Armierungen heraus, die quer über die Fenster liefen und ihr Auge störten. Die Folgen waren zwangsläufig. 1916 mussten die Anker dringendst erneuert werden, um den Einsturz des Chores zu verhindern.

Ein Bild des Aachener Doms [geschichte]

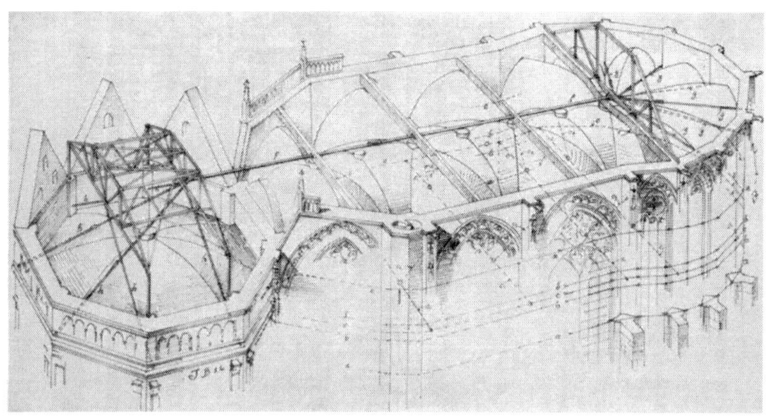

Ankersystem von 1916 zur Rettung der Chorhalle
[Zeichnung Dombaumeister Josef Buchkremer (1917–1949); karlsverein]

Eisen in der Gotik

Als ich mir 1994/96 über die Eisenarmierungen Aachens Gedanken machte, gab es nirgends eine Darstellung zur Evolution von Eisenarmierungen. Mit Mühe fand ich im Regensburger Dom einschlägige Hinweise, aber die stammten aus einem gotischen Dom, der erst 1275 begonnen worden war, dann wie etliche der großen französischen Vorbilder in seinem Bau durch die große Pest von 1348/50 beeinträchtigt wurde und schließlich 1450 zwar nicht fertig, aber immerhin nutzbar war [wiki: Regensburger Dom]. Dort finden sich sowohl hölzerne Zuganker als auch schmiedeeiserne Haken, in die hölzerne Zugbänder mit Eisenösen eingeklinkt wurden [Schuller, 205 f.].

Doch selbst das beweist nur: Bis das ganze Gefüge einer gotischen Kathedrale mit ihrem raffinierten Spiel aus wechselseitiger Lastableitung fertiggestellt war, bis beim Bau ein Gewölbefeld vom nächsten gestützt, bis ein Seitenschiffgewölbe das noch ungewölbte Mittelschiff und damit die Mittelschiffswand weniger stützte als bedrohte, bis der Mörtel nach frühestem einem Jahr wirklich abgebunden hatte, wurden temporäre Stützen benötigt. Waren alle Gewölbe vereint und der Mörtel verfestigt, konnten sie abgesägt oder ausgeklinkt werden. Ebenso sind eingemauerte Holzanker zu verstehen. Da sie einen viel größeren Querschnitt hatten als schmale Eisenanker, übernahmen sie bis zur Aushärtung des Mörtels deren Aufgabe, die Wölbung zusammenzuhalten. Danach konnten sie ruhig vermodern, wie Aachens Holzreste in Balkenkanälen beweisen: Die Kuppel steht trotzdem.

Holzanker treten allerdings erst ab dem 12. Jh. (wieder) beim Bau von Türmen und Bergfrieden ein [Schuetz, 227].

Zwischen Aachen und Regensburg klaffte eine Lücke von einem halben Jahrtausend, weshalb der Dom an der Donau für mich nicht einmal ein schwaches Indiz sein konnte. Doch mittlerweile hat sich der Forschungsstand bedeutend verbessert. Es lässt sich sogar eine Evolutionslinie von den ersten gotischen Großbauten – Baubeginn Saint-Denis 1140 – bis zu ihrem technischen Höhepunkt in Beauvais – begonnen frühestens 1225 – zeichnen. Wir werden uns durch die Jahrhunderte zurück bis zur Aachener Pfalzkapelle tasten. Aber zunächst der Blick auf eine aktuelle Baugeschichte der Eisenarmierung.

Holzers Baugeschichte lässt die Eisenarmierung im 15. Jh. beginnen, ohne bemerken zu wollen, dass mehr als 600 Jahre zuvor ganz ähnliche Lösungen realisiert worden sind, die noch dazu bis heute aufrecht stehen. Nun hat man mit Gotik bis ca. 1990 nichts verbunden, was den Einsatz von Eisen erwarten ließ. Als Beispiel mag das grundlegende Werk von François Cali dienen. Ihm entnehmen wir zahlreiche Vorstellungen über Glauben und Vernunft, Maß und Mystik, Ratio und Werkstoffbezug, über philosophisches Hintergrundwissen. Eisen taucht bei ihm [Cali, 161] lediglich als fiktionale Vorstellung auf:

> „Man stelle sich die Strebebögen des Chorhauptes von Beauvais in Metall vor [...] Holzbalkenwerk in Stein auszuführen, mit Kalkstein das zu armieren, was für uns in der genauen Kenntnis der Schubkräfte Metall oder Zement erfordern würde, schiene uns widersinnig, wenn wir nicht diesen Beweis vor Augen hätten".

Funktionalität, Diaphanität, „Analogie von Licht und Vernunft" [Cali, 221], der Rationalismus gotischer Konstruktionen, ihre Logik und sogar ihre Wahrheitsliebe [ebd. 190], *„Das Gesetz der Gotik"*. Vielleicht würde die Wahrheitsliebe durch den verborgenen Einsatz von konstruktiv notwendigem Eisen sogar in Frage gestellt, so wie die Vertreter einer „Architecture brut", eines „New Brutalism" schon die Verkleidung eines Betonpfeilers als Lüge empfanden.

An dieser Stelle wird ein anderer, realistischer Blick gewagt, der von 1400 in die Frühzeit der großen französischen Kathedralen zurückwandert. Sie wurden zwischen 1140 und 1250 begonnen. Dieses Intervall schließt die Planungen für die Klosterkirche St-Denis und auch den deutschen Kölner Dom gerade noch ein. Sie waren beides: Mystische Lichträume und unverhüllt technische Exo-Skelett-Bauten, herabschwebender Himmel und ausgetüfteltes Stützsystem.

Lateran-Ziborium, 1367

Die Lateranbasilika San Giovanni ist die Kathedrale des Bistums Rom, eine der sieben Pilgerkirchen für den vollkommenen Ablass und unter den fünf Papstbasiliken in Rom die ranghöchste und „die Mutter aller Kirchen der Welt". Obwohl sie Johannes dem Täufer und Johannes dem Evangelisten geweiht ist, enthält das prunkvolle Ziborium über dem Papstaltar die Schädel der hll. Petrus und Paulus. Für sie ist das prunkvolle Gehäuse 1367/68 von Giovanni di Stefano geschaffen worden, das unter dem 27 m hohen Mittelschiff Platz findet. Über die Reliquien mag jeder denken, was er möchte. Doch der Unterbau ist zum Teil Blendwerk.

Das Lateran-Ziborium [Wikimedia commons]

> „Vier kräftige Säulen mit korinthisierenden Kapitellen scheinen einen geschlossenen Kasten zu tragen [...] Die Säulen tragen kaum etwas davon" [Claussen, 192],

denn tatsächlich übernehmen acht feingegliederte, geschickt verdeckte Pfeiler die Last. Darüber sehen wir einen „von kaschierten Eisenankern solide zusammengehaltene[n] Unterbau" [ebd.]. Damals war die Ankertechnik längst ausgereift und alltäglich.

Der Turm des Freiburger Münsters, ab 1300

Seit 2005 wissen wir dank Ernst Schulin den genauen Wortlaut von Jakob Burckhardts Lob des Freiburger Münsterturms: „der schönste Turm auf Erden" [Roederer]. Wir wissen auch, dass er den Zweiten Weltkrieg nur überdauert hat, weil die angreifenden Bombergeschwader die Türme in den Stadtzentren zur Orientierung benötigten. Insofern können wir weiter Burckhardts Urteil bestätigen, das dank langer Restaurationsarbeiten umso mehr gilt. Hier im Text sind wir weniger an der Schönheit dieser ersten vollständig durchbrochenen Turmspitze aus Maßwerk als an der eingesetzten Technik interessiert. Insofern war es so etwas wie eine Offenbarung, was die Fachleute bei den jüngsten Reparaturen bis in die überaus luftige Höhe von 116 m aufdecken konnten (ein dankenswerter Hinweis von Mathias Dumbs, Freiburg).

Im Bild oben der offene Turmhelm, darunter die Oktogonhalle mit einem frei laufenden Eisenringanker unterm Maßwerk der Fenster [Fritz]

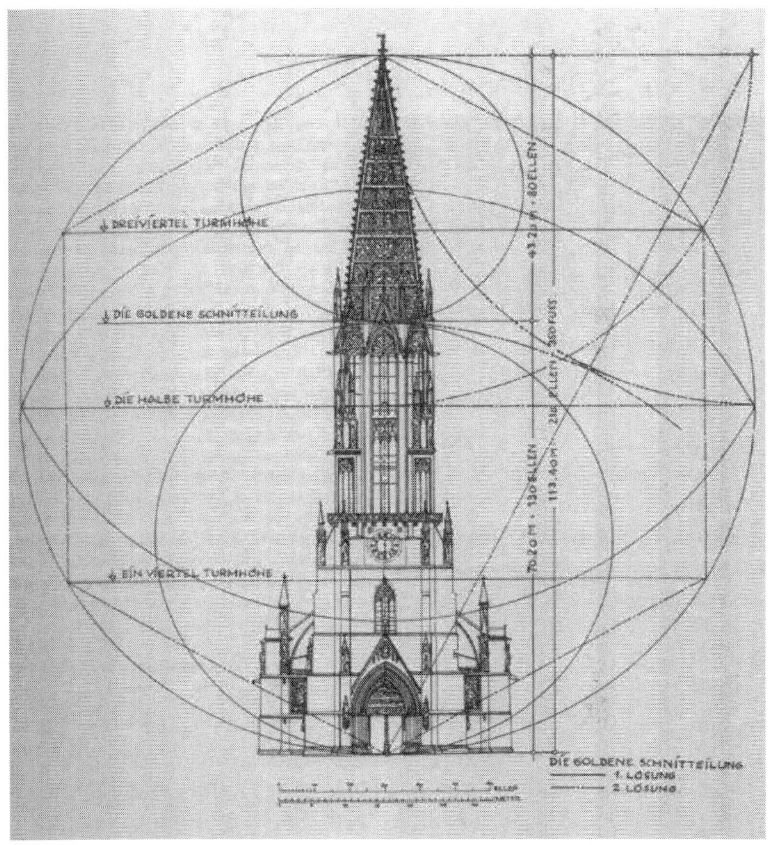

Konstruktion des Turmes [Hainmüller]

Mangels erhaltener Aufzeichnungen gibt es keine jahrgenauen Daten für den Turmbau. Akzeptieren wir dank der Dokumentation der Forschungsergebnisse als Bauzeit des Westturms die Jahre 1270 bis ca. 1330 [Zimdars, 37, 63]. Wie der Turm stetig wachsen konnte, wird trotz aller Studien nicht leicht verständlich. So begann anno 1291 über dem Uhrengeschoss der Bau des Glockenstuhlgerüsts, das 18 m Höhe erreichen sollte. Doch dieser hölzerne Torso ist *vor* dem ihn schützenden Steinturm entstanden. Dieser wurde erst anschließend um den Glockenstuhl herumgebaut und überragte ihn schließlich um gut 8 m [ebd. 63, 69]. Darüber beginnt die Oktogonhalle, die von unten nicht leicht erkennbar ist, weil sich die Fassade anders gliedert als das verschleierte 'Innenleben' des Turms. Aus dem Viereck wird unmerklich ein Achteck, daraus der Turmhelm. Umfangen wird ein buchstäblich leerer Raum von etwa 60 m Höhe ohne jede Innenstruktur [ebd. 132]. Dem entsprächen mindestens 20 übliche Wohnungsstockwerke. Ohne Aussteifung ein Unding; wenn Halle und Turmhelm trotzdem nicht stürzen, benötigen sie ein Eisenskelett. Wir müssen es heute nichts mehr imaginieren, weil es gut erforscht ist [Zimdars, 132 f.]. Und damit zum krönenden Turmhelm.

> „Zu Anfang apodiktisch: Es gibt kein offenes Turmoktogon ohne Ringankersystem. Die schmiedeeisernen Zuganker wurden bei der Anlage der Freiburger Halle eingefügt. Sie finden sich bei den Folgebauten üblicherweise in gleicher Anlage und Position auf Kämpferhöhe. Selbst auf den Darstellungen der Ruine des Mainzer Ostturms sind die erhaltenen Anker in den ausgebrochenen Arkaden gut erkennbar" [ebd. 161].

(Leider ist die Ostpartie des Mainzer Doms seit dem ersten Bauherrn Willigis, dem heiliggesprochenen Erzbischof und Reichserzkanzler der germanischen Gebiete, rechte Hand dreier Kaiser und selbst für drei Jahre Regent des Reiches, zu oft aufgebaut und verändert worden, als dass sich diese Anker datieren ließen.)

Nach dem Freiburger Turm wurden die Eisenarmierungen bei anderen Kirchtürmen übernommen. Die Gotik in den deutschen Landen hat sich deutlich später als in Frankreich entwickelt. Als erste große, reingotische Kirche wird St. Elisabeth in Marburg erst 1235 begonnen, fast 100 Jahre nach ihren französischen Vorbildern. Ihr folgt dann 1248 schnell der riesige Kölner Dom. Gotische Ansätze im Dom zu Magdeburg, ab 1209, und in der Liebfrauenkirche zu Trier sind nicht einfach zu datieren. In den Kaiserdomen von Mainz und Worms werden bald nach 1200 vereinzelt gotische Wölbungen gebaut, andernorts sogar noch früher.

Zurück nach Freiburg. Um **1301/04** dürfte das Glockengeschoss fertiggestellt gewesen sein [ebd. 29]. Oktogonhalle und Turmspitze entstanden erst anschließend. Die Bauzeit für die Halle dürfte fünf Jahre betragen haben [ebd. 36], die Wetterfahne auf der Turmspitze kann zwischen 1315 und 1320 aufgerichtet worden sein [ebd. 36]. Deshalb schlagen die Restauratoren für die Bauzeit „1270–1317?" vor [ebd. 37]. Ungeachtet dieser Überlegungen bleibt *Wikipedia* [Freiburger Münster] bei 1330. Für unsere Zwecke gilt: ***Eisenarmierungen setzen in Freiburg unmittelbar nach 1300 ein***.

Die Frage nach dem Baumeister berührt Restauratoren weniger. Hier gilt seit Johann Josef Böker, dass die Pläne für Oktogonhalle und

Turmspitze in Freiburg gezeichnet worden sind; ein Turmriss stammt von Erwin von Steinbach [wiki: Freiburger Münster]. Erwin arbeitete ab 1277 an Fassade und Turm des Straßburger Münsters, starb aber 1318 vor Fertigstellung. Gleichwohl vermutet dieselbe Enzyklopädie an anderer Stelle [wiki: Wallfahrtskirche Maria Straßengel], Freiburgs Turm sei von der für den „Steffel" verantwortlichen Wiener Bauhütte geschaffen worden. Dass die österreichische Forschung Erwin ignoriert und die französische Forschung ihn in den Bereich des Mythos verbannt, mag an tradierten Nationalressentiments liegen. Nur zur Erinnerung: Straßburg war bis 1681 freie Reichsstadt im deutschen Reich.

Damit zu den armierungstechnischen Details. Die ersten beiden Armierungen am Freiburger Münsterturm betreffen noch die Oktogonhalle, die als zwecklose Einhausung, besser zweckfreie Kunstform [Zimdars, 165] zu werten ist:

a) In den Fensteröffnungen verlaufen übereinander rundum zwei Quereisen.
b) Oberhalb der Pfostenkapitelle verlaufen Quereisen, die zusammengekoppelt sind und so einen umlaufenden Ringanker bilden. Allerdings konnte nicht definitiv gezeigt werden, dass er auch im Nordost-Ost-Pfeiler zusammengeführt worden ist [Zimdars, 133]. Auf jeden Fall wurde er aus Einzelstücken zusammengefügt, deren Enden nach unten, also um 90° geschlagen wurden und in einen schmiedeeisernen Ring eingreifen [ebd. 132]. Leider wird der Querschnitt dieser Eisenteile nicht berichtet.
c) An der Helmbasis verläuft der wohl wichtigste Ringanker. Seine Stärke von 5,6 x 5,6 cm hebt ihn von allen über ihm verlaufenden Ringankern ab [ebd. 134].

Damit wird die Festigkeit von Oktogonhalle und aufsitzendem Turmhelm nachvollziehbar. Ohne das Eisenskelett würde der Turm bei starker Windlast an dieser Stelle ins Wanken geraten. Für unsere Abgleiche mit den Aachener Eisenringankern ist festzuhalten, dass vergleichbare Querschnitte vorliegen (5,6 x 5,6 = 31,4 cm²). Betont werden muss, dass in keiner der wenigen gotischen Architekturzeichnungen Eisenanker zu erkennen sind [ebd. 137].

Diese Oktogonhalle wird zunächst durch das Gewicht des Turmhelms stabilisiert, das mit „ca. 671 t" angegeben wird [ebd. 165]. Hinzu treten die Eisenarmierungen:

> „Auch der Gefahr erheblicher Verformungen aus dem Schub von Arkadenbögen und Gewölben stehen die schmiedeeisernen Anker

entgegen, die üblicherweise auch auf Kämpferhöhe der Oktogonanlagen angelegt sind. Es erfolgt damit, im intakten System, keine Beanspruchung der Pfeilerköpfe durch Horizontalschub aus den einzelnen Konstruktionselementen von Helm und Oktogon“ [Zimdars, 165 f.].

Im eigentlichen Turmhelm ist in jeder, immer schmäler werdenden Sektion ein Ringanker eingelassen. Sie bestehen aus acht geraden Eisenstangen mit einem Querschnitt von 3,5 x 4,5 cm [ebd. 203]. Zu erkennen sind sieben Sektionen [Zimdars, 202]. Ganz unten werden Stangenlängen von 4,18 und 4,87 m benötigt, da die Grundfläche nicht quadratisch ist [ebd. 206]. Damit sind die auftretenden Kräfte zu beherrschen. „Unter Eigengewicht entstehen keine Zugkräfte in den Ankern“ [ebd. 211]. Sie werden allein durch Winddruck erzeugt.

Ein Wort zum verwendeten Eisen. Da aus dem funktionstüchtigen 'Korsett' keine Stangen entnommen werden konnten,

> „wurde auf ausgewählte Bestandteile der sehr ähnlich aufgebauten und nahezu gleichaltrigen Ringankerkonstruktion des nördlichen Hahnenturms [zwischen Querschiff und Chor] des Münsters zurückgegriffen“ [ebd. 189],

die bereits 50 Jahre früher durch rostbeständigen Stahl ersetzt worden sind und deshalb im Labor aufgeschnitten werden konnten. Laut Zeichnung sind sie 5,0 x 3,0 cm stark [ebd. 192] und entsprechen denen im Hauptturm. Nur in der ersten Turmsektion sind zwischen senkrechten Streben und dem Maßwerk zusätzlich Eisendübel gesetzt worden [ebd. 202]. Typisch sind zahlreiche Schlackeneinschlüsse in den Eisenstangen [ebd. 191], die offenbar die Qualität nicht wesentlich beeinträchtigt haben. Nur die französischen Forscher datieren selbst mikroskopisch kleine Schlackenpartikel mit C14 und sind damit auch in diesem wesentlichen Punkt den Freiburger wie den Aachener Forschern voraus.

> „Wie es schon wegen der lokal ziemlich unterschiedlichen Gefüge zu vermuten war, unterscheiden sich auch die ermittelten Brinell-Härtewerte [...] sowohl innerhalb des jeweiligen Querschliffs als auch bezüglich ihrer jeweiligen Mittelwerte von Schliff zu Schliff und damit auch bzgl. der daraus als Näherungswerte abgeleiteten Zugfestigkeitswerte ziemlich deutlich. [...] Diese relativ großen Schwankungen der Härte bzw. der daraus abgeleiteten Zugfestigkeiten sind charakteristisch für alte, im Rennfeuerprozess hergestellte und handwerklich weiterverarbeitete Stähle, selbst falls sie aus einer einzigen Produktionsstätte (= Schmiede) stammen sollten“ [Zimdars, 192].

Die Näherungswerte für die Härtewerte der alten Ringankerstähle „übertreffen [...] die Mindestanforderungen an moderne Baustähle vom Typ S235JR" [Zimdars, 199]. Sie sind mit wassergetriebenen Fallhämmern geschmiedet worden. Verbleiung und Ummauerung schützen die ursprünglichen Eisenringanker im Hauptturm gut vor Korrosion; sie mussten nicht ausgewechselt werden [ebd. 198]. Im Turmhelm liegen die schmalen Eisenanker in vorbereiteten Fugen mittig im 58 cm breiten Stein [ebd. 207].

Dank dieser metallischen Unterstützung konnte der Turmhelm mit seinen ca. 45 m [ebd. 201] direkt auf das rund 15 m hohe Oktogongeschoss gesetzt werden. Das ergibt den gewaltigen freien, stützenfreien Raum von rund 60 m Höhe, der Jahrhunderte lang standgehalten hat.

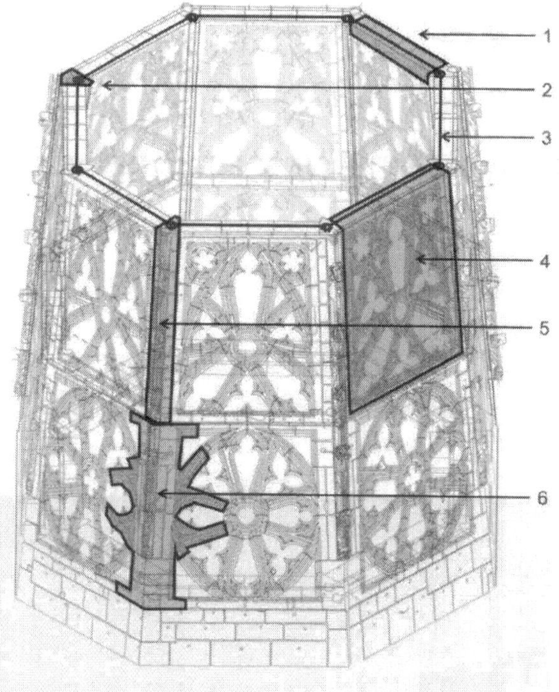

Der Freiburger Turmhelm mit einer Höhe von ca. 45 m wird von sieben Eisenringankern zusammengehalten; die Anker an der Turmhelmbasis und im oberen Teil der Oktogonhalle sind nicht mitgezählt. „Konstruktionselemente: 1 Gurt, 2 Eckstein, 3 Eisenanker, 4 Maßwerkfeld, 5 Strebe, 6 Verzahnung zwischen Maßwerk und Strebe im ersten Geschoss" [Zimdars, 202, 216].

Die Bimah von Köln, 1268

Tragischerweise können viele architektonische Baudetails nur an zerstörten Bauten festgestellt werden, da Eisenarmierungen fast immer gut verborgen im Stein untergebracht sind. Nur in Ausnahmefällen ist es heute finanzierbar, in sehr hohen Bereichen eines Bauwerks von innen wie von außen nach Eisenarmaturen zu suchen. So braucht es leider als Anlass zu oft eine Katastrophe. Eben das gilt für Kölns Hauptsynagoge, die lange nach dem Pogrom von 1096 errichtet und 1349 einem weiteren Pogrom zum Opfer fiel. Seit 2006 wird vor dem Rathaus das jüdische Viertel ausgegraben, von dem bis dahin nur die Mikwe kündete.

3D-Rekonstruktion der Bimah von Köln [bimah]

Im Getto sind zahllose Bau- und Umbaumaßnahmen durchgeführt worden, die hier nicht nachvollzogen werden müssen. Das gilt auch für die Synagoge der Stadt Köln. In diesem Zusammenhang sind die Jahre 1266/68 entscheidend, als die Bimah oder der Almensor bzw. die hier in Stein ausgeführte Lesekanzel mitten im Hauptraum aufgerichtet worden ist. Damals blühte das jüdische Leben in Köln; so wurde nach der Bimah die Frauensynagoge erbaut, der Schulhof erweitert und daneben das Lyvermannsche Haus errichtet [Schütte/Gechter, 137].

Die Bimah war der zentrale Punkt für Synagoge und jüdisches Viertel. Sie erhob sich auf einem Podest von ca. 3,2 x 4 m. Auf einer umlaufenden Balustrade standen vierteilige Pfeilerbündel, die eine Oberzone aus Mauerwerk, Gesims und bekrönenden Kreuzblumen trugen. Dazwischengeschaltet war über feingearbeiteten Kapitellen eine Reihe von Spitzbögen. Die Höhe dieser Innenarchitektur kann nicht sicher erschlossen werden.

Vermutlich waren hier Handwerker beschäftigt, die auch am nahen Dom gearbeitet haben, insbesondere an den Blattwerken der dortigen Weihwasserbecken [ebd. 140 f.]. Doch die feinen Steinmetzarbeiten mit Blattwerk und Tieren müssen hier unbeachtet bleiben.

Wahrscheinlich befand sich schon unterhalb der Bimah-Kapitelle ein dünner, freilaufender Eisenringanker, der die Säulen stabilisierte und zur Aufhängung von Glaslampen genutzt wurde.

In dem Mauerstreifen über den Spitzbögen war „offensichtlich ein massiver eiserner Ringanker“ eingearbeitet [Schütte/Gechter, 141], unverzichtbar bei den fehlenden Diagonalverstrebungen. Obendrein wurden die Werksteine verklammert. „Bei circa 450 Werkstücken waren allein im Bereich der Pfeiler 88 Eisenklammern und Blei vonnöten“ [ebd. 141]. Die Ausgrabung zeigte, dass dieses ‘Inlay’ aus „mehr als 100 kg Eisen und ca. 50 kg Blei“ so wertvoll war, dass es in kürzester Zeit nach dem Brand aus den Trümmern herausgeholt worden ist. Da die Teile fachgerecht zerlegt worden sind, dürfte die Bimah von Domhandwerkern ‘ausgeweidet’ worden sein. Juden war damals Handwerksausübung nicht gestattet.

Da die Planung für den Bau der Bimah gleich nach 1260 begonnen haben dürfte, bestätigt sie den Gebrauch von Eisenarmierungen und Ringankern zu dieser Zeit, gerade auch bei fragilen Konstruktionen. Das lässt bei der zeitgleichen Dombauphase ähnliche Technik vermuten, wie sich gleich bestätigt.

Hochgotische Kathedralen, 1225 – 1275

Vor der Zeitstellung bei 1268 klaffte lange eine viel zu große Lücke. Weitergeholfen hat ein Werk über *„Baumeister und Muhandis. Technologietransfer zwischen Orient und Okzident"* von Thomas Schuetz [2011]. Obwohl Eisenarmierung mit Sicherheit kein Import aus dem Orient ist, kann Thomas Schuetz im Wissen um Aachens Ringanker Wesentliches beisteuern:

> „Solche eisernen Zuganker finden sich auch in gotischen Kirchenbauten, etwa in der Kathedrale von Amiens und im Straßburger Münster. Ab der Mitte des 13. Jahrhunderts wurden sie auch als eiserne Stangen durch die Fensteröffnungen geführt und waren so in der Lage, den aufstrebenden Baukörper wie ein[e] Klammer zusammenzuhalten. Denn wenn man solche eisernen Zuganker miteinander verband und sie sich über den gesamten Baukörper erstreckten, erhielt man einen eisernen Ringanker wie etwa beim Chor des Kölner Domes. Hier wurden beim Bau des Chores in der Zeit um 1270 bis 1285 drei beziehungsweise vier eiserne Stangen in die Pfeiler zwischen den Fenstern und durch sie hindurch eingebaut. Dabei wurden die Eisenstangen an ihren Enden abgewinkelt und mittels eines Ringes, in den jeweils zwei Stangen eingriffen, miteinander verbunden" [Schuetz, 388 f.].

Für die Kathedrale von Amiens ist der Grundstein 1220 gelegt worden; das hochgotische Langschiff von Straßburg ist 1245 begonnen worden. Insofern wird hier ein Zeitraum von ca. 1225 bis 1275 umrissen. Nicht irritieren sollen verrostete Eisenarmierungen, wenn sie zu Köln in 80 m Höhe durch rostfreien Edelstahl ersetzt werden müssen. Hier geht es nicht um mittelalterliche Bauteile, weil im ersten Anlauf die Türme nur bis zu einer Höhe von ca. 50 m errichtet worden sind [rp].

Trotz allem sind wir mit dem Intervall 1225 bis 1275 noch immer 425 Jahre von Aachens Eisenankern entfernt. Schuetz kennt obendrein den Bericht vom Stadtmauerbau für das flandrische Aldenborgh:

> „Fürwahr, das Fundament des nördlichen Teils (der Stadtmauer) bestand aus quadratischen und mächtigen Steinen, mit Eisen und Blei festzusammengefügt, wurden sie zuerst Stück für Stück zugrunde gelegt" [Schuetz, 389].

Somit sind bleiummantelte Eisendübel bereits für das Baujahr 1081 bestätigt.

Gotische Bleiglasfenster

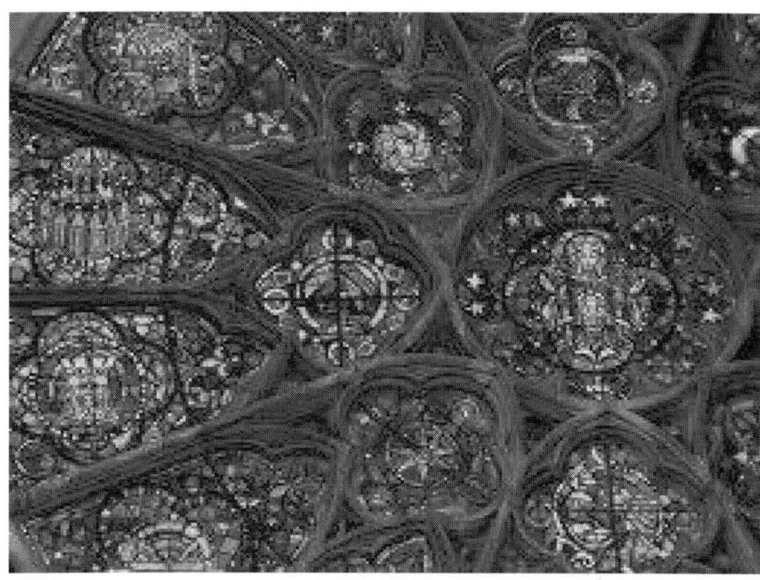

Fensterrose in Reims. Erkennbar sind neben dem steinernen Maßwerk Windeisen und eine eiserne Rundkonstruktion [reisen]

Gotik: Das bedeutet farbiges Glas, das bedeutet 'schwebende' Glaswände zwischen minimalisierten Mauern. Diese Illusion entsteht durch spezielle Gläser, die eigentlich aus der Not entstanden sind. Denn im 12. und 13. Jh. konnte man noch keine flachen Glasscheiben in größeren Dimensionen herstellen. Um trotzdem große Fenster verglasen zu können, verband man kleine Glasstücke mit leicht formbaren Bleiruten. Gestützt wurden diese 'Gebinde' durch Eisenstangen. Vertikal sicherten Windeisen, horizontal wurden Sturmstangen in die steinernen Fensterlaibungen eingemauert. Diese Eisenteile wurden zugleich zur Konturierung der Glasmalereien benutzt [Lausch, 160 f.]. Eisenstangen und Fenster waren mit Bleidrähten verbunden. So konnten immer größere Glasflächen entstehen. Abt Suger hat ab 1140 auf derartige Pracht in seiner Kirche Wert gelegt.

Neben Bourges war die erste Kathedrale mit großen Fensterflächen die von Chartres, geschmückt mit 176 Fenstern und einer Gesamtfläche an Bleiglasfenstern von 2.600 m². Sie wurden zwischen 1215 und 1240 geschaffen. Aus deutlich späterer Zeit stammt die Glasfenster-Fläche der 1220 begonnenen, aber bis mindestens 1552 weitergebauten Kathedrale von Metz, bei der eine Gesamtfläche von 6.500 m² farbiges Licht hereinfluten lässt [wiki: Kathedrale von Metz]. Andere Spitzenleistungen waren etwa die 22,50 m hohen Fenster des Hochchors des Aachener Doms oder das 144 m² messende Westfenster des Altenberger Doms. Wie viele Tonnen an Eisen und Blei allein für die Verglasung notwendig waren, lässt sich schwer sagen. Sicher ist, dass zu den Bauhütten zahlreiche Schmiede gehörten, denn Fenstereisen sind von Hand gut schmiedbar.

Wir können also von derartiger Eisenverwendung nach Baubeginn von Saint-Denis, nach **1140** ausgehen, gewinnen aber dadurch nichts für die Evolutionslinie voluminöser Eisenanker.

Eisenfabrikation der Zisterzienser

Damals hat auch die Eisenproduktion bei den Zisterziensern begonnen. Dieser Orden ist ein Abkömmling des Benediktinerordens, von Robert de Molesme zusammen mit zwanzig Mönchen im Jahr 1098 gegründet. Diese Jahresangabe gilt auch für ihr namensgebendes Kloster Cîteaux. 1109 arbeitete Stephen (Étienne) Harding für den neuen Orden eine Verfassung aus, die 1119 Papst Calixt II. in einer Bulle bestätigte. Damals hatte Bernard bereits eine 'Renovatio' ausgelöst, die sich mit Gründung der vier Primarabteien manifestierte: Zwischen 1113 und 1115 entstanden in rascher Folge La Ferté, Pontigny, Clairvaux und Morimond. Danach, 1118, gründete Bernard (von Clairvaux) auch die burgundische Abtei von Fontenay, die 1130 an den heutigen Ort verlegt worden ist. Da die Mönche (in Frankreich nach Bernard auch Bernardins genannt) viel Wert auf Fisch legten, siedelten sie sich bevorzugt an Bachläufen an, um Teiche aufstauen zu können. Zugleich nutzten sie die Wasserkraft.

Die Klosteranlagen von ***Fontenay*** verkörpern noch weitgehend den Originalzustand, steht doch dort auch die älteste erhaltene Zisterzienserkirche. 1789 wurde hier das Klosterleben aufgehoben, die letzten Mönche verließen den Ort, der zunehmend zu verfallen drohte. Das Überdauern ist nur einer Privatinitiative zu verdanken. Die Familie Montgolfier kaufte das Areal und richtete eine Papierfabrik ein. 1906 übernahm Édouard Aynard das Areal und begann die seitdem laufende

Restauration. 2007 wurde die komplette Schmiedeeinrichtung rekonstruiert und eingebaut.

Etwas abseits von Kirche, Kreuzgang und Dormitorium wurde die Schmiede errichtet, ein mächtiger Bau von 53 m Länge und 13 m Breite [fr.wiki: Abbaye de Fontenay]. Er ist am Ende des 12. Jh. gebaut worden und bietet einen fast bizarren Anblick: unter schweren, frühgotischen Kreuzrippengewölben eine Schmiede mit ihrer Maschinerie und dem notwendigen Zubehör. Hinter dem Gebäude treibt ein Bach ein Mühlrad, dessen Achse sich in einer tonnenschweren, hölzernen Nockenwelle fortsetzt. Sie kann unermüdlich einen Fallhammer mit einem Kopfgewicht von 85 kg anheben, der ebenso unermüdlich auf Eisen und Amboss schlägt. Ergänzt wird die Maschinerie durch einen großen Blasebalg, der das Feuer unterm Kamin entfacht. Das eisenhaltige Gestein bauten die Mönche in einem unmittelbar angrenzenden Hügel ab. So lieferte die Schmiede die wesentlichen Einnahmen des Klosters. Was für Arbeiten beaufsichtigten die 'weißen Mönche'?

> „Bereits für das 13. Jahrhundert gilt, dass ein Eisenhammer in der Regel die Vereinigung einer Schmelzhütte und einer Weiterverarbeitungsstätte war. [...]
>
> Das zu verarbeitende Erz wurde bereits unter Tage vorgereinigt. Es musste dann zuerst geröstet und auf Nussgröße zerkleinert werden. Bevor das Zerkleinern durch Maschinen geschah, wurde das Erz in Handarbeit zerkleinert. Die Erzbrocken wurden dann auf »Klaubtischen« ausgelesen und nochmals in einem Waschvorgang von lehmigen Anteilen gereinigt. Die Eisenhämmer verhütteten Eisenerz mit Holzkohle (bisweilen auch mit Torf) in so genannten Rennherden (Georgius Agricola 1556, auch »Rennfeuer« oder »Rennofen«: vom »Rinnen« der Schlacke bzw. »Zerenn-« oder »Zrennherd« vom *Zerrinnen* genannt). In diesen Schmelzöfen, die mit ebenfalls durch Wasserkraft betriebenen Blasebälgen versehen waren, wurde das Erz nach einer drei- bis vierstündigen »Zerenne« zu einem etwa 175 kg schweren glühenden Klumpen aus rohem weichem Eisen und Kohleresten verschmolzen, Während des Verhüttungsprozesses wurde die flüssige Schlacke, die noch bis zu 50 % Eisen enthielt, immer wieder abgelassen. Das Eisen wurde bei diesem Prozess nicht flüssig wie in einem Hochofen, sondern blieb ein »teigiger« und poröser Klumpen. Dieser historisch *Luppe* genannte Klumpen, wegen seiner porösen Konsistenz auch als Eisenschwamm bezeichnet, wurde zunächst per Hand durch Vorschlaghämmer verdichtet. Darauf wurde das Eisen meist mit

> dem maschinellen Schwanzhammer oder Vorschlaghammer mehrfach ausgeschmiedet, bis sämtliche Schlacke und Kohlereste entfernt waren. [...] Das ausgeschmiedete Eisen konnte anschließend als weiches Schmiedeeisen direkt weiterverwendet werden. Ein nachfolgender Vergütungsprozess wie das Frischen beim Hochofenverfahren war nicht notwendig“ [wiki: Hammerwerke].

Das waren vorindustrielle Produktionsstätten, in denen nicht nur Nägel oder Spatenblätter, sondern auch anspruchsvolle Eisenteile geformt worden sind.

> „Tatsächlich standen die weißen Mönche an der »Spitze des Fortschritts«, doch waren sie in der Regel nicht die Erfinder der neuen Verfahren. Vielmehr verstanden sie es, die Neuheiten ihrer Epoche im großen Maßstab anzuwenden, die Arbeit an ihren Produktionsstätten rationell zu organisieren und eine regelrechte mittel- und langfristige Versorgungs- und Handelspolitik in ihrem Orden zu praktizieren“ [Leroux-Dhuys, 101].

Der Orden wollte so viel Landbesitz, dass er in den Geruch der Raffsucht geriet. Bereits 1157 „mußte das Verbot, Mühlen zu erwerben, die nicht nur von Mönchen genutzt wurden“, erneuert werden [ebd. 102]. Auf jeden Fall stehen die Zisterzienser für technische Revolution.

> „Die Zisterzienser bemühten sich um die systematische Mechanisierung sämtlicher durch die Wasserkraft zu bewerkstelligender Tätigkeiten. Kornmühlen, Ölpressen und Walkmühlen wurden mittels Nockenwelle und Zahnradgetriebe mechanisiert“ [ebd. 107].

Die Automatisierung von Arbeitsabläufen konnte sehr weit gehen: „in einer mechanisierten Mühle [...] ersetzte ein einziger Mann vierzig Walkarbeiter“ [Jean Gimpel 1975 lt. Leroux-Dhuys, 107]. Bei der Schmiedeleistung versagt ein derartiger Vergleich, weil auch fünfzig Fäuste in wochenlanger Arbeit mit 5-kg-Hämmern nicht den Wirkungsgrad automatisierter Hammerschläge mit 80, 200 oder sogar 300 kg Kopfgewicht erreichen können! Ihre Eisenproduktion dürfte bald nach **1130** begonnen haben.

Damit ist geklärt, ab wann Eisen beim Bau bereitstand, nicht jedoch, ab wann Bauwerke mit Eisenarmierungen ertüchtigt worden sind.

Proto-Industrialisierung

Die Zisterzienser haben schnell verstanden, dass Maschinenkraft Menschenkraft bei weitem übertreffen kann. Waren sie die einzigen? Keineswegs. In dem fachspezifischen Werk von Günter Bayerl wird dieser Frage nachgegangen. Dort steht eingangs der lapidare Satz: „Wassermühle und Nockenwelle verbreiten sich flächendeckend im Hochmittelalter (11. – 13. Jh.)“ [Bayerl, 13]. Er beschreibt zugleich den Beginn des Maschinenzeitalters. Wer ein mehr oder weniger schnell laufendes, klapperndes Mühlrad besaß, der musste die Geschwindigkeit so regeln können, dass sie für die Mahlsteine geeignet war. Dafür wurden einfache Getriebe erfunden. Und so ging es weiter. Da

> „mit Verbreitung der Mühle die Innnovation und zunehmende Durchsetzung wichtiger technischer Elemente und Grundprinzipien Hand in Hand ging wie z.B. von Zahnrädern, Schwungrädern, Lager und Lagerblock, Kurbel, Sperrrad und Getriebe, Nockenwelle, Zylinder, Pumpen etc.“ [ebd. 116].

Diese Technik machten sich immer mehr Handwerkszweige zu Nutze. Und so lief die erste Welle der Mechanisierung in Europa an, die erst im 18. Jh. abgelöst wurde von den dampfgetriebenen Maschinen, die als standortunabhängige Kraftquellen dienen konnten. Anfänglich entwässerten sie Gruben im Bergbau.

Für England gibt es eine berühmte Quelle, das *„Domesday book“*, in Auftrag gegeben zu Weihnachten 1085 als *„King's Roll“* von jenem Wilhelm, der 1066 als Normanne England erobert hatte. Er wollte den Grundbesitz seines Landes und seine Eigentümer kennen, auch bestimmen und endgültig festlegen, also bis zum jüngsten Tag (domesday). Er selbst erlebte den Abschluss seiner Güterliste nicht mehr († 1087), aber sie behielt ihren Wert:

> „Den »Siegeszug der Wassermühle« im Hochmittelalter belegt das »Domesday-Book« aus der zweiten Hälfte des 11. Jahrhunderts, das für England knapp 6000 Mühlen nachweist.“ [Bayerl, 118]

Genaugenommen sind 5.624 mills verzeichnet [Ludwig, 77]. Es handelt sich nicht allein um Getreidemühlen, sondern auch um über Nockenwellen angetriebene Walkmühlen. Denn Stoffe mussten lange gewalkt werden, damit sich Fasern und Garnfäden verfilzen. Das war durch unentwegt schlagende Holzhämmer ungleich leichter zu bewerkstelligen als durch Handarbeit. Sie hielten auf dem Kontinent Einzug „ab Anfang

Wassermühle mit oberschlächtigem Wasserrad [British Library, Cotton Manuscript Cleopatra C XI, fol 10; wiki commons]

des 12. Jahrhunderts"; in England sind sie ab 1185 belegt [Bayerl 119]. Vermerkt sind auch 4 Mühlen, „die Eisen abzuliefern hatten" [Schuetz, 346]. Gab es vor 1100, bis **1086** bereits Hammermühlen? Im englischen Zisterzienserkloster Bordeslay ist eine Hammerschmiede ausgegraben worden. Die dortige Kirche wurde allerdings erst **1150** fertiggestellt; für ihren Bau könnte die Schmiede bereits errichtet worden sein.

Eine weitere Energiequelle war der Wind, den die Seefahrt seit langem nutzte. Kam die Windmühle mit der Wassermühle in Europa auf? Nach 1180 verbreitete sich die vertikale Windmühle mit horizontaler Achse in England, Flandern und in der Normandie [Ludwig 1997, 100]. Andreas Ney widmete dieser erneuerbaren Energiequelle insgesamt drei Bücher und bestätigte durch umfangreiche Urkundensichtung die Herkunft beidseits des Ärmelkanals – „aber niemand weiß, wieso und woher" [Ney 2019, 63]. Eines ist für Ney sicher: Die westliche Windmühle hat keine orientalischen Wurzeln. Denn dort verfiel man auf die Idee, die Achse senkrecht zu stellen und an ihr die Stoffsegel zu befestigen [ebd. 64 f.]. Allenfalls im südwestlichen Iran gibt es gewisse Hinweise auf ältere Windmühlen. Sie könnten dort bereits im 10. Jh., in einem trockenen und windreichen Klima entstanden sein (ein Hinweis durch al-Mas'udi (896–956) [wiki: al-Mas'ūdī], der vielleicht zu früh datiert wird.) Aber die Kreuzfahrer des 11./12. Jh. haben diese Technik der Windmühle mit senkrechter Achse im Heiligen Land nicht erlernt. Im Gegenteil: Vermutlich haben sie 'ihre' Windmühle in den Vorderen Orient gebracht [Ney 2019, 66].

Für uns ist das Resümee leichter als für die Technikhistoriker. Ein so spätes Aufkommen der Windmühle steht in kaum einem Zusammenhang mit der aufkommenden Gotik. Aber es lenkt den Blick hin zum 300, ja 400 Jahre älteren Aachen.

> „Erstaunlich ist die Tatsache der geringen Mühlenbelege im Aachener Raum, also am Königssitz Karls des Großen, dem angeblichen »Mühlenförderer«. 867 werden bei einem Gütertausch erstmals zwei Mühlenplätze *(molendini loca duo)* bei Palembach erwähnt und im Jahre 896 finden wir die Schenkung [...] durch König Zwentibold an das Kloster Echternach" [Ney 2018, 28].

Die Archäologen mussten längst akzeptieren, dass in und um Aachen für den 'Vorort' des Reiches viel zu wenig Infrastruktur und auch zu wenig Karolingisches in Kleinformat zu Tage tritt. Das dafür zuständige Museum, das *„Centre Charlemagne"* hat überhaupt erst 2014 eröffnet. Doch auch bei ihm ist von sechs Abteilungen nur eine einzige der „Aachener Pfalz und Marienkirche" im 8. und 9. Jh., der karolingischen Zeit von Pippin dem Jüngeren bis Lothar I. gewidmet [centre1].

Nur zwei Mühlen im Raum Aachen – da waren den Urkundenfälschern Mühlen nicht wichtig. In Aachen ist frühe Gotik nicht, Hochgotik wenig vertreten. Das gotische Rathaus wurde erst im 14. Jh. gebaut, St. Foillan im späten 15. Jh. geweiht, wobei die Vorgängerkirche 1180 in romanischem Stil errichtet worden ist – 1180, da setzte in Frankreich bereits die Kathedralgotik ein. Selbst mit dem 1355 begonnenen Hochchor des Doms hinkte Aachen hinter der Sainte-Chapelle de Paris um 111 Jahre nach.

Manuskript Psalter XIV, 14. Jh.

Paris: Notre-Dame

Viollet-le-Duc und sein Meisterwerk

Eugène Viollet-le-Duc (1814–1879) prägte unseren Blick auf ʿehrwürdige' Bauwerke in einer Weise, die uns gar nicht bewusst ist. Seine Vielseitigkeit ist zu bewundern [wiki: Eugène Viollet-le-Duc]. Er

> „war ein französischer Architekt, Denkmalpfleger und Kunsthistoriker; er erlangte Berühmtheit durch seine Restaurierungen mittelalterlicher Bauwerke und seine wissenschaftlichen Arbeiten zur Architekturgeschichte. Er gilt als Vater der modernen Architektur und als Wegbereiter des Jugendstils."

Er verfolgte mit rationalen Überlegungen ein romantisches Ideal, prägte unsere Vorstellungen von gotischer Architektur und das damalige Fühlen. Seine Restaurationen konnten zu Bauten führen, die es so zuvor nie gegeben hatte. Ein Mensch, der nicht 65 Jahre, sondern 130 Jahre gelebt zu haben scheint, hat er doch – als 26-Jähriger mit Sainte Marie-Madeleine de Vézelay beginnend – 22 Kirchen und Kathedralen restauriert, 3 Rathäuser und 8 Schlösser, dazu Befestigungsanlagen: er hat auch zeitgenössische Wohnhäuser gebaut, ein zehnbändiges Lexikon der französischen Architektur des 11. bis 16. Jahrhunderts verfasst und über 100 Abhandlungen geschrieben, die den Historismus, den Jugendstil wie die moderne Architektur beeinflussen sollten [fr.wiki: Eugène Viollet-le-Duc].

Viollet-le-Duc: Entwurf für ein Gesangspult von Notre-Dame [wiki: ebd.]

Notre-Dame, Paris. Zeichnung von Eugène Viollet-Le-Duc, der die Kathedrale von 1845 bis 1867 restaurierte und ihr den zerstörten Dachreiter zurückgab. Mit seiner Höhe von 94 m ist er hier erst angedeutet; nach dem Brand von 2019 wird er gegenwärtig nachgebaut.

Vision des Restaurateurs. Viollet-le-Duc erneuerte ab 1840 zahlreiche Gotteshäuser und träumte von der perfekten Kathedrale [wiki Commons].

Obwohl er den Weg hin zur Moderne wies – dazu seine auf den Jugendstil hinweisende Zeichnung –, steht er noch heute in der Kritik:

„Er hat lange Zeit in Frankreich das Symbol einer willkürlichen und schockierenden Restauration verkörpert. Tatsächlich erlitt er in der ersten Hälfte des 20. Jahrhunderts heftige Angriffe, insbesondere im Hinblick auf seine Restaurierungen historischer Denkmäler und seine als pseudowissenschaftlich beurteilten Überlegungen zur gotischen Architektur, Angriffe, die den Theoretiker des Rationalismus schweigend übergingen. [...] *Dennoch basier-*

ten seine Restaurierungen auf rationalem Denken, geprägt von eingehenden archäologischen Studien" [fr.wiki: Eugène Viollet-le-Duc; Hvhg. wiki, Übers. HI]

Viollet-le-Duc hat beispielhaft Notre-Dame de Paris restauriert – diese Arbeit wird auch allgemein geschätzt – und sich dabei sogar erlaubt, nahe der Vierung Beispiele für die Fenstergliederung der ersten Bauphase einzufügen, bei der in einer Achse statt des großen Obergadenfensters über dem maßwerkgeschmückten Oculus ein kleineres Fenster stand. Wie es heißt, seien ihm im Mauerwerk Eisenklammern begegnet, aber weder ihm noch Späteren war das wichtig, weil sie nicht datiert werden und ebenso gut von späteren Reparaturen stammen konnten.

Notre-Dame, Paris: Neben den Vierungspfeilern die ursprüngliche Anordnung mit kleinen Obergadenfenstern und rundem Maßwerk, rückgebaut von Viollet-le-Duc [Gall, 225]. Anfänglich kaschierte der Maßwerk-Okulus das hohe Dach des Seitenschiffs, bis man auf Satteldächer verfiel und größere Fenster einfügen konnte. Die Empore entfiel ab der Hochgotik.

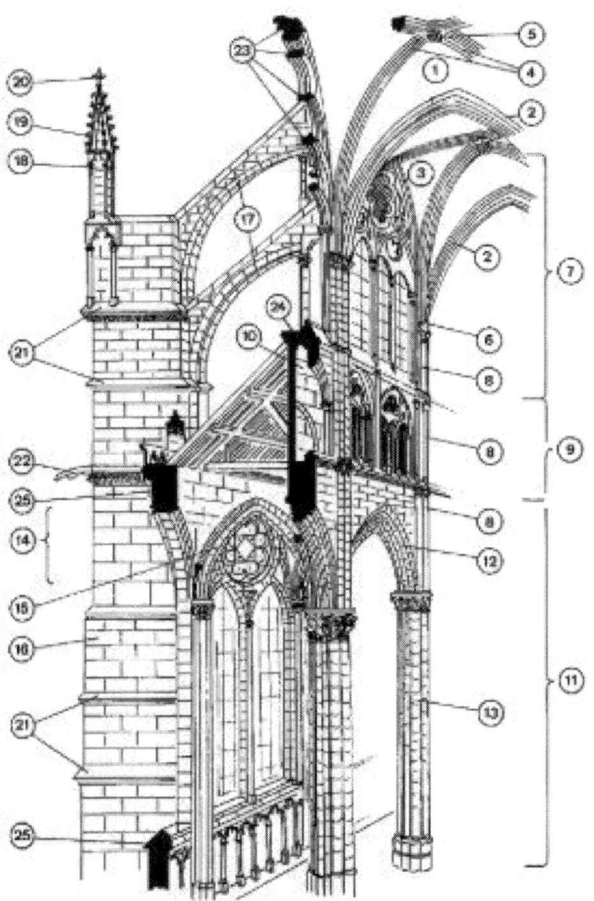

Elemente gotischer Architektur

1 Kreuzrippengewölbe des Mittelschiffs 2 Gurtbogen 3 Schildbogen 4 Kreuzrippe 5 Schlussstein 6 Ansatzpunkt von Last und Schub **7** Maßwerkfenster des Mittelschiffs mit Windeisen und Sturmstangen 8 Rundpfeiler **9** Triforienzone mit Laufgang 10 Wand hinter dem Laufgang, in der Hochgotik durch Fenster ersetzt **11** Arkadenzone 12 Arkadenbogen 13 Rundpfeiler mit Diensten 14 Kreuzrippengewölbe des Seitenschiffs 15 Gurtbogen 16 Strebepfeiler 17 Strebebogen 18 Fiale 19 Krabben auf der Fiale 20 Kreuzblume 21 Wasserschlag 22 Wasserspeier 23 Schnitt durch das Maßwerkfenster im Mittelschiff (Obergaden) 24 Schnitt durch den Laufgang der Triforienzone 25 Schnitt durch die Sockelzone des Seitenschiffs [yumpu]

Notre-Dame: Eisenbewehrung

Nach diesen Filiationen wenden wir uns wieder der Evolution der Eisenarmierungen zu. Wir wissen nun von den mit Eisen befestigten Glasfenstern ab 1140, haben aber von 1140 bis 1268 – bis zur Bimah in Köln – keine konkreten Spuren für massive Eisenarmierungen. So war es, als ich im Jahr 1993 versuchte, im Zusammenhang mit Aachens Eisenankern die Geschichte der steinverstärkenden Eisenarmierungen weiterzuverfolgen. Doch da war nur ein Vakuum. Niemand schien sich mit dem Problem beschäftigt zu haben. Es ist allerdings auch schwierig zu lösen, da zum einen die eisernen Verstrebungen verborgen bleiben sollten, um dem Betrachter im Kircheninnern nicht die Illusion zur rauben, und weil sie zum anderen meist ganz in Stein eingebettet sein müssen.

Denn ganz egal, ob man wie Hans Sedlmayr [1950] einen himmlischen Baldachin sieht, der auf die Erde herniedergelassen wird – wie ja die Dienste an den Säulen demonstrieren, die nur selten bis zum Boden herabführen – oder ob sie gemäß Bodo Jaxtheimer [1968] „in den Himmel geworfen“ worden ist: Die Kathedrale ist auch deshalb ein Mysterium, weil sich hinter einer höchst technisch anmutenden Struktur, hinter einem steinernen Exo-Skelett, im Inneren ein geheimnisvoll leuchtender Raum verbirgt, dem jede Schwere abzugehen scheint. Wir müssen hier nicht darüber entscheiden, ob beispielsweise durch die jüngst durchgeführte, massive Wand- und Steinreinigung der Kathedrale von Chartres die Mystik ausgetrieben worden ist, sondern bleiben bei der technischen Seite. Lässt sich allein aus Stein und Glas ein solcher Wunderraum erzeugen?

Das war mein Wissensstand vor 30 Jahren. Seitdem haben sich, von mir lange unbemerkt, zahlreiche französische Forscher diesem Problem zugewendet – und Notre-Dame-de-Paris hat am 15./16. 04. 2019 gebrannt. Diese Katastrophe hat nicht nur die Substanz des Dachstuhls vernichtet. Herabfallende Holzteile von 1.300 Balken, dazu die Überreste des rund 50 m übers Dach hinausragenden und 750 t schweren, von Viollet-le-Duc errichteten Vierungsturms, obendrein verschmolzene Fragmente eines auf dem Dach errichteten eisernen Gerüstes von 200 t Stahl durchschlugen das Vierungsgewölbe und anschließende Gewölbe. Es folgten 250 t Blei von den Dächern, das zum Teil in einer giftigen Wolke verdampfte, zum Teil herablief und auch in die Wände sickerte. Da Kalkstein hitzeempfindlich ist, wurden gerade die oberen Teile der Mauern beschädigt; möglicherweise verlor das Gemäuer seine Tragfähigkeit. Das Innere lag voller Trümmer und wurde vollständig verrust; vor allem wurden die Mauern durch das notwendige Löschwasser derart belastet, dass der Einbruch des gesamten Bauwerks unmittelbar bevorzustehen schien. Auch wenn wir nicht wie manche Gläubige das Eingreifen der hl. Jungfrau unterstellen, so war es doch wie ein Wunder, dass diesem Inferno die wesentlichen Teile der gesamten Baustruktur Stand gehalten haben, auch – mit wenigen Ausnahmen – die herrlichen Glasfenster.

Ministerpräsident Emmanuelle Macron hatte den Mut, sehr rasch einen Termin für die Wiedereröffnung der restaurierten Kathedrale zu nennen: in fünf Jahren zu den Olympischen Spielen, die 2024 in Paris stattfinden werden. Enorme Spenden aus Privathand sicherten praktisch sofort die finanzielle Seite des Wiederaufbaus ab. Nun ist ein politisches Signal das eine, das wohlabgewogene Urteil vieler Fachleute das andere. Erst im November 2020 war überhaupt klar, dass die Ruine nicht mehr einsturzgefährdet ist. Trotzdem blieb es bei dem Ziel 2024, nur der Eröffnungsgottesdienst wird vom Juli (Eröffnung der Olympischen Spiele) auf den 8. Dezember verschoben. Für die Koordination des Wiederaufbaus, bei dem bis zu 1.000 Handwerker gleichzeitig auf der Baustelle beschäftigt sind, wurde noch im April 2019 der einstige Generalstabschef der französischen Streitkräfte, Jean-Louis Georgelin ernannt (1948–2023). Er lebte als Laie ein klösterliches Leben bei den Benediktinern und gehörte dem Päpstlichen Ritterorden vom Heiligen Grab zu Jerusalem an. Nach seinem Tod in den Pyrenäen folgte ihm als Bauleiter sein bisheriger Stellvertreter Philippe Jost.

Dies alles wäre hier kein Thema, wenn nicht Wissenschaftler vieler Disziplinen die Restaurierung betrieben und die Möglichkeit nutzten, den Bau auch an bislang unzugänglichen Stellen zu untersuchen.

Heuer ist Maxime L'Héritier [2023], Jahrgang 1979, von der *Université Paris 8* mit seinem Team hervorgetreten, weil er eine entscheidende Entdeckung gemacht hat. Als Professor für mittelalterliche Geschichte interessiert er sich für Archäometallurgie ebenso wie für die Bauhistorie und -konstruktion, für die Produktion und Verbreitung von Metallen und die ökonomischen wie materiellen Grundlagen der großen Bauhütten. Insbesondere forscht er seit 2007, seit seiner archäologischen Dissertation zum Eisengebrauch in gotischen Bauten. Für diese Forschungen lieferte die Brandruine Notre-Dame reiches Anschauungsmaterial.

Im steinernen Gefüge von Notre Dame trat Eisen zutage. Wenn L'Héritier ganz allgemein von „metal“ spricht, so könnte das irreführ-

Notre-Dame-Paris vom Südosten [Zeichnung: Ian Rees, * 1974]

Kein Bild vom Katastrophentag von Notre Dame im April 2019, sondern vom Dezember 2020 nach Beseitigung des Baugerüsts über der Vierung. Blick ins offene Kirchenschiff; im Vordergrund links Eisenklammern in der Mauerkrone [L'Héritier 2022]

Stand der Restaurierung im April 2023 [wdr]

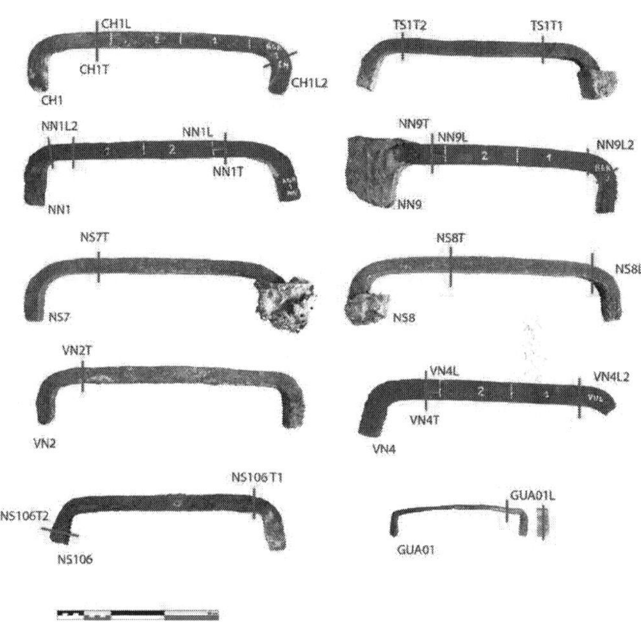

Eisenklammern von Notre-Dame de Paris, untersucht von Maxime L'Héritier und seinem Team [Le Figaro].

ren, sind doch Bleidächer oder -ummantelungen immer erkennbar gewesen. Mittlerweile hat er Hunderte von Eisenklammern entdeckt und vermutet über Tausend in dem Bauwerk. Sie spannen bis zu 50 cm und wiegen bis zu 3 kg. Mehr als bemerkenswert ist der Umstand, dass Notre-Dame damit den Rang der ältesten Kathedrale einnimmt, bei der Eisenarmierungen nachgewiesen worden sind. Deshalb formulierte L'Héritier die rhetorische Frage: „Notre-Dame de Paris: The first iron Lady?"

Was konnte damit gemeint sein? Gab es denn Konkurrentinnen? In der Tat. Denn seit ca. 1996 sind verschiedene Wissenschaftler der Frage der Eisenarmierungen nachgegangen. Um es abzukürzen: Vor dem Brand von Notre-Dame war die Suche bei diesen Kathedralen aus dem frühen 13. Jh. bereits erfolgreich gewesen: in Chartres, Bourges und Reims – also Notre-Dame von Chartres und Reims. Aus dem späteren 12. Jh. war die Kathedrale von Soissons hinzugetreten [L'Héritier 2023, 2]. Dagegen waren in den frühen Kathedralen aus der Mitte des 12. Jh. – exemplarisch Laon und Noyon – allenfalls ganz kleine Metallteile gefunden worden, etwa um Säulenpartien des Maßwerks mit gedübelten Stiften zu verbinden [ebd. 2].

Dass Viollet-le-Duc im Chor von Notre-Dame einige Eisenklammern gefunden hatte, war damals noch übergangen worden [ebd. 2]. Aber nach dem Brand traten etliche solche Klammern ans Tageslicht und warfen erneut die Frage auf, ob sie anfänglich beim Bau, bei Umbauten im 13. Jh. oder erst bei Renovierungen im 18./19. Jh. eingefügt worden waren [ebd. 2]. Um diese Frage zu klären, mussten die Klammern datiert werden; das ging nur mittels detaillierter Eisenanalysen und C14-Messungen an eingeschlossenen Schlackenresten. Damit einhergehend mussten Produktion und Handelswege für Eisen ebenso geprüft werden wie die Herstellungsmethoden, um die Arbeit der Schmiede beurteilen zu können [ebd. 3].

Zu Notre-Dame de Paris: Der Grundstein soll 1163 gelegt worden sein; danach wäre der Chor bis 1170 errichtet worden, das Schiff zwischen 1180 und 1200 – jeweils nur die niedrigeren Partien. Anfang des 13. Jh. wurden dann die Wände hochgezogen [ebd. 28]. (Das ist nicht leicht mit den *Wikipedia*-Datierungen zu vereinbaren.) Es stellte sich bald heraus, dass Eisenklammern auf verschiedenen Niveaus des Bauwerks eingefügt worden waren, ob im Boden der Emporen oder über Bogenstellungen. Hier wurden ungefähr 300 bis 400 Eisenklammern gefunden, davon ungefähr 200 im Kirchenschiff und 150 im Chor. Das „ungefähr" bezieht sich darauf, dass manche Bereiche auch nach der Brandkatastrophe nicht zugänglich waren [L'Héritier 2023, 3].

Die obersten Steinreihen der Hochschiffwände sind jeweils mit Doppelklammern verbunden, ebenso bei den Querschiffen, soweit die Zerstörungen Untersuchungen zuließen [ebd. 6]. Ganze Reihen, einfache und doppelte wurden aufgespürt; die Steine der obersten Lage der Chormauer sind dagegen mit einzeln versetzten Klammern zu einem Halbkreis verbunden. Aus den hier über 200 nachgewiesenen Klammern resultiert eine Schätzung von weiteren 500 bis 600 Stück [ebd. 3].

Die Eisenklammern wurden vom Baumeister entsprechend ihrer Belastung dimensioniert: für die Choremporen 1,5 bis 2 kg, für die Langschiffemporen 2,5 bis 3 kg, und 3 bis 4 kg für die oberen Wände. Man muss sich dabei vor Augen halten, dass es – wie für die gesamte, überaus kühne Statik – im ganzen Mittelalter keine Berechnungsmethoden gab. Nur Empirie zählte. Wenn Notre-Dame tatsächlich der allererste eisenverstärkte gotische Bau ist, dann konnte es dafür noch keine Erfahrungswerte geben.

Verblüffend ist der Befund, dass selbst die vergleichsweise kleinen Eisenklammern nicht aus einer einzigen Charge des Rennofens geschmiedet worden sind, sondern aus mehreren kleinen Portionen. Man geht deshalb von einer hohen Wiederverwendung älterer Eisenteile aus, also Recycling im Mittelalter. Das ist nicht leicht verständlich, weil die unterschiedlichen Chargen zusammengeschweißt werden mussten, was bei hohen Schlackenanteilen die Zugfestigkeit schwächen konnte. Wurden allerorten eiserne Gerätschaften gesammelt, um den akuten Eisenbedarf zu decken? Angesichts der in Paris besseren finanziellen Möglichkeiten als andernorts erscheint L'Héritier eine derartige Vorherrschaft des Recycelns in der gesamten Konstruktion fraglich, „deshalb sollten andere Hypothesen vorgeschlagen werden" [ebd. 25]. Das hatte er bereits selbst getan, als er anmerkte, die schweren Armierungsteile wären nicht so oft geschweißt wie die kleinen Klammern [L'Héritier 2022, 117, Fn 132].

Eine weitere Überraschung sind die verwendeten Schmiedechargen. „Die für die Schmiede verfügbaren Eiseneinheiten scheinen nicht größer als 1 bis 2 kg gewesen zu sein" [L'Héritier 2023, 26].

Die Proben aus den freigelegten Klammern wurden mit der C14-Methode datiert. Damit lässt sich bereits ein halbes bis ein Milligramm Kohlenstoff, als Schlacke in der Klammer enthalten, auf sein Alter prüfen. Die Ergebnisse verweisen die Proben in die Mitte des 12. und an die Anfänge des 13. Jh. und damit in die zeitgenössischen Bauphasen [ebd. 14]. Keine dieser Klammern gehört späteren Reparaturarbeiten an. Die Proben aus den Emporenböden stammen aus dem Jahrfünft zwischen 1160 und 1165, aus keinem späteren [ebd. 16, 23]. Und so war für Paris ein klarer Schluss zu ziehen:

> „Bisher handelt es sich bei dieser Reihe von Klammern um das früheste bekannte Beispiel für Eisenarmierungen, die bei der ursprünglichen Gestaltung eines gotischen Denkmals verwendet wurden. Sie wurden wahrscheinlich 15 bis 20 Jahre früher entworfen, als die im südlichen Querschiff der Kathedrale von Soissons installierten Zugstangen und etwa 40 Jahre vor den Eisenverstärkungen der Kathedralen von Chartres oder Bourges; sie gelten bislang als die ersten Beispiele einer systematischen Eisenverwendung in solchen Mauerwerken" [ebd. 23].

Daraus leitet sich ein gewichtiges Argument ab:

Eisenklammern in Mauerkronen und im Boden von Emporen
[L'Héritier 2023, 4]

> „Erinnern wir uns daran, dass die Höhenzunahme der Gebäude mit ihrer Außenhülle begann, genau dort, wo diese Klammern verwendet wurden" [ebd. 23].

Notre-Dame de Paris wurde mit einem Mittelschiff von 32 m zur höchsten unter den bis dahin errichteten gotischen Kathedralen, während jene von Laon, Noyon, Senlis und Sens die 24 m nicht überschritten. Erst mit Notre-Dame konnte der Höhenrekord von Cluny III – 29,50 m – gebrochen werden. Dieser Gedankengang muss allerdings Speyer II ausklammern, jenen romanisch-schweren Kaiserdom mit einer Mittelschiffshöhe von 33 m [Winterfeld, 57], die obendrein circa ein Jahrhundert *vor* Notre-Dame realisiert worden ist.

Insofern lässt sich aus dem Einbau von Eisenarmierungen nicht zwingend darauf schließen, dass derartige Höhen allein der Gotik vorbehalten gewesen wären. Mit genügend starken, mächtigen Mauern war das auch in romanischer Rundbogenbauweise möglich. Die zeitgleich mit Speyer entstandenen Mitkonkurrenten Santiago de Compostela kommen allerdings nur auf knapp 20 m, St-Sernin in Toulouse auf 21,10 m. In Anbetracht der Tatsache, dass der überwölbte Vierungsturm von Speyer sogar 50,15 m Höhe erreicht, ist man versucht, auch diesem Bau eine Eisenarmierung zu unterstellen. Nachgewiesen sind leere Mauerkanäle für Holzbalken rund um die Vierung und oben in den Querschiffen. Eigentlich sollte die Wirkung zerfallender Hölzer von Metallankern übernommen werden, doch gibt es bislang keine Hinweise auf im Kuppelansatz versteckte Eisenteile. Allerdings ist die Suche mit Metalldetektoren sowohl an den Innen- wie an den Außenseiten der Kuppel mühsam und teuer, wurde also vielleicht noch nicht durchgeführt.

Der gotische Wille zur Höhe hat gesiegt. Erreicht wurde im südlichen Querschiff der Kathedrale von Beauvais eine Höhe von 48,50 m. Selbst der rund 300 Jahre jüngere römische Petersdom ragt mit seinem 46 m hohen Mittelschiff nicht höher auf, obwohl der Renaissance andere technische Mittel zur Verfügung standen. In seiner imposanten Kuppel finden wir wiederum eiserne Ringanker. Eines dürfte sicher sein: Bei gotischen Kirchen ließ sich die Höhe nur durch Eisenarmierungen steigern.

Nachfolgebauten von Notre-Dame

Die Forschungsgruppe „Notre Dame" kann mittlerweile auf Studienergebnisse an vielen weiteren Kathedralen zurückgreifen. Das ist der große Unterschied gegenüber meinen Arbeiten von 1994/96: Seit damals ist eine Evolutionslinie erarbeitet worden, die weder abzusehen noch zu erwarten war. 'Stammvater' war meines Wissens der Historiker Paul Benoît (* 1936). Er lehrte an der *Université Paris 1 „Histoire des techniques"*. 1991 veröffentlichte er zusammen mit Denis Cailleaux die Aufsatzsammlung *„Moines et metallurgie dans la France médiévale"*. Bereits 1980 hat er ein Kolloquium über Bergwerke und Steinbrüche, über *„Mines, carrières métallurgie dans la France médiévale"* abgehalten und sich noch 2019 mit *„L'industrie cistercienne (XIIe-XXIe siècle)"* beschäftigt. Daneben beteiligte sich Benoît an einem Film über die Eisenarmierungen der französischen Kathedralen [Le Goff/Glassman 2010], der auch im deutschen Fernsehen gezeigt worden ist. So bemerkte der Verfasser erstmals die französischen Forschungen.

Eine erstaunliche Vielzahl von Wissenschaftlern beiderlei Geschlechts ist den Geheimnissen gotischer Baukunst *und* -technik auf der Spur, in deutlicher Abkehr von früheren Bestrebungen. Damals ging es – durchaus zu Recht – um Gefühle und Impressionen. Hier ist an Joris-Karl Huysmans (1848–1907) und sein großes Werk *„Die Kathedrale"* von 1898 zu erinnern, ebenso an Auguste Rodin (1840–1917) und *„Les cathédrales de France"*. Dort hat er in *„Mein Testament"* vermerkt: „Dieses Buch will die Kathedrale nicht zergliedern: es zeigt sie, die

Lebendige, dem Leben“ [Rodin, 180]. Charles Péguy (1873–1914) gehört mit seinen späten Gedichten zu dieser Gruppe, wohl auch noch Hans Sedlmayr (1896–1984) mit *„Die Entstehung der Kathedrale“* [1950] und Otto von Simson (1912–1993) mit *„Die gotische Kathedrale“* [1956]. Die neueren Interpreten scheinen sich eher François Cali (1923–1980) angeschlossen zu haben, der 1963 von einem *„Gesetz der Gotik“* sprach:

> „Anscheinend ist Worringer, op. cit., der einzige Autor, der richtig erkannt hat, »daß die gotische Kunst nichts mit Schönheit zu hat …, ihre wahre Größe hat wenig mit der uns vertrauten Vorstellung vom Schönen gemeinsam …«“ [Cali, 261].

Gemeint ist der Kunsthistoriker Wilhelm Worringer (1881–1965) und sein Werk *„Formprobleme der Gotik“,* bereits 1911 veröffentlicht. Bei Cali gibt es noch immer Lyrik, etwa zur Technik des Spitzbogens – „setzt er quer über den Himmel ein unbewegliches Zeichen von Energie“ [Cali, 167] –, aber die Technik wird gleichberechtigt. Wie konstruiert man Rippenprofile? „Das Profil bestimmte den Schriftstil in dem Raum einer Architektur“ [ebd. 207]. Wie sichert man das Fundament gegen das Gewicht des Baus? In Amiens besteht es aus 20 Schichten [ebd. 263].

Mittlerweile sind die meisten der französischen Kathedralen, dazu auch etliche andere Bauwerke auf Eisenarmierungen, auf das verwendete Eisen und Blei hin untersucht. Während das Ergebnis von Notre-Dame de Paris rechtsrheinisch große Verwunderung auslöste, war es in Frankreich ‘nur’ die Verlängerung der Liste um einige Jahre weiter zurück in die Vergangenheit. Diese nüchternen Wissenschaftler gehen den technischen Problemen nach: Wie konnte die Statik verbessert werden? Welches Eisen wurde benutzt? Wie wichtig ist der Schlackenanteil im Eisen? Lässt sich Metall physikalisch datieren? Woher kamen die Rohstoffe? Wie verteilte damals der Markt Blei und Eisen, wie funktionierte damals Wirtschaft?

Aus dem Kreis dieser ‘jungen Wilden’ erwähne ich ohne Wertung und nach dem Alphabet Adrien Arles, Sylvain Aumard, Aurélia Azéma, Lucile Beck, Mathilde Bernard, Philippe Bernardi, Emilien Bouticourt, Stéphanie Diane Daussy, Emmanuelle Delqué-Količ, Philippe Dillmann, Alexandre Disser, Ivan Guillot, Luc Jaccottey, Émeline Lefebvre, Stéphanie Leroy, Christophe Maggi, Baptiste Métivier, Nicolas Navarro, Gaspard Pagès, Gilles Rollier, Delphine Syvilay, Jean-Louis Taupin, Arnaud Timbert, Sandrine Victor, Jean Wirth und Arnaud Ybert. An die Spitze gesetzt hat sich Maxime L’Héritier.

Die Affinität der Zisterzienser zur Metallurgie war längst bekannt, wurde aber von Benoît als wissenschaftliches Thema aufgegriffen und vertieft. Gleichwohl galt das Thema selbst 1998 noch als nachrangig. Damals schrieb etwa Jean-François Leroux-Dhuys (1934–2021) über die Zisterzienser und sprach die Einnahmequellen des Ordens an. Ganz vorne rangierte bei ihnen der Grundbesitz. Es folgten Forstwirtschaft, Getreidewirtschaft, Weinbau, Obstanbau, Fischwirtschaft, Schafzucht, dann als erste Maschinensektion die Mühlen. Mittels Nockenwellen und Zahnradgetrieben betrieben sie Kornmühlen, Ölpressen und Walkmühlen [Leroux-Dhuy, 107].

> „Die Müllerei entwickelte sich zu einem Gewerbe, das von den Zisterziensern monopolisiert wurde. Im 13. Jahrhundert kauften Reinfeld in Holstein und Doberan in Mecklenburg sämtliche Wind- und Wassermühlen auf, die sie bekommen konnten. Wenn die Mühlen nicht in ihrem Besitz waren, kontrollierten die Mönche deren Betrieb durch ihre Wasserrechte, die erlaubten, die Wasserführung der Flüsse mit Staudämmen zu regulieren“ [Lekai lt. Leroux-Dhuy, 107].

Die Aufstellung setzt sich fort mit Ziegeleien und schließt mit dem Handel. Erst auf vorletzter Position rangiert die Eisengewinnung und -verhüttung. Auf diesem Gebiet gab es bereits Konkurrenz durch Karthäuser wie durch Templer, das heißt Mönchsritter, die ebenfalls durch Bernard von Clairvaux unterstützt worden sind.

> „Also richteten die Zisterzienser ihr Interesse auf die Entwicklung neuer Herstellungstechniken, z. B. der wasserbetriebenen Hammermühlen, die der erste Schritt zur Mechanisierung der Eisengewinnung waren. In vielen Gegenden betrieben die Zisterzienser lange vor der Industrialisierung ihre Eisenhütten“ [Leroux-Dhuy, 109].

Klerikale Industrialisierung während der Blütezeit der Scholastik – ein noch immer gewöhnungsbedürftiger Gedanke, den die uns überkommenen Klostergebäude nicht vermitteln. So bedurfte es einer Privatinitiative der Papierherstellerfamilie Montgolfier und der verschwägerten Familie Aynard, damit im burgundischen Zisterzienserkloster Fontenay am ursprünglichen Platz eine vollständige und funktionstüchtige Schmiede wieder aufgebaut werden konnte (s. u.).

In den Jahren **1180 *bis* 1270** wurden in Frankreich ca. 80 Kathedralen und fast 500 Klöster begonnen [wiki: Kathedrale von Chartres]. Hier verblassen sogar die Anstrengungen Karls des Großen für die Verbreitung seines Glaubens, sollen doch in seinen 46 Herrscherjahren fabelhafte 27 Kathedralen und 417 Klöster errichtet worden sein [vgl. HI 2017, 205 f.]. Nachdem uns kein einziges Kloster und außer Aachen keine als Kathedrale benennbare Kirche Karls bekannt ist, dürften sich die für das Karolingerreich 'zuständigen' Fälscher an der Zeit um 1200 orientiert haben. Hier eine (unvollständige) Liste von fast 70 gotischen Kathedralen, die im genannten Zeitintervall in Bau waren, doch zum Teil heute keine Kathedralen mehr sind:

Agen: St-Caprais, **Aix-en-Provence**: St-Sauveur, **Albi**: Ste-Cécile, **Amiens**: Notre-Dame, **Angers**: St-Maurice, **Auch**: Ste-Marie, **Auxerre**: St-Étienne, **Bayeux**: Notre-Dame, **Bayonne**: Notre-Dame, **Beauvais**: St-Pierre, **Belley**: St-Jean, **Bordeaux**: St-André, **Bourges**: St-Étienne, **Cambrai**: Notre-Dame, **Carcassonne**: St-Michel, **Châlons -en-Champagne**: St-Étienne, **Chambéry**: St-Étienne, **Chartres**: Notre-Dame, **Clermont**: Notre-Dame-de-l'Assomption, **Coutances**: Notre-Dame, **Digne-les-Bains**: St-Jérôme, **Dol-de-Bretagne**: St-Samson, **Dijon**: St-Bénigne, **Évreux**: Notre-Dame, **Langres**: St-Mammès, **Laon**: Notre-Dame, **Le Mans**: St-Julien, **Limoges**: St-Étienne, **Lisieux**: St-Pierre, **Luçon**: Notre Dame, **Lyon**: St-Jean-Baptiste, **Meaux**: St-Étienne, **Mende**: Notre-Dame-et-St-Privat, **Metz**: St-Étienne, **Montpellier**: St-Pierre et St-Paul, **Nantes**: St-Pierre, **Nevers**: St-Cyr-et-Ste-Julitte, **Noyon**: Notre-Dame, **Orléans**: St-Croix, **Pamiers**: St-Antonin, **Paris**: Notre-Dame, **Périgueux**: St-Front, ***Perpignan**:* St-Jean-Baptiste, **Poitiers**: St-Pierre, **Pontoise**: St-Pierre, **Quimper**: St-Corentin, **Reims**: Notre-Dame, **Rodez**: Notre-Dame, **Rouen**: Notre-Dame, **Saint-Brieuc**: St-Étienne, (**Saint-Denis**: Saint-Denis, damals keine Kathedrale), ***S*aint-Dié**: St-Dié, **Saint-Flour**: St-Pierre-et-St-Flour, **Saint-Malo**: St-Vincent, **Sées**: St-Étienne, **Senlis**: Notre-Dame, **Sens**: St-Étienne, **Soissons**: St-Gervais, (**Straßburg**: Notre-Dame, damals im deutschen Reich), **Tarbes**: Notre-Dame-de-la-Sède, **Toul**: St-Étienne, **Toulon**: Ste-Marie-Majeure, **Toulouse**: St-Étienne, **Tours**: St-Gatien, **Troyes**: St-Pierre-et-Paul, **Tulle**: Notre-Dame, **Vannes**: St-Pierre, **Verdun**: Notre-Dame, **Viviers**: St-Vincent.

Mittlerweil hat Maxime L'Héritier als Benoîts 'Erbe' – so die Übersetzung seines Nachnamens – die Initiative übernommen. Obwohl erst Jahrgang 1979, schrieb er bereits 2019 eine 'Bilanz über 20 Jahre der Recherche und der Perspektiven im Hinblick auf Eisen und Blei in den mittelalterlichen Monumentalkonstruktionen'. Aus ihr geht hervor: Die Zeit kurz vor 2000 war der Beginn der wissenschaftlichen Metallforschung an den Kathedralen. Für die folgende Aufstellung der untersuchten Objekte findet sich die rasch ausufernde Literatur bei L'Héritier (ob als Teamführer oder Beteiligter) in seinen Publikationen von 2020 und 2023 [L'Héritier u. a.]. Nachfolgende Tabelle listet jene Kathedralen auf, bei denen Prüfungen vorgenommen worden sind. Die entsprechende Liste kann mit ihren Jahreszahlen nur ein grobes Hilfsmittel sein, da nicht von jeder aufgehenden Mauer, von jedem Gewölbe das Entstehungsjahr festgelegt werden kann, etliche Bauten auch vollständig zerstört worden sind. Selbst Gründungsdaten können fehlen oder nur mit Vorsicht zu genießen sein. Zum Beispiel war um 1140 die Kathedrale von Sens in Bau, doch nach Plänen, die bereits 1130 erstellt worden sind [Cali, 251]. Spitzfindige wenden ein, dass Sens auf jeden Fall die erste gotische Kathedrale war, denn Saint-Denis wurde als Klosterkirche gebaut und erst 1966 zur Kathedrale 'geadelt'. Und zählt jetzt der Westbau von Saint-Denis, der 1140 eingeweiht worden ist, bereits als gotischer Ur-Bau oder gilt der 1141 begonnene und 1144 geweihte Chor als Geburtsstunde gotischer Architektur? Die nachfolgende Reihe gotischer Bauten wird deshalb mit einem zeitgleichen Quartett begonnen [wiki: Kathedrale von Sens]. Kursiv gesetzte Kathedralen sind möglicherweise noch nicht einschlägig untersucht worden:

1141 Saint-Denis (L'Héritier),
1141 *Sens, Chor,*
1141 *Chartres* (5. Bau; der 6. ist die gotische Kathedrale),
1141 *Pontigny,* Zisterzienserkirche,
1150 Angers (L'Héritier),
1150 Mantes-La-Jolie, Stiftskirche (L'Héritier),
1153 Senlis (Timbert),
1155 Laon (Timbert),
1157 Noyon (Timbert),
1163 Paris (Epaud; L'Héritier)
1180 Soissons (Barsoum; Dillmann),
1180 Rouen (Barret; Dillmann & L'Héritier),
1195 Chartres (6. Bau; Benoît, Bouticourt, Lefebvre, L'Héritier),
1195 Bourges (L'Héritier, auch zur Eisenherkunft)
1200 Troyes (Dillmann & L'Héritier; Taupin),
1208 Coutances (L'Héritier),
1211 Reims (L'Héritier, Dillmann)
1215 Auxerres (L'Héritier, Aumard),

1217 *Le Mans,*
1220 Metz (L'Héritier; Disser),
1220 Amiens (Dillmann),
1220 Tours (Andrault-Schmitt; Métivier),
1231 *Saint-Denis,* hochgotischer Chor und Langhaus,
1247 Beauvais (Dillmann; L'Héritier; Disser),
1318 Abteikirche St-Ouen in Rouen (L'Héritier),
1335 Papstpalast von Avignon (Bernardi / Dillmann),
1449 Brüssel, Turm des Rathauses (L'Héritier).

Natürlich begann die Gotik mit neuen Ideen und verbesserter Technik. Aber Eisen wäre nicht sofort zu erwarten. Gemäß Leroux-Dhuy [1998, 89] wird bei Saint-Denis, Sens und Angers

> „eine Reihe technischer Neuerungen sichtbar: die nicht mehr tragende Wand aus schlichtem Mauerwerk, das Kreuzrippengewölbe, dessen Rippen die Wölbung kreuzen und die Schubkräfte auf die Pfeiler verlagern; ***Untergurte aus Eisen,*** die die Seitenstabilität gewährleisten; der dreistufige Wandaufbau (große Arkade, Galerie und Triforium, Lichtgaden), der eine maximale Beleuchtung ermöglicht, Strebebögen, die als Widerlager für die oft ungenügende Stützmauer dienen" [Leroux-Dhuy, 89; Hvhg. HI].

Da er die Zisterzienser, ihre Lebensweise, Technikbezogenheit und ihre Architektur vorstellt, weiß er von Eisenverarbeitung in mindestens 19 Klöstern [ebd. 110], was nicht heißt, dass sie das schon seit ihren Gründungen – Cîteaux ab 1098, die vier Primarabteien ab 1113 – getan hätten. Immerhin wissen wir von zweien, die bereits im 12. Jh. Hammerschmieden hatten: Fontenay in Burgund und Bordeslay südlich von Birmingham. Für die weitere Entwicklung ist auch wichtig, dass sie erst im 18. Jh. Einzelzellen, Bibliotheken und Abtbauten oder sogar Paläste kennen [131; vgl. dazu HI 2017a, passim]. Das steht in Widerspruch zum Idealplan von St. Gallen, der angeblich ca. 825 in fälschender Absicht Bibliothek und Abtsbau imaginiert [vgl. HI 2017a]. Cîteaux erhielt seinen Bibliotheksbau erst im 15. Jh.

L'Héritier und seine Mitstreiter nennen Paris, Soissons, Chartres und Bourges als die frühesten Kathedralen mit nachgewiesenen Eisenklammern und Querverstrebungen. Vor Paris gibt es keine Nachweise. Das ist plausibel, weil uns sehr gute schriftliche Quellen für den Gründungsbau von Saint-Denis vorliegen: die Texte von Abt Suger (1081–1151). Er war nicht nur Abt, sondern während des Zweiten Kreuzzugs,

1147–1149, in Stellvertretung für König Ludwig VI Regent von Frankreich. Bereits vorher wirkte er als königlicher Diplomat in Rom.

> „1124 war es seinem Geschick zu danken, dass die Fürsten Frankreichs sich mit dem König gegen einen deutsch-englischen Einfall zusammenschlossen“ [wiki: Suger von Daint-Denis].

Das sich nun sammelnde Heer ließ Heinrich V. 1124 den Feldzug abbrechen, den er eigentlich mit seinem englischen Schwiegervater Henry I. um die Normandie führen wollte [vgl. HI 2017, 370-372]. Suger erreichte dies, indem er Volk und Stände nach Saint-Denis rief. Dort versammelte er die Großen des Reiches unter dem Kirchenbanner seiner Abtei, der „Oriflamme“. Dieses Banner ist historisch greifbar, wurde es doch 1119 erstmals in einer Schlacht vorangetragen, wenn auch nicht zu einem Sieg. Suger ließ anklingen, es sei in Wahrheit das Banner Kaiser Karls des Großen, „Montjoie“ genannt [wiki: Oriflamme]. Das war weniger gut zu beweisen, da sich eigentlich Karolinger und Kapetinger auf das graublaue Banner des Reichsheiligen St. Martin von Tours bezogen hatten. [Hier ist zu ergänzen, dass nach meinen Thesen die Karolinger auf deutscher Seite rein fiktiv sind, während auf französischer Seite die Karolinger von Karl III. d. Einfältigen (Carolus simplex, ca. 914) bis Ludwig V., 987, existent bleiben.] Lange wurde geglaubt, dass sich vom Martinsmantel, der „cappa“ die Bezeichnung Kapetinger ableite. Und der Kampfruf „Montjoie“ stammte vom Ersten Kreuzzug, als es gegen die unbedeutende Festung Montjoie im Heiligen Land ging. Von diesem „Berg der Freude“ aus sollen die Kreuzfahrer erstmals Jerusalem gesehen haben. Suger steigerte so das Ansehen Karls in Frankreich und erzeugte mit seinem Aufruf das französische Nationalgefühl [Brühl 1990; vgl. HI 1993, 66-71].

Saint-Denis

Suger überliefert den 11. 06. 1144 als Weihetag für den Chor seiner neuen Abteikirche [S/B 157], also jenes Chors, der als Gründungsbau der Gotik gilt. Er weiß natürlich nicht, was 'Gotik' ist oder werden sollte, ihm geht es primär um Symbolik. Die zwölf Säulen des Chors stellen ihm die Apostel vor, die zwölf Säulen der Seitenschiffe die Propheten. Er spricht sie persönlich an:

> „Ihr seid nun nicht mehr Gäste und Fremdlinge, sondern Mitbürger der Heiligen und Hausgenossen Gottes, erbaut auf dem Funda-

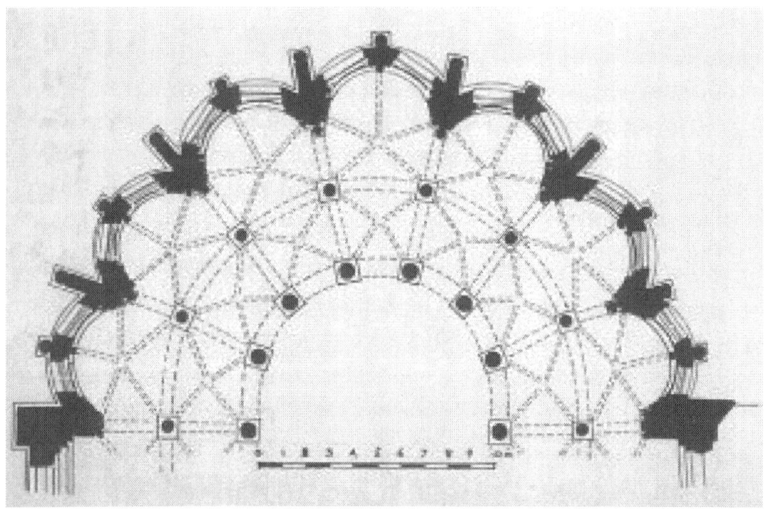

Saint-Denis, der Chorabschluss [Zeichnung: Dethard von Winterfeld, 1984; brix]

ment der Apostel und Propheten, mit Christus Jesu selbst als dem vorzüglichsten Eckstein“ [S/B 229].

Wichtig waren ihm prunkvolle, goldene Reliquienschreine mit vielen Edelsteinen [S/B 231]. Indem er das wundersame Wirken der Heiligen beschreibt, beschreibt er das Kreuzrippengewölbe, denn erst werden die Rippen aufgemauert, bevor die dazwischenliegenden Kappen eingefügt werden. Suger weiß auch, dass die Rippen oben zusammengeführt werden, um sich gegenseitig zu stützen. Denn obwohl die Rippen noch nicht zusammengeführt waren, widerstanden sie dank der Simeon-Reliquie einem sehr heftigen Sturm [S/B 233-235]. Als einzige Ungereimtheit bleibt, dass die Rippen nicht auf einer hölzernen Stützform, sondern frei aufgemauert worden wären. Das ist pia fraus.

Von Suger erfahren wir weitere Baudetails. Der Kirchenbau benötigte zwölf schwere Baumstämme, die laut Auskunft aller Holzhandwerker und aller Waldhüter in der ganzen Gegend wegen vieler Bauvorhaben nirgends mehr zum Fällen bereitstünden. Darauf zog der Abt persönlich in die Wälder und hatte prompt bis zum späten Nachmittag alle Stämme gefunden; Jesus Christus hatte sie für seine Kirche ausgewählt und beim Wachsen geschützt [S/B 213-219]. Auch die Steinbeschaffung in einem neuen Steinbruch ungeahnter Güte beschreibt er [S/B 211,

Westfassade 1844/45 vor Abbruch des baufälligen Nordturms
[Stich von Félix Benoist; wiki, gemeinfrei]

Saint-Denis: Blick vom Chorumgang in zwei Kapellen [wiki]

215]. Schließlich erfahren wir vom Steintransport, von der „vielfältigen Pracht der neuen Fenster" [S/B 410] von dem Edelsteinschmuck, der mit einem Edelstein in der Basis jeder der 12 'Apostel-Säulen' beginnt.

Der Abt nennt 12 Zünfte: Maurer, Steinmetze, Mühlsteinverfertiger, Bildhauer, Goldschmiede, Bronzegießer, Holzfäller, Zimmerleute, Wandmaler, Steinschleifer, Vorarbeiter und sonstige Handwerker, aber keinen Schmied [S/B 440] und keine Eisenarmaturen. Auch fällt das Wort Eisen nicht. Doch die Bauhütte konnte ohne Schmiede nicht arbeiten, brauchte sie doch ständig frisch geschliffene Meißel und andere Werkzeuge; Fenstereisen waren zu schmieden, stellten aber keine für den Kirchenbau so wesentliche Teile dar wie unverzichtbare Armierungen.

Das Schweigen könnte einen anderen, biblischen Grund haben. Beim Bau des Tempels zu Jerusalem hatte Gott verboten, Eisenwerkzeug auf der Baustelle zu benutzen; sogar sein Klirren sollte dort nicht zu hören sein:

> „Beim Bau des Hauses wurden Steine verwendet, die man schon im Steinbruch fertig behauen hatte; Hämmer, Meißel und sonstige eiserne Werkzeuge waren beim Bau des Hauses nicht zu hören" [1 Kön 6:7].

Es handelte sich also möglicherweise um eine Reverenz Sugers ans AT – und an seine nicht ganz uneitle Vorstellung, mit seiner Abteikirche dem Tempel Salomos nachzueifern. Von da könnte auch der mittelalterliche Aberglaube stammen, dass blinkendes Eisen Dämonen abwehre und gegen Schadenzauber helfe. „Umgekehrt durften Eisen und Stahl bei zauberischen Handlungen nicht verwendet werden" [Mittelalter-Lexikon: Eisen]. Wie auch immer: Die Schmiede waren Suger auf jeden Fall nicht so wichtig, wie es anzunehmen wäre, wenn sie ganz neue, revolutionäre Eisenarmierungen gefertigt und eingebaut hätten. Insofern erscheint ihr Fehlen bei Sugers Aufzählung als ein Hinweis darauf, dass es damals noch beim Meißelschärfen geblieben ist.

Nur zur Begründung für die Größe des Neubaus benutzt Suger ein weltliches Motiv: die Vielzahl der frommen Pilger, die den Altbau förmlich fluten und eine „drangvolle Enge" heraufbeschworen. Die Vorstellung muss ihn mit großer Freude erfüllt haben, da er sie wiederholt beschreibt:

> „Man hätte sehen können, wie die einen von den anderen heftig niedergetreten wurden und – was viele nicht würden glauben wollen – Weiblein, die eifrig über die Köpfe der Männer wie über einen Fußboden zum Altar zu stürzen sich anstrengten" [S/B 193].

Dieses ohnehin übertriebene Bild, das an Rockkonzerte erinnert, wollte noch weiter übersteigert werden, um die Notwendigkeit eines Neubaus zu begründen.

> „Die Not aber war für die Frauen so groß und so unerträglich, daß sie inmitten starker Männer wie in einer Kelter gepreßt – gleichsam den Tod schon vor Augen – ein leichenblasses Gesicht zeigten, nach Art der Gebärenden furchtbar aufschrien, und daß – man würde erschrecken! – mit Hilfe von Männern über die Köpfe der Menschen hochgehoben wurden, (darauf) wie auf einem Fußboden einherschritten, daß (manche) auch im Garten der Brüder [Kreuzgang] mit letztem Atem vieles herausschluchzten und zu jedermanns Verzweiflung röchelten.“ [S/B 207-209]

Das aufwühlende Bild drängt sich ihm sogar ein drittes Mal auf:

> „denn die Enge des Ortes erzwang es, daß die Frauen über die Köpfe der Männer, gleichsam über einen Fußboden, unter großem Schmerz und schreiendem Gewühl zum Altar eilten“ [S/B 319]

Es ging ihm um den bleibenden Eindruck. Also brauchte der Neubau drei Eingänge [S/B 209] und diese Erweiterung einen triftigen Grund, wurde doch ein alter Königsbau verändert, den Suger merkwürdigerweise lieber König Dagobert als Kaiser Karl d. Gr. zugeschrieben hat. Bei der grandiosen Einweihung war das Fußvolk unzählbar, nicht einmal Vornehme und Adlige konnten einzeln benannt werden. 19 Erzbischöfe und Bischöfe gaben dem Abt die Ehre, und allen voran König und Königin [S/B 237-239]. Auch hier war das Gedränge so immens, dass der König eigenhändig mit Ruten und Stöcken die Bischöfe schützen musste [S/B 243]. Die Königin allerdings eilte nicht über die Köpfe der Männer zum Altar …

Es geht hier um die Entwicklung der Eisenarmierungen. Eiserne Klammern hatten bereits die Römer, wie sie z.B. an der Porta Praetoria in Regensburg eingebaut worden sind. Aber sie scheinen keine Kuppelansätze verstärkt zu haben, sondern nur senkrechte Wände. Das frühe Mittelalter ist ohne sie ausgekommen, gäbe es nicht als singuläre Ausnahme die Aachener Eisenringanker, bestehend aus untereinander verbundenen Eisenstangen. Einfachere Formen wie Reihen verklammerter Steine treten in Aachen nicht auf.

Ohne Aachens Singularität scheint die Kunst der Steinverklammerung vom Untergang Roms, 476, bis 1165 zu ruhen. Das gilt auch für byzantinische Bauten wie in Ravenna; nur in der Hagia Sophia zu

Konstantinopel wird in widersprüchlicher Weise von aufgespürten Eisenteilen berichtet [Hoffmann 2015].

Abt Suger hat als Bauherr des gotischen 'Gründungsbaus' nach der Fertigstellung des Chors, 1144, noch bis 1151 gelebt und in dieser Zeit seine hier einschlägigen Schriften *„Ordinatio“, „De consecratione“* und *„De administratione“* geschrieben. In keiner beschäftigt er sich mit der Herbeischaffung oder Verwendung von Eisen. Trotz des Hinweises auf den salomonischen Tempelbau dürfen wir Sugers Schweigen als Indiz werten, dass dem Bauherrn bis 1144 – und noch bis in sein Todesjahr 1151 – Eisen nicht erwähnenswert war. Da bleiben nur noch 12 Jahre bis zum Baubeginn in Paris.

Zurückkommend auf Notre-Dame de Paris lässt sich festhalten: Nach den jüngsten Erkenntnissen an der Brandruine von Notre-Dame treten erst in der gotischen Architektur wieder Klammern auf. Die Kathedrale von Paris ist das bislang älteste Beispiel für diese Art statischer Unterstützung. Die Klammern werden nicht nur einzeln, sondern in weitgreifendem Verbund entlang von Mauerkronen, im Triforiumboden und zur Sicherung des Chorumgangs eingesetzt.

Davor sind kaum mehr welche zu erwarten, da die gotische Architektur erst bei ca. 1140 beginnt und an ihren Anfängen noch keine Klammern zu erwarten sind, wie die Hinweise auf Suger und seinen gotischen Ur-Bau belegen.

Trotzdem ein Blick zu spätromanischen Kirchen der Province. In den berühmten Portalvorbauten von Saint-Gilles-du-Gard wie von Saint-Trophime in Arles sind Eisenklammern gefunden worden [Hansen]. Es handelt sich um bleiumhüllte Verbindungen zwischen einzelnen Steinquadern, keineswegs um längere Reihungen, die als Eisenklammeranker bezeichnet werden könnten. Sie stammen aus den letzten Jahrzehnten des 12. Jh. Nur wegen einer zweitverwendeten Bauinschrift von 1116 wird gelegentlich, doch fälschlicherweise versucht, Saint-Gilles in die erste Hälfte des 12. Jh. vorzudatieren [Philipp]. Die beiden, wegen ihrer figuralen Plastik herausragenden Kirchen gehen den ersten gotischen Kathedralen nicht voraus.

Ab Notre-Dame sind bei allen untersuchten gotischen Bauwerken Eisenarmierungen gefunden worden. Maxime L'Héritier, Philippe Dillmann und Guillaume Sarah resümierten im Jahr 2020, dass die großen gotischen Kirchen mit „Tonnen von Eisenklammerketten, Zugstangen und Eisenkrampen mindestens ab dem späten 12. Jahrhundert“ armiert worden sind [L/D/S 1]. Verwendet wurden die eisernen Armierungen, um

Bleiglasfenster zu befestigen, Steine zu verbinden und Wände oder Bögen zu verstärken [ebd. 1]. Damals konnten bereits die in Zeiten der Gotik eingebrachten Volumina an Eisen beziffert werden: mehr als 20 t in der Kathedrale von Rouen, fast 40 t im Dom von Regensburg, mindestens 40 t in der Kathedrale von Troyes, ebenso in der Abteikirche Saint-Ouen in Rouen, 50 t in der Kathedrale von Amiens und mehr als 100 t im Papstpalast von Avignon [ebd. 1], der ab 1335 entstand. Den ForscherInnen ging es an dieser Stelle primär um Herstellung, Qualität, Eisenherkunft, -zirkulation und -handel. Da wir Pendants zu Aachens Zugankern suchen, müssen wir weiter ins Detail gehen. Fündig werden wir in den Kathedralen von Soissons und Bourges.

Soissons

Die Kleinstadt Soissons liegt südlich der Kathedralstädte Noyon, Laon und Reims in der Picardie. Der dortige Kathedralbau folgte dem Pariser Vorbild, bietet aber ein uneinheitliches Erscheinungsbild. Hier ist nicht der Chor, sondern das südliche Querschiff der älteste und hier besonders interessierende Bauteil. Er ist **1176** begonnen worden [Dillmann 2011, 175], also nur etwa 13 Jahre nach Notre-Dame de Paris. Bei ihm wurde noch ein vierteiliger Aufriss mit Emporen und dunklem Triforium realisiert, aber mit einer besonders leichten Säulenstellung, die sehr elegant in die asymmetrisch angeordnete Seitenkapelle vermittelt. Das Langschiff, obwohl anschließend kurz nach 1190 gebaut, gehört bereits zur Hochgotik, weshalb nun Emporen fehlen. Die bis dahin unerreicht großen Obergaden-Fenster wurden nur möglich, weil das äußere, schwer ausgeführte Strebewerk bereits mitgeplant war. Erst nach 1300 wurde das nördliche Querschiff gebaut, das nun einen geraden Abschluss mit völlig verglaster oberer Hälfte zeigt. Noch später, gegen 1400 ist die gleichwohl unvollendete Fassade entstanden, die sich aber – fast wie eine 'Antikisierung' – an Notre-Dame de Paris orientiert hat.

Die Anstrengungen zum Wiederaufbau einer zum Glück nicht übermäßig zerstörten Notre-Dame erinnern daran, wie das Reichsheer im Ersten Weltkrieg Nordostfrankreich in ein Trümmerfeld verwandelt hat. So benötigte der Wiederaufbau der Kathedrale von Soissons rund 20 Jahre; es ging um Langschiff, Chor und Turm, auch um das elegante Südquerschiff. Am 19. 09. 1914 geriet selbst die Kathedrale von Reims in Brand [Gaethgen]. Der Wiederaufbau dauerte von 1919 bis 1937, die Fenster aus dem 13. Jh. sind bis heute noch nicht vollständig ersetzt.

Das südliche Querschiff hat Empore und dunkles Triforium, ist also im Aufriss vierteilig konstruiert. Der Blick geht in die raffiniert mit frühgotischen Gewölben angeschlossene Kapelle [routeYou]

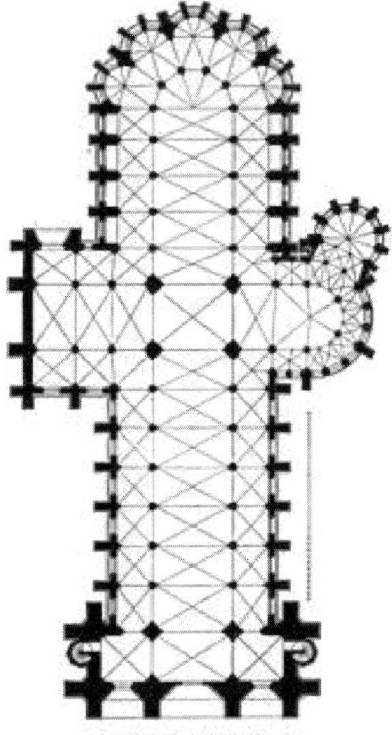

Soisson: Grundriss. Das rechte Querschiff ist älter als das linke, noch mit rundem Abschluss und engmaschigem Umgangsgewölbe. [wiki]

In diesem südlichen Querschiff sind auf den Emporen **7 *eiserne Zuganker*** verbaut, die jeweils durch das Gewölbe stoßen [Dillmann 2011, 175]. Die Analysen ergaben: Ihr Eisen stammt nicht aus Rennöfen, sondern aus späterer Produktion, die eher für Hochöfen typisch ist. Diese Reduktion funktioniert aber auch bei niedrigeren Temperaturen, wenn mit Hilfe des bei der Verbrennung gebildeten Kohlenstoffmonoxidgases das Eisen indirekt aus seiner Verbindung mit Sauerstoff gelöst wird („indirekter Prozess“).

Aber es sind tatsächlich Zuganker dabei, die aus der Zeit der Erbauung stammen dürften, also aus der Zeit unmittelbar nach 1176 oder zumindest aus der Zeit vor 1300 [Dillmann 2011, 180, 194, 308]. Sechs Zuganker sind symmetrisch angeordnet, doch ihr Eisen unterschiedlich produziert. Daraus lässt sich schließen, dass jüngere Anker ältere ersetzt haben, um weiterhin die Einsturzgefahr zu bannen.

Nach bisherigem Erkenntnisstand sind hier erstmals Zuganker frei durchs Gewölbe geführt worden. Der Schritt von kleinen Eisenklammern zu 5 m langen eisernen Zugankern ist deutlich größer als der Schritt von diesen Zugankern zu den zusammengefügten Ankerstangen der Aachener Pfalzkapelle!

Bourges

Bourges liegt fast im geographischen Zentrum Frankreichs. Hier wurde fast gleichzeitig das Gegenstück von Chartres hochgezogen, doch in einem ganz anderen Stil: schlankes Strebewerk außen, innen fünfschiffig, ohne Querschiff, die Fenster in drei großen Bändern rings um die Kirche laufend und dank ihrer alten Gläser noch heute einen geradezu mystischen Eindruck vermittelnd. (In Chartres sind Mittelschiff, Chor und Chorumgang von Kerzenruß und anderem Schmutz, also von Patina gereinigt worden; sie werden vielfach als grellweiß, Disney-mäßig und seelenlos empfunden, während in den Seitenschiffen noch das 'gute alte Schmutzgrau' erhalten ist, das die Wirkung der Fenster eher erhöht.) Bourges wird im Wesentlichen ab **1195** in der ersten Hälfte des 13. Jh. gebaut. Bereits seit 1996 sind von dieser Kathedrale Eisenarmierungen bekannt [Férauge/Mignerey]. Gefunden wurden Eisenklammerketten und große Zugstangen, die ursprünglich in Mauern und Gewölben eingebaut waren. Aus mindestens 106 Einzelklammern besteht eine 100 m lange Stein-Eisen-Kette, die auf Höhe des Triforiumbodens Chor und östliches Langschiff umschnürt. Die Architekten hielten es für notwendig, bei dieser fünfschiffigen Kirche die Trennwand zwischen beiden Seitenschiffen mit den Mittelschiffarkaden 'eisern' zu verbinden. Dafür dienten Zugstangen: 5 im Ostteil, 10 im Westteil.

> „Es wurde kürzlich nachgewiesen, dass eine eiserne Kette und große Zugstangen in der ursprünglichen Struktur, während den beiden hauptsächlichen Konstruktionsphasen (1195–1214) und 1225–1255 benutzt worden sind" [L'Héritier/Dillmann/Sarah, 2].

Die größeren wiegen um die 40 kg, kleinere 5 bis 9 kg [ebd. 3]. Ob sie Vorläufer haben, war damals noch nicht bekannt [ebd. 2]. Da diese Zugstangen unabdingbar für die Standhaftigkeit des Gebäudes sind, wurden sie von den Forschern nirgends ausgebaut, sondern nur im Millimeterbereich beprobt. Wir übergehen die Untersuchungen zur Eisenherkunft und halten fest, dass auch Eisen aus Nozières, westlich von Valence und somit 300 km von Bourges entfernt, zum Einsatz kam, einer Gegend, in der bereits zu Beginn des 13. Jh. wassergetriebene Eisenhämmer standen [ebd. 18]. Ein Jahrhundert später ließ sich für die Kathedrale von Troyes der Kauf von 65 bzw. 40 kg Eisen nachweisen [ebd. 18].

„Solche großen Stangen zu schmieden war immer eine Herausforderung für die Metallurgen, selbst im 15. Jahrhundert, wenn auch vielleicht nicht immer profitabel für sie“ [ebd. 18].

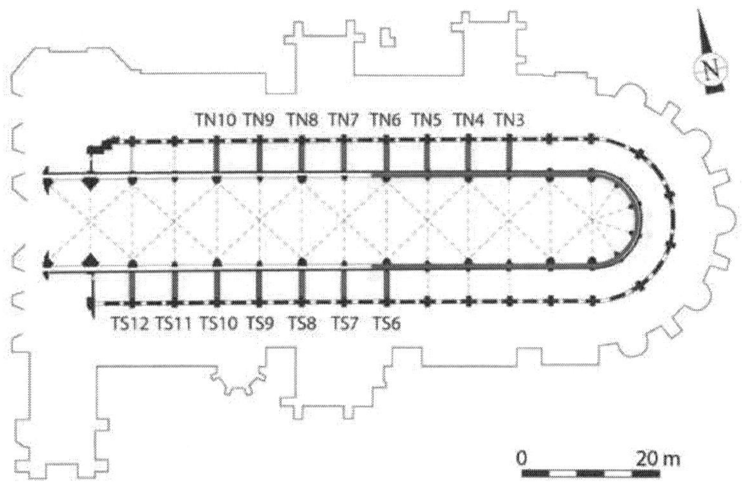

Bourges: Die Eisenklammern umziehen das Hochschiff und das innere Seitenschiff. Für die Evolution der Eisenarmierungen von entscheidender Bedeutung sind die quer geführten Zuganker, die Hochschiffwand und Außenwand des inneren Seitenschiffs zusammenbinden. Bei einer Seitenschiffbreite von 5,65 m [Cali, 222] ergeben sich über 6 m lange Zuganker, die ältesten mit einem Aachen vergleichbaren Volumen!
[L'Héritier/Dillmann/Sarah 2020]

Evolution der Eisenarmierung

Mit diesen Ergebnissen der französischen Wissenschaftler ist der zunehmende Einbau von eisernen Unterstützungen im Kirchenbau gut nachvollziehbar.

Die bislang bekannte 'Karriere' für Eisenklammern beginnt – durch die Pariser Brandkatastrophe belegt – spätestens 1163. Da noch nicht sämtliche gotischen Kirchen Frankreichs untersucht worden sind,

Zuganker in der Laterne der Kathedrale von Rouen, frühes 13. Jh. [tie-rods]

kann nicht ausgeschlossen werden, dass noch ein paar Jahre früher allererste Eisenklammern eingesetzt worden sind. Trotzdem wird es nur noch um wenige Jahre gehen, nach obiger Betrachtung zu Saint-Denis um die Jahre 1151 bis 1163.

Eisenklammeranker gibt es nach heutigem Wissen ab 1163. Zu den Gewichtsklassen: Eisenklammern werden in Größen von 2 bis 4, auch 5 kg verwendet, Zugstangen bis zumindest 40 kg. Zur Erinnerung: Im 'karolingischen' Aachen sind über 6 m lange Zugstangen verbaut, die mehr als 180 kg Gewicht erreichen können. Allerdings ist das in der Herstellung ein additiver Vorgang, da kleine Chargen an die immer länger werdenden Stangen angeschweißt werden können.

Nur mit dieser für Notre-Dame durchaus revolutionären Neuerung konnten erstmals gotische Kirchenschiffhöhen von über 30 m erreicht werden. Zum Vergleich auf der Folgeseite die Höhenmaße. In die Großbauten wurden immer mehr Eisenverbundteile eingebaut. Mit den Steinverklammerungen in der Kathedrale von Paris ist 'neuerlich' eine Steinkette geschaffen worden wie in einigen Ankern Aachens, bei de-

Noyon:	22,70 m	Paris:	33,0 m
Laon:	24,0 m	Chartres:	36,55 m
Sens:	24,40 m	Bourges:	37,15 m
Rouen:	28,0 m	Reims:	37,95 m
St-Denis:	29,0 m	Amiens:	42,50 m
Soissons	31,0 m	Beauvais:	48,20 m [Cali, 215, 222].

----

nen nicht zwei Eisenstangen direkt miteinander verbunden sind, sondern jeweils zwei Stangen nebeneinander in einem Quader eingreifen. Wo aber sind die Gegenstücke zu den Zugstangen von Aachens Ringankern, für die es keine römischen Pendants gibt?

Die französischen Forscher sind in Soissons und Bourges fündig geworden. Bereits 1176, das ist nur ein rundes Dutzend Jahre nach Paris, wurden im Südquerschiff von Soissons offen laufende Zugstangen in bzw. unter den Gewölben eingebaut. Nach jetzigem Wissensstand folgt Bourges, bei dem die inneren Seitenschiffe mit eisernen Zugankern zusammengehalten werden. Als Datierung wird vorsichtshalber nur angegeben: „before 1214“ [L'Héritier u. a. 2020, 3]. Der Einfachheit halber wähle ich das Jahr 1200. Dann ergibt sich der 'Dreiklang':

1165 Paris: Eisenklammerreihen,
1180 Soissons: erste Zuganker auf der Empore,
1200 Bourges: Zuganker für das innere Seitenschiff.

Vergleich mit Aachens Pfalzkapelle

Es ist befriedigend, nach 30 Jahre einen Gedanken vollständig beweisen zu können. Anfangs ließen sich nur die Anachronismen demonstrieren, die Aachens Pfalzkapelle aufweist [HI 1996, 24-35, 222-287]. Zu zeigen war, dass das wesentliche Element, die vollständige Einwölbung der Kirche samt Kuppel, keine Vorgänger und erst überraschend spät Nachfolger hat. Um dieses Manko zu überbrücken, konstruierten die Spezialisten Verbindungen hin zu den Bauten von Römern und Byzantinern; selbst die aus Holz gebaute Kuppel des Felsendoms in Jerusalem wurde als Vorläufer missbraucht [Lohrmann in EuS, 492]. Doch es ist kurantes Wissen, dass im römischen Westen Beton für Kuppeln eingesetzt worden ist, während im Osten Kuppeln mit sehr leichten, hohlen Elementen gewölbt worden sind. Da Aachens Kuppel massiv aus geformten Hausteinen ohne jeden Hohlraum gewölbt worden ist, trägt kein Vergleich. Aachens Kuppelwölbung stellt eine neue Baumethode dar.

Diese Kuppel wird nicht durch schwere Mauern oder Strebepfeiler stabilisiert. Möglich wären äußere Verstärkungen, doch die nur leicht vorspringenden Lisenen können das nicht leisten. Mauern können durch eine zusätzliche Auflast – einen Turm oder eine gotische Fiale – gegen Ausbiegen geschützt werden. Auch das ist in Aachen nicht der Fall; die Mauern allein waren sogar zu schwach, dem Kuppeldruck standzuhalten. Vier Eisenringanker stabilisierten von Anfang an die steinerne Kuppel, deren Gewicht von über 500 t enorme Schubkraft entwickelt. Sie belastet den Kuppelfuß mit Zugkräften, denen Eisen besser als Stein standhält.

Schon bislang [vgl. HI 2014] war klar, dass derart schwere Eisenanker – es geht um Vierkantstangen mit einem Gewicht von bis zu 200 kg – nicht von Hand geschmiedet sein können. Das ergaben meine Befragungen von verschiedenen Schmieden und eine Äußerung von Paul Benoît [Le Goff/Glassman], wonach wasserbetriebene Hämmer im 12. Jh. auftreten und an den Kathedralen zum Einsatz kommen. Der damalige Dombaumeister Maintz (Amtszeit 2000–2023) wollte dem einen Papierbeweis entgegenstellen. Indem er den Mörtel als karlszeitlich definierte, wollte er auch die eisernen Ringanker als karolingische sehen (s. S. 41). Diesen unzulässigen Zirkelschluss – fast ein Kurzschluss – habe ich längst aufgeklärt. Doch damals war keine Evolutionslinie der Eisenarmierung in Kirchenbauten bekannt, in die Aachens Bauweise eingefügt werden konnte. Mediävisten und Bauhistoriker brauchten sie nicht, weil sie ohnehin zu wissen glaub(t)en, dass unter Karl d. Gr. ständig große Dinge geschahen und geschaffen wurden, also auch das Härten mächtiger Vierkanteisen durch vielfaches Zuschlagen mit leichten 5-kg-Hämmern. Deren bescheidene Wirkung lässt sich nur auf Papier dermaßen steigern.

Erst mit dem Brand von Notre-Dame wurde diesseits des Rheins wahrgenommen, dass in Frankreich seit mindestens 25 Jahren an diesem Problem geforscht wurde, keineswegs im Hinblick auf Aachen (Aix-la-Chapelle), sondern um die Wunderwelt ihrer gotischen Kirchen besser zu verstehen. Da mein entscheidendes Buch zwischen 1992 und 1996 entstand, gab es damals noch keine französische Hilfestellung.

Unter den Kirchen sind gerade Kathedralen besonders entwicklungs- und wandlungsfähig. Von frühromanischen Anfängen bis zur Gegenwart wird immer wieder an ihnen gebaut, ob wegen Vergrößerung,

Gemeindezuwachs, diverser Veränderungen, neuen Stilempfindens, neuer Liturgieformen, jäher Brand- oder Kriegszerstörung. Da ist es fast selbstverständlich, dass sich französische Kunsthistoriker, Architekten, Archäologen und Restaurateure um diesen nationalen Schatz sorgen und ihn pflegen. Zur Sorge gehört selbstverständlich das Aufspüren der Technik, mit der diese zum Teil gigantischen Bauten errichtet worden sind, die Steinbehandlung, die Bauabläufe und vieles mehr. Nicht umsonst errichten experimentelle Archäologen eine Burg wie Guédelon im Departement Yonne (oder den Campus Galli als karolingische Klosterstadt Meßkirch im Schwäbischen).

Diese Forschungen befassen sich auch mit dem äußerst diffizilen Exo-Skelett der großen gotischen Kirchen, ebenso mit den zumindest theoretischen Möglichkeiten, darauf zu verzichten. Doch auch im Kircheninneren sind statische Vorkehrungen notwendig. Dazu muss man nicht einmal an die 40 m (!) senkrecht und ohne jede Unterbrechung in den Himmel strebenden Vierungspfeiler von Beauvais denken. Hier traten Probleme gleich nach Baubeginn (ca. 1247) auf. Wegen der extremen Bauweise ist in Beauvais zunächst der Chor (1284), später auch der weltweit höchste Turm (1573) zusammengestürzt. Noch im Mittelalter sind Eisenverstärkungen in den Arkaden eingezogen worden, später mussten kräftige, frei geführte Zuganker das nördliche Querschiff aussteifen und eine riesige Schrägkonstruktion einen Pfeiler sichern. Einst war es Hybris, doch ist sie seit 750 Jahren Realität, anders als unsere Betonbauten, deren Haltbarkeitsdauer von angeblich 1.000 auf 40 Jahre geschrumpft ist.

Die Geschichte dieser Forschungen wie der Evolution der französischen Kathedralen werden Berufene schreiben. Mir geht es um die Evolution der Eisenarmierungen, die *vor* wie *nach* dem Bau von Aachens Pfalzkapelle abgelaufen sein müsste. Und im selben Bauwerk, allerdings vermeintliche 550 Jahre später, sind wiederum Eisenarmierungen im Hochchor notwendig geworden. Wie darf man sich also diese Entwicklungslinie vorstellen?

Die Antwort ist jetzt möglich. Aktuell sind Hunderte von Eisenklammern in der Kathedrale Notre-Dame de Paris gefunden worden, Tausende werden vermutet. Ab 1180 wurden Zugstangen im Querschiff von Soissons eingesetzt. An der Kathedrale von Bourges sind wir dann größeren Zugstangen begegnet, die quer das innere Seitenschiff absichern. Das Querschiff misst 5,65 m; die Stangenlänge muss wegen der abgebogenen Enden noch etwas länger sein. Das ergibt Aachens Maße der beiden unteren Kuppelankern, deren jeweils acht Glieder allerdings noch schwerer ausgefallen sind.

Mit diesen Argumenten bekommen Aachens Eisenringanker in Soissons allererste Gegenstücke. Für Bourges setze ich zwischen Baubeginn um 1195 und dem Abschluss der ersten Bauphase im Jahr 1214 den rohen Mittelwert 1200.

Wir wissen nichts von einem Wissenstransfer zwischen Soissons, Bourges oder einer sonstigen Kathedrale und Aachen. Aber so wie in Paris nur Eisenklammern, aber noch keine schweren Zugstangen eingebaut worden sind, so lässt sich nicht erwarten, dass in Aachen zugleich Eisenklammern und eiserne Zugstangen, noch dazu in einer Länge von mehr als 6,50 m und Gewichten bis hin zu 200 kg ohne irgendeinen Vorläufer gefertigt worden wären. Insofern erhalten wir 1180 als früheste Einsatzdatierung, als terminus post quem für den Bau der Pfalzkapelle in Aachen. Ich rücke also gegenüber meinen frühen Arbeiten den Baubeginn vom ersten Drittel des 12. Jh. bis in die Zeit 1180 bis 1200; das Bau-Ende ist bis 1215 möglich. Erst diese Theorie kann diesen Befund von Aachen erklären:

> „Nach den heutigen Stahl-Analysen entspricht z. B. der karolingische Stahl in seiner Festigkeit und seinen Legierungsbestandteilen weitgehend einem heutigen normalen Handelsbaustahl! Beispiellos ist in Aachen der Einbau von stählernen Ringankern zur Aufnahme des Horizontalschubs aus der Klostergewölbe-Überspannung des Oktogons. Diese Anker liegen genau in dem Bereich, wo die Zugspannungen, die zur Ausbildung von Vertikalrissen im Kämpferbereich und den Tambourwänden führen könnten, am größten sind. Sie sind also völlig »richtig« angeordnet. Die Verwendung von solchen Ankersystemen ist in Aachen erstmalig bekannt und bei keinem der vielleicht in Betracht kommenden Vorgängerbauten nachgewiesen“ [Pufke, 231].

„Völlig »richtig« angeordnet“? Sofern Übermensch Karl nicht selbst die Position bestimmt hat, braucht es für einen derartigen allerersten Ankereinbau Erfahrung, Erfahrung bei Wahl des Eisenquerschnitts und bei Positionierung der Anker. Das illustrieren beispielsweise die ersten freien, steinernen Strebebögen an gotischen Kathedralen. Auch sie setzen an den richtigen Stellen an, um den Gewölbeschub abzuleiten. Doch zu ihrem Entwicklungsgang gehören falsch angesetzte Strebebögen, eingestürzte Gewölbe und teils zu schwere, teils zu schwächliche Strebebögen. Ein Erfahrungsschatz baute sich auf, dank dem die Gewölbe zum Himmel wachsen konnten. Natürlich war jede noch höhere

Wölbung ein Wagnis, aber ein halbwegs abschätzbares, wenn auch nicht mathematisch kalkulierbares.

Zur Zeit der großen gotischen Kathedralen Frankreichs gibt es auch die notwendigen Handelsverbindungen. Für Bourges kam Eisen aus dem 300 km entfernten Rhonetal (s.o.). Von Chartres wissen wir, dass für das unvergleichliche Blau seiner Glasfenster Kobalt aus dem sächsischen Erzgebirge importiert worden ist [wiki: Kathedrale von Chartres]. Das sind Luftlinie 850 km. Der Wissenstransfer für Eisenverstrebungen musste zwischen Soissons und Aachen nur 250 km Luftlinie überwinden. Die Kathedral-Architekten hielten über die Dombauhütten Verbindung. Im Frühmittelalter gab es derartige Möglichkeiten nicht; es kann in Aachen auch von keiner Bauhütte die Rede sein. Mangels Vorbilder im Generationenrahmen – mindestens ein damals aktiver Handwerker musste noch leben – war ohnehin kein Wissenstransfer möglich.

So liegt nun eine doppelte Eisendatierung vor: durch Erfindung und Verbreitung der Eisenhämmer und durch die ausgebildete Eisenarmierung. Sie wird zusätzlich durch gut abgesicherte C14-Datierungen bekräftigt. Diesen Werten stehen in Aachen die aus Holz gewonnenen Datierungen gegenüber, die mit Urkundendaten in Einklang stehen. Leider sind sie kaum überprüfbar, weil die Labore – wie im Fall von Aachens Holzresten – (zunächst) nur einen Wert mit einem Unsicherheitsintervall bekanntgeben, der nicht hinterfragt werden kann. Die dahinterstehenden Korrekturen einer von Wahrscheinlichkeitsrechnung bestimmten Messmethode, das 'Rütteln und Schütteln' von Messwerten können Außenstehende nur glauben. Es hätte übrigens durchaus die Möglichkeit gegeben, auch Aachens Eisenanker mit C14 zu datieren, ist doch die dafür notwendige, unten genannte AMS-Methode 1977 entwickelt und seitdem weiter verbessert worden. Doch dazu liegen keine Messwerte vor. Sofern solche veröffentlicht werden, sollten sie nicht an Balken kalibriert, also geeicht sein, die ihrerseits nur auf Grund urkundenbestimmter Datierungen eingeordnet worden sind, wie z.B. der von Ernst Hollstein benutzte Balken aus der 'karolingischen' Kirche von Michelstadt-Steinbach im Odenwald [Niemitz 1995, 306].

Was spricht nun gegen diese Verjüngung von Aachens Pfalzkapelle um runde 400 Jahre?

Datierung der Aachener Pfalzkapelle

Die französischen Forscher können die Eisenarmierungen ihrer Kathedralen mit minimalen Schlackenresten aus dem Eisen datieren, seit langem möglich mit Hilfe der Beschleuniger-Massenspektrometrie (AMS = Accelerator Mass Spectrometry). Damit sank die Probengröße auf unter 1 mg. Auf unserer Seite des Rheins sind mir keine derartigen, allerdings wesentlich teureren Messungen bekannt. Sie sollten zur Bestätigung herangezogen werden, aber mit einer Vorsichtsmaßregel. Es gibt einen prinzipiellen Unterschied zwischen frühem und hohem Mittelalter. Die C14-Datierungen aus dem 12./13. Jh. sind dank Holzbalken aus noch existenten und durch Überlieferungen gesicherten Bauwerken ungleich besser abgedeckt. Nur als Beispiel: Es gibt Fachwerkhäuser aus dem 15./16. Jh., bei denen die Jahreszahl der Fertigstellung ins Holz geschnitzt worden ist. Hier lassen sich Überlieferung, C14-Messung und Dendro-Datierung gemeinsam zur Gewissheit führen, denn naturwissenschaftliche Messwerte müssen geeicht (kalibriert) werden, liefern doch die Messapparaturen keine Absolutzahlen. Vor dem Jahre 1000 fehlt noch immer eine ausreichende Anzahl von Holzfunden. Dementsprechend schwierig ist hier die Kalibrierung. Solange die naturwissenschaftlichen Methoden für diesem Zeitraum nicht besser abgesichert sind, misstraue ich den Laborwerten. Zwingender ist auch für Aachen die voranschreitende Bau-Evolution.

Das schrittweise Erlernen der Eisenarmierung, von der einfachen Eisenklammer bis hin zu komplexen Ringankern und auch noch senkrechten Verbindungen zwischen waagrechten Ankern liegt nahe; es entspricht dem Weg von Notre-Dame de Paris hin zu Saint-Pierre de Beauvais. Parallel zu diesem Weg verbesserten sich stetig die Steinschnitttechnik und die immer raffinierteren Wölbgeometrien, dazu das durch Versuch und Irrtum immer belastbarere Eisen. Das ging vom Stand Null aus nicht innerhalb einer Handvoll an Jahren. Im Falle von Aachen hätten die steinbauunkundigen Franken ad hoc ein Ankersystem entwickelt und beherrscht, wie es an gotischen Kathedralen erst gegen 1200 erreicht worden ist. 400 Jahre später hätten die Franken/Franzosen also endlich den Stand an Technik erreicht, den sie längst perfekt beherrscht und anschließend sofort und vollständig vergessen hätten.

Aachen und der Karlsschrein

Laut archäologischem Befund ist Aachens Pfalzkapelle auf einem Friedhof errichtet worden, der zu Beginn des 8. Jh. bestanden hatte, so der Aachener Stadtarchäologe [Schaub in Kraus, 46] – das war kein guter Bauplatz für einen guten Christen (nur für einen Christen des 12. Jh., der sich nicht mehr an uralten merowingischen Gräbern störte). Dennoch hätte sich Karl d. Gr. diesen Platz für seine Pfalz ausgesucht, vorrangig wegen der Thermalquellen, die auch heute noch zum Teil mit über 70° aus dem Boden sprudeln, allerdings nicht im Nahbereich des Doms.

Nach etwa 840 und vor 1171 geschah in Aachen nichts Relevantes. Zwar hätte mit Lothar I., einem Enkel Karls, der letzte Karolinger seinen Wohnsitz in Aachen gehabt. Er sei 855 gestorben. Aachen zerfiel, zumal die Normannen 881 die Kaiserpfalz gebrandschatzt hätten und danach nichts aufgebaut worden wäre.

Das nächste Mal wird Aachen erst 936 in den Mittelpunkt gerückt: Otto I. wird zum König gekrönt. Warum er sich dafür eine heruntergekommene, ruinöse Pfalz ausgesucht hätte, bleibt rätselhaft. Eine Pfalz, deren Hauptplatz (heute Katschhof), zumindest das zentrale Gelände zwischen Pfalzkapelle und Aula noch von einer häuserbestandenen Römerstraße durchschnitten und obendrein von der massiven, hohen Römermauer zwischen Pfalzkapelle und Aula geteilt wurde. Damit war das Gebiet als Pfalzzentrum gründlich entwertet – auf jeden Fall für Krönungsfeierlichkeiten.

Warum Widukind von Corvey eine Beschreibung der Krönung geliefert hat, ohne selbst Augenzeuge gewesen zu sein, bleibt ebenfalls rätselhaft. Weitere Krönungen sollen gefolgt sein. Otto III., also jener Kaiser, der seinen kaiserlichen Vorgänger im Jahr 1000 in der Gruft aufgesucht habe, wollte Aachen zum zweiten Rom ausbauen und dafür St. Adalbert, St. Salvator und die Abtei Burtscheid bauen, starb aber bereits 1002. Selbst für ihn wirkt das Berichtete häufig legendenhaft, wie nach seinem viel zu frühen Tod frei ersonnen. Auch weitere Krönungen sind an dieser wenig attraktiven Stätte schwer vorstellbar, zumal es in Köln, der größten Stadt im Reich, besser geeignete Kirchen gegeben hätte.

Erst ab 1100 belebt sich das werdende Aachen. Nun wird emsig gebaut und die störende Römermauer so gründlich abgerissen, dass sie erst in unseren Tagen nachgewiesen wurde. Nun kann Friedrich I. die Stadt für sich entdecken, fördern und schützen lassen.

Nach herrschender Meinung wurde Barbarossa 1152 in Aachen zum König, 1163 in Rom von Papst Alexander III. zum Kaiser gekrönt. 1165 ließ dieser Kaiser 'seinen' Karl von seinem Gegenpapst Paschalis III. heiligsprechen, gewährte Aachen 1166 das Markt- und Münzrecht, dazu die Reichsunmittelbarkeit einer Reichsstadt unter Einsatz des gefälschten Karlsprivilegs. Als Gegenleistung begannen die Bürger 1171 mit der 2,5 km langen Stadtmauer (Barbarossamauer).

> „Durch die von Friedrich Barbarossa gewährten Privilegien wuchs die Bevölkerung Aachens schnell an. Die Stadt begann etwa 1270 ebenfalls von Richard von Cornwall bezuschusst mit dem Bau eines neuen Mauergürtels [...]. Bis zu 4000 Handwerker arbeiteten an der 5,5 km langen Mauer mit elf Toren und zahlreichen Türmen. [...] Damit vervierfachte sich die ummauerte Fläche auf 175 Hektar. [...] Die Einwohnerzahl erreichte in der Mitte des 14. Jahrhunderts mit knapp 20.000 ihren mittelalterlichen Höhepunkt. Damit zählte Aachen zu den größten deutschen Städten" [wiki: Geschichte der Stadt Aachen].

Köln erreichte die Zahl von 20.000 bereits gegen 1140 [wiki: Geschichte der Stadt Köln]; es mag im 10. Jh. 7.500 Einwohner gehabt haben [Brühl 1990a, 34] „was allenfalls als oberste denkbare Grenze akzeptabel ist" [Brühl 1990a, 35]. Eine Königspfalz entstand dort gegen 960 [ebd. 39].

Aachen lag also gegen Köln 200 Jahre zurück und erlebte seinen großen Aufschwung erst nach 1150. Wie viele Einwohner im 10. Jh. und bereits um 800 die Königspfalz Aachen bevölkerten? Dazu habe ich keine ernstzunehmende Schätzung gefunden. Im Vergleich mit Köln bliebe für diese Zeit Aachen nur eine kümmerliche Zahl von 'Öchern', was der ebenso kümmerlichen Fundlage entspräche. Erst 1330 wurde auf alten Fundamenten das neue Rathaus erbaut. Ab 1349 war es in Benutzung, im selben Jahr wurden erstmals die bereits vom großen Karl gesammelten Reliquien gezeigt: Ab da findet alle 7 Jahre die Heiltumsfahrt statt – so auch anno 2023.

Zur Antwort auf die Frage, ab wann der Aachener Dom als Bauwerk zeitlich gesichert ist, dient der Karlsschrein, den Barbarossa gestiftet hat (für das Matrozinium der Aachener Kirche wurde vom Kapitel 1220 der Marienschrein gestiftet). Der Kaiser hat keine Apostel und Heiligen, sondern Könige an den Seiten des Schreins in Auftrag gegeben. Darauf verweist auch die Ähnlichkeit der Karlsdarstellung (s. u.) mit dem Cappenberger Kopf, die eine Gleichsetzung von Karl und Barbarossa bedeuten dürfte [Grimme 2002, 34 f.]. Barbarossa ist mit etwa 68

Jahren beim Zweiten Kreuzzug 1190 ertrunken, hat also die Fertigstellung des Karlsschreins nicht mehr erlebt.

Früher wurde die Fabrikation des kostbaren Schreins der Einfachheit halber zwischen 1165 (Heiligsprechung Karls) und 1215 (Schreinschließung durch Friedrich II.) angesetzt [Schmitz-Cliever-Lepie 1986, 40 f.]. Inzwischen ist eine derart weitgedehnte 50-Jahres-Zone nicht mehr akzeptabel. Das Holz für den Schrein wurde 1182 geschlagen, so die Dendro-Daten des Eichenholzkerns [Grimme 2002, 15]. Der Schrein war zwischen 1200 und 1215 in Arbeit [ebd. 116]. Herta Lepie und Georg Minkenberg [1995, 12 f.] gehen als damalige Leiter der Aachener Schatzkammer noch weiter. Für sie hat ein zweiter Künstler das Widmungsbild geschaffen, kurz bevor er zur Arbeit an Aachens Marienschrein gewechselt ist. Für das Autoren-Duo hat er die Arbeit am zweiten Schrein um 1220 begonnen, für Grimme [2002, 68 f.] eher noch später. Er sieht ihn durch eine andere Werkstatt ausgeführt, obendrein den Karlsschrein 1215 bei der Schließung als noch nicht vollständig fertiggestellt.

Damit erhalten wir dank des Widmungsreliefs für Karls Schrein eine Datierung für **1215** ± 5. Der Reliefkünstler lässt den heiligen Kaiser der Muttergottes ein Kirchenmodell überreichen, das eindeutig die Aachener Pfalzkapelle zeigt: Westbau, Sechzehneck, Achteck samt Brücke zum Westbau und dem heute nicht mehr existenten Chor.

Ausschnitt aus dem Widmungsbild des Karlsschreins, ca. 1215: Der hl. Karl überreicht der Muttergottes seine Marienkirche. Zu erkennen sind erhöhtes Oktogon, Westbau und Verbindungsbrücke [Siebigs, 104].

Karl d. Gr. mit Modell der Pfalzkapelle, Stirnseite des Karlsschreins [Imhof/Winterer, 71].

Das gilt jedoch nicht für die vorangehende ganzfigürliche Darstellung von Karl an der Stirnseite des Karlsschreins. Die Figur sitzt zwischen Erzbischof Turpin, einem Protagonisten beim legendären Kampf gegen die Sarazenen, und Papst Leo III,, der wie eine Randfigur behandelt wird. Karl hat ein seltsames Kirchenmodell in der Hand, das die Kirche mit zwei sehr hohen Spitzdächern auf West- und Zentralbau zeigt. Wir sehen die riesige, konkave Wölbung (Konche) überm Portal zum Bogen direkt über der Tür reduziert. Die eigentliche Kirche ist an der Basis rund, mit einer Tür nach Süden, darüber ein viereckiges Obergeschoss, gekrönt von einem sehr steilen, hohen Helm mit einer Balustrade am Fuß [vgl. Grimme 1994, 152]. Hieraus lässt sich schließen, dass der erste Künstler des Karlsschreins gegen 1200 noch keinen fertigen Bau vor Augen hatte.

Barbarossas Leuchter

Im Zentrum der Kirche, in der Mitte des Oktogons hängt der Barbarossa-Leuchter. Er gehört zu den großen Radleuchtern des Mittelalters, von deren einstiger Fülle von fast 40 Exemplaren sich nur 4 erhalten haben: zwei in Hildesheim, einer in Großcomburg und in Aachen der jüngste von ihnen. Unverkennbar symbolisiert er das himmlische Jerusalem, das sich auf die Erde herabsenken wird am Ende aller Tage. Der Leuchter symbolisiert mit seinen sechzehn Türmchen und acht Bögen die Stadtmauer; er trägt 48 Kerzen.

Barbarossaleuchter [Postkarte]

Die Symbolik der für die Ewigkeit stehenden „8" (∞) ist inmitten eines Oktogons unübersehbar. Unterstrichen wurde sie durch 6 x 8 Silberreliefs, die jeweils drei Seiten der Türmchen schmückten, doch verloren gegangen sind. Zu sehen sind noch deren 2 x 8 gravierte Bodenplatten, geschmückt mit Stationen von Jesu Leben und den Seligpreisungen. Diese Lichterkrone aus vergoldetem Eisen und Kupfer misst 4,16 m im Durchmesser, ein gutes Viertel des Oktogondurchmessers [Lepie/Minkenberg, 41].

Die lange Inschrift hebt hervor, dass ihn Kaiser Friedrich I. gemeinsam mit seiner Gemahlin Beatrix gestiftet habe, lautet doch der letzte Satz der Inschrift wie folgt:

> „Nimm also, Meeresstern, der du den hellen Sternen vorausleuchtest, den Stifter Friedrich in dein frommes Gebet auf; ihm verbinde seine Mitherrscherin Beatrix“ [Grimme 1994, 141 nach DIO Nr. 28].

Das Jahr ist nicht vermerkt, weshalb die Diskussion nicht abreißt, wann er gestiftet, wann geschaffen und wann er schließlich aufgehängt worden sei; unstrittig ist nur die Zeitspanne zwischen 1156 und 1184, zwischen Hochzeitsjahr und Todesjahr der Kaiserin. Dieser Abgrenzung ist aus meiner Sicht nicht zu widersprechen, könnte doch 1184 sogar das Jahr des Kirchenbaubeschlusses sein. Häufig wird der Leuchter für ein Werk von 1165 gehalten und damit aus der Zeit, in der Barbarossa die geistlichen Grundlagen für sein Kaisertum schuf: 1164 lässt er die Reliquien der Hll. Drei Könige von Mailand nach Köln bringen, ein Jahr später die Gebeine Karls des Großen in Aachen erheben und ihn heiligsprechen. Kurz danach

> „erhielt Aachen am 8. Januar 1166 als *caput civitatum* (»Haupt der Städte«) und als *caput et sedes regni Theutonici* (»Haupt und Sitz des Deutschen Königreichs«) durch einen als *Karlsprivileg* bezeichneten Freiheitsbrief Kaiser Friedrich Barbarossas die Stadtrechte sowie das Markt- und Münzrecht verliehen und wurde eine Reichsstadt. Seine Einwohner wurden von der Lehenshörigkeit befreit. Aus dieser Zeit stammt der Reichsadler im Stadtwappen. Am 29. Juli bestätigte Kaiser Friedrich II. der Stadt Aachen alle Rechte, die sie seit Karl dem Großen erhalten habe. Der Bau der inneren Stadtmauer geht auf Kaiser Barbarossa zurück; sie wird deshalb bis heute Barbarossa-Mauer genannt. Mit ihrem Bau wurde 1171 begonnen“ [wiki: Aachen].

Hier sind mehrere Punkte klarzustellen. Am 08. 01. 1166 wurde nur Tage nach Karls Heiligsprechung die Barbarossa-Urkunde ausgestellt, die das Karlsprivileg enthält, eine erwiesene Fälschung des 12. Jh. Beide Texte stellen die Stadt Aachen ins Zentrum:

> „Es wird an den antiken Ursprung der Stadt erinnert (Granuslegende), auf die Gründung Aachens als Sitz und Haupt des Reiches

durch Karl den Großen hingewiesen, die Auszeichnung der Stadt durch die Grablege des Kaisers in der Pfalzkapelle hervorgehoben, die Bedeutung Aachens als Krönungsort betont und die besondere Rechtsfreiheit der Aachener Bürger unterstrichen. Aachen wird in beiden Urkunden als Haupt Frankreichs *(caput Gallie)* und Deutschlands *(caput regni Theutonici)* gepriesen. Durch die Kanonisation Karls des Großen ist Aachen zur sakralen Hauptstadt des Reiches *(sacra civitas)* aufgestiegen, deren Pfalzkapelle, in der sich das Grab des Kaisers und dessen Thron befinden, die erste Kirche des Reiches ist" [Weishaupt].

Das Karlsprivileg wird heute als Fälschung des 12. Jh. eingestuft; das „war Kaiser Friedrich I. Barbarossa allerdings nicht bewusst" [ebd.]. Ebenso gut lässt sich sagen: Das zusammen mit der Barbarossa-Urkunde fabrizierte Karlsprivileg sollte eindeutig Aachens Position durch eine imposante Vergangenheit stärken, weshalb Textteile sogar auf dem Karlsschrein festgehalten worden sind! So wie überlegt wird, ob die Urkunde Karls des Großen für Saint-Denis von 813 eine Fälschung Abt Sugers ist [Groten], so lässt sich dringend mutmaßen, dass das Karlsprivileg eine Fälschung im Auftrag Friedrich I. war! Konkurrenz dürfte auch hier beflügelt haben.

Die Reliquienbehältnisse für die insgesamt vier heiligen Könige wurden erst deutlich später geschaffen: der Karlsschrein bis 1215, der Dreikönigenschrein von 1190 bis 1225 durch Nikolaus von Verdun. Der 1190 ertrunkene Kaiser hat die goldenen Prunksärge allenfalls in Arbeit gesehen.

Aber den Barbarossaleuchter sah er vielleicht bereits glänzen. Doch bei ihm handelte es sich um eine Art von troianischem Pferd: Um es nach Troia hineinzubringen, musste ein Tor beschädigt werden. Und der Leuchter verlangte fast so etwas wie den Umbau des grandiosen Bauwerks. Denn um ihn aufhängen zu können, brauchte es

- die Öffnung im Scheitel der Kuppel (Eingriff ins Gewölbe).
- ein höheres Oktogon-Dach zur Installation einer Aufhängung, die auch das nötige Absenken ermöglicht;
- zu seiner Kaschierung höhere Blendarkaden über dem Tambour,
- die Brücke vom Westbau zum Dachraum über der Kuppel,
- und eine Veränderung im Kuppelmosaik, da in dessen Scheitel das endzeitliche Lamm als Symbol Christi gezeigt worden sein soll.

Das wären enorme Veränderungen wegen eines Leuchters, der ohne Probleme durch 16 dreiflammige Kandelaber zu ersetzen gewesen wäre. Wurden diese Eingriffe auch durchgeführt?

Hans Erich Kubach und Albert Verbeek [1976, 5, laut H/S, 149] haben als erste die Tambourerhöhung mit der Aufhängung des Leuchters in Verbindung gebracht; sie datierten deshalb die Änderung auf ca. 1170. Grimme [1994, 141] hat die Gedanken erweitert und sah obendrein die Notwendigkeit: „Der Leuchter setzt den Umbau und die Verstärkung des Oktogonmauerwerks nach dem [Stadt-]Brand des Jahres 1146 voraus“. Der einstige Dombaumeister Hans-Karl Siebigs [2004, 119] hält diese Aussage für

> „hinreichend ungenau. Was Grimme unter »Verstärkung des Oktogonmauerwerks« verstehen wollte, ist nicht bekannt, ebenso wenig die Quelle, aus der die Information stammt.“

Gleichwohl sieht Siebigs den Sachverhalt ganz ähnlich:

> „Wir gehen heute allgemein davon aus, dass das karolingische Oktogondach mit relativ flacher Neigung dicht über dem Oktogongewölbe lag. Man hätte vermutlich das Dach öffnen müssen, wenn man einen Leuchter vom Gewicht des Barbarossaleuchters dort oben hätte befestigen wollen. Solches wäre sicherlich sehr viel einfacher nach einer Aufstockung des Oktogons gewesen, vor allem, wenn diese mit der Errichtung der Brücke vom Westbau zum Oktogon verbunden gewesen wäre. Damit ist aber noch kein Beweis für eine bestimmte Datierung der Aufstockung geliefert und es ist fraglich, ob eine Datierung des Barbarossaleuchters hier weiter helfen könnte. [...] Wann der Leuchter schließlich aufgehängt wurde, ist nicht bekannt“ [Siebigs, 119].

Siebigs stellt auch klar, dass ein früheres Scheitelloch im karolingischen Gewölbe so wenig gesichert ist wie ein älterer Leuchter:

> „E.G. Grimme erwähnt eine Mitteilung von G. Minkenberg, dass der staufische Leuchter einen karolingischen Vorgänger gehabt haben könne. Belege werden hierfür aber nicht angeführt. Außerdem hätten für einen karolingischen Leuchter die gleichen Schwierigkeiten beim Aufhängen gegolten. Es gibt also durchaus Gründe für die Annahme, dass die Aufstockung in Form der Blendarkaden, das Loch in der Gewölbemitte und die Aufhängung des Barbarossaleuchters zeitlich zusammenfielen. Nur gibt es dafür keine sicheren Belege“ [ebd.].

Die Installation des Leuchters muss also tatsächlich enorme Mühen verursacht haben. Das erinnert an den Bischofssitz in Limburg, 2013: Der dortige ausgabefreudige Bischof Franz-Peter

> „Tebartz-van Elst wollte statt eines stehenden einen hängenden Adventskranz für die Kapelle. Das neue Dach musste aufgerissen, ein Seilzug installiert werden. Statt 10 000 Euro wurden 100 000 Euro fällig“ [*bild*].

Da nicht jeder über unbeschränkte Finanzmittel verfügt, stellt sich die Frage, ob das im Aachen des 12. Jh. genauso gehandhabt worden ist – wobei Aachen erst 1802 (bis 1825) und ein zweites Mal erst 1930 zum Bischofssitz avancierte.

Es wäre also in Aachen eine ca. 370 Jahre alte Kirche für eine der ‘modernen’ Lichterkronen umgerüstet worden, wie sie ab dem 11. Jh. u. a. in Hildesheim hingen. Aber die erhöhten Blendarkaden sind ‘amtlich’, auch wenn sie in den bislang publizierten Aufrissen nicht gezeigt werden. Auch die elegante Konstruktionszeichnung des Bauwerks von Ulrike Heckner verzichtet auf diese Erhöhung, würde sie doch den oberen Kreis sprengen und damit die Konstruktion stören [vgl. HI 2012].

Die Hängung des Leuchters

Die Bauforschungen der letzten Jahre haben Detailergebnisse zu dieser Kirche erbracht, wie sie besser nicht sein könnten. Am Außenbau ist jeder sichtbare Stein kartographiert, sein Material und sein Verwitterungszustand erfasst, ebenso der Mörtel jeder Steinfuge [H/S, passim]. So ist geklärt, dass die Außenmauern von Sechzehn- wie von Achteck in Grauwacke-Platten und Travertin (Tuffstein)-Quadern gemauert sind, die sich manchmal in Lagen abwechseln. Über den Fenstern des Oktogons ist die Zone, in der die äußeren Lisenen enden, einheitlich in Travertin gemauert. Sie endet heute mit dem Außenringanker aus Edelstahl und einem blechbewehrten Sims. Darüber ist noch eine Lage von Grauwackeplatten zu erkennen, die ebenfalls noch ‘karolingisch’ genannt wird. Die nächste Quaderreihe, noch unter dem Wulstgesims, gilt bereits als romanisch. Was ist hier gebaut worden?

> „Die ersten größeren Umbauten der karolingischen Pfalzkapelle in Aachen erfolgten in romanischer Zeit: In der zweiten Hälfte des 12. Jahrhunderts (nach dem Stadtbrand 1146) wurde der Tambour des karolingischen Oktogons erhöht [...] Diesen Bauzustand zeigt eine frühe, schon sehr genaue Reliefdarstellung der Architektur

> auf dem Dach des Karlsschreins aus dem Jahr 1215. Die mit einer rundbogigen Blendgalerie versehene Aufstockung ergänzt man in der zweiten spätromanischen Umbauphase um 1230 noch durch Dreiecksgiebel. Die Restaurierung 1870–72 führte jedoch zum Abbruch und zur vollständigen Erneuerung dieser Dachaufbauten" [H/S 149, 152].

Als der gotische Chor mit seinen unerreicht hohen Fenstern und dem ebenfalls hohen Dach an den Zentralbau angefügt wurde, wurde dort das gotische Maßwerk über die romanischen Bauteile in einem Abstand von 0,30 m 'gestülpt'; somit ist der ursprüngliche Baubestand an der östlichen Oktogonseite noch vorhanden und überprüfbar.

Direkt über dem 'karolingischen' Mauerwerk kamen andere Steine zum Einsatz: Herzogenrather Sandstein, Lothringischer und Jaumont-Kalkstein, verlegt im hier zweitältesten Mörtel des Baus.

> „Hier ist der helle romanische Mörtel in einer fetteren Mischung und mit etwas gröberen Kieszuschlägen als Versetzmörtel verwendet worden. [...] Ein feiner, gelblich-bräunlicher Sand als Zuschlag gibt dem Mörtel seine helle gelbliche Farbigkeit. Manchmal finden sich auch einzelne kleine Ziegelsplittkörnchen in der Mörtelmischung. An den Fassaden sind oft nur kleine, aber insgesamt sehr viele, großflächig verteilte Reste dieses Mörtels auf den Grauwacken oder Quadern, in den Poren des Travertins und in Eckbereichen erhalten, die auf einen ehemals vorhandenen flächigen Verputz hindeuten, der alle Teile des Karolingischen Baus überzog" [H/S, 154].

Auf jeden Fall zeigt sich über dem umlaufenden Wulstgesims eine veränderte Bauweise: anderes Baumaterial, anderer Mörtel und fein herausgearbeitete Architekturglieder mit Säulchen und Kapitellen, wie sie sonst nur im Inneren aufgestellt worden sind. Doch damit stellt sich sofort die Frage: Ist das eine bald vier Jahrhunderte jünger als das andere? Tasten wir uns an die Fakten heran.

1146 Vermeintlicher Stadtbrand Aachens (s.u.) mit vermeintlichen Folgen für die Pfalzkapelle; danach könne bereits der Tambour erhöht und der Leuchter aufgehängt worden sein (das klärt sich unten als Fehlinterpretation).

1165 Damals existiert das Armreliquiar für Karls Armknochen. Es könnte bei der Erhebung für alle Gebeine als goldenes Gefäß so lange gedient haben, bis der Karlsschrein fertiggestellt war. Das wird aber nur indirekt aus einer Annalenbemerkung geschlossen [H/S, 150]. Nach Ornamentik und Beschriftung in Antiqua-Großbuchstaben könnte es ziemlich zeitgleich mit dem Leuchter entstanden sein. Andere vermuteten die Gebeine in einem hölzernen Schrein auf dem Allerheiligenaltar [Holzhaider 2015].

1170 In dieses Jahr wird die Tambourerhöhung wegen des Leuchters angesetzt [H/S, 152]. Nicht nur theoretisch könnte der Leuchter erst 1184 gestiftet und noch später aufgehängt worden sein.

1200 Der Karlsschrein zeigt den erhöhten Tambour des Oktogons in einer Reliefabbildung: Je Seite sind zwei rechteckige Öffnungen angebracht, aber keine Giebelfelder. Das Relief liefert als spätestmöglichen Fertigstellungstermin das Jahr 1215, vielleicht sogar ein, zwei Jahre später, aber die Entscheidung für die einzelnen Darstellungen der Reliefreihe (Pseudo-Turpin) ist sicher deutlich früher gefallen. Der Zeitpunkt für die Aufstockung rückt bis ca. 1215. Das ergäbe zugleich den letzten Termin für den Abschluss des Dombaus.

1224 tobte ein Stadtbrand, der auch den Dachstuhl des Doms erfasste. Danach – das können lange Jahre gewesen sein – wurden erstmals acht Dreiecksgiebel errichtet. Dürer hat sie um 1520 gezeichnet. (1870/72 mussten sie ersetzt werden.)

Die Hängung des Leuchters ist ein weitgefächertes Problem. Es geht ja nicht nur um das Abreißen des alten Dachs, das Aufmauern der Blendgalerie und die Errichtung des neuen Dachs samt der Brücke vom Westbau, um an die Winde im erhöhten Dachraum zu kommen. Schon dafür musste die Kirche außen erneut eingerüstet werden, wofür es wohl noch die Gerüstlöcher im Mauerwerk gab. Aber das galt auch für das ganze innere Oktogon, denn es ging um die Scheitelöffnung für die Leuchterkette und die Veränderung des Mosaiks. Zumindest heute würde dafür eine komplette Arbeitsplattform in 25 bis fast 30 m Höhe benötigt. Und selbst das war nicht alles, wie ein Nekrolog deutlich macht:

> „Ein Aachener Totenbuch des Marienstifts aus dem 13. Jh. erwähnt einen Magister Wibertus, der »die größte Mühe und Arbeit auf den Kronleuchter, das Dach der ganzen Kirche, ein vergoldetes Turmkreuz und die Glocken« gewendet habe und dabei »alles glücklich zustande gebracht« habe“ [Lepie/Minkenberg 1995, 41].
>
> „Ein Teil dieser Mühen hat Wibert wohl darauf verwandt, die 1,30 m dicke Mitte der Kuppel auszuwechseln. Dazu mußte der Teil des Mosaiks mit der Darstellung des Lammes geopfert werden. Es

wurde durch eine Darstellung der Majestas Domini in der Ostkuppel [sic] des Kuppelgewölbes ersetzt“ [Grimme 1994, 142].

Den Schlussstein eines Gewölbes auszuwechseln, vielleicht sogar durch einen größeren, nun durchbohrten zu ersetzen, wäre gerade in dieser 'Frühzeit' des Wölbens ein heikles Unterfangen. Allerdings ist der Scheitelstein bei einem Bogen wichtiger als bei einer Kuppel, weil sich ihre konzentrischen Steinlagen gegenseitig stützen. Für die weiteren Arbeiten musste auch der Westturm eingerüstet und mit entsprechenden Winden für die schweren Glocken versehen werden. Nun wurde 1999 bei der Paderborner Ausstellung betont, dass bereits unter Karl Glocken gegossen worden sind [vgl. HI 1999, 434 f.]. Da hätte doch gerade seine Lieblingskirche um 1200 längst mit Glocken ausgestattet sein sollen. Ging es um eine Ergänzung des Geläutes oder um seine erstmalige Installation? Wir wissen es nicht, aber es lässt sich auch für die erste Aufhängung argumentieren. Dann waren Glocken, Leuchter und Kreuz neu, das Dach war es ohnehin. War es das erste oder das zweite Dach?

Angesichts der geradezu dramatischen Mühen, die der Leuchter erforderte, muss die Frage gestellt werden, ob es sich hierbei um den Bau der Kapelle gehandelt hat? Wenn ja, wären die Gerüste noch vorhanden gewesen. Was aus Sicht herrschender Lehre undenkbar ist, wird durch die Eisenanker, durch die zahllosen 'Antizipationen' romanischer und selbst gotischer Baugedanken nahegelegt.

Aachens Bauherr Friedrich I. Barbarossa

Nach derzeitiger offizieller Meinung ist Karls Kirche zu Aachen 795 begonnen und 803 fertiggestellt worden [wiki: Aachener Dom]. Von mir wurde wegen zahlreicher 'antizipativer' Baumerkmale anfänglich [ab HI 1994] die These vertreten, die Pfalzkapelle wäre erst im frühen 12. Jh. gebaut worden. 2015 rückte ich wegen der Eisenproduktion, des Barbarossaleuchters und weiterer Baudetails den Kirchenbau in die zweite Hälfte des 12. Jh. [HI 2015a]. Nunmehr verlangen die eisernen Ringanker der Pfalzkapelle zusammen mit Eisenarmierungen in französischen Kirchen sogar eine Präzisierung ins letzte Quartal des 12. Jh. mit Bautätigkeiten bis ins erste Quartal des 13. Jh. Deshalb fokussiert sich die Auswahl möglicher Bauherren auf Friedrich I.: geb. um 1122, ab 1152 König, ab 1155 Kaiser, † 1190.

Ihm war Aachen von größter Bedeutung – schenkte er der Pfalzkapelle doch nach Karls Heiligsprechung wertvolle Privilegien [Grimme 1994, 138] und wertete sie auf. Außerdem suchte er 'Tuchfühlung' zu traditionsvermittelnden Heiligen abseits päpstlicher 'Observanz'. Er ließ sie entweder wie Karl durch einen von ihm eingesetzten Gegenpapst heiligsprechen oder wie die Drei Könige als ohnehin Heilige verehren; im Neuen Testament werden sie freilich noch nicht als Könige, sondern als Magier bezeichnet. Für das folgende Zitat ist vorab zu ergänzen, dass ihre Reliquien vor dem Raub durch Rainald von Dassel zu St. Eustorgio, Mailand, in der *Cappella dei Magi* geruht hatten, weil sich Bischof Eustorgio von Mailand bereits im 4. Jh. um die Reliquien dieser Könige bemüht haben soll: Die

> „Überführung von Konstantinopel nach Mailand ist nur in einer posthumen Biografie eines Mailänder Bischofs erwähnt, der Vita Eutorgii, die mehrere hundert Jahre später [im 12. Jh.! HI] ausgerechnet in Köln entstand. Vermutlich hat also Rainald von Dassel als rechte Hand des deutschen Kaisers diese Legende einfach politisch ausgenützt, um im damaligen Streit zwischen Papst und Kaiser seinem Herrn einen Vorteil zu verschaffen: die Könige, also die weltlichen Herrscher, waren die ersten, die das Christkind anbeteten, und haben deshalb Vorrecht vor dem Papst. So wird auch klar, warum die Päpste kein Interesse hatten, durch eine Heiligsprechung diese Sicht der Dinge zu befördern: eine Heiligsprechung hat es für die Heiligen Drei Könige nie gegeben" [*ökumene:* Balthasar].

Für Kaspar, Melchior und Balthasar – so die Namen aus dem 6. Jh. – wurde erst 1225 ein Kirchenbau beschlossen und 1248 begonnen: der gotische Kölner Dom. Hat man zuvor dem hl. Karl seine eigene Kirche zu Aachen gebaut? Das Interesse Barbarossas wird durch den von ihm gestifteten Radleuchter und den Karlsschrein hinreichend bekundet. Aber wo hätte Barbarossa, noch ohne Pfalzkapelle, die vermeintlichen Karlsgebeine erhoben, vielleicht ein ebenso publikumswirksamer Vorgang wie in Glastonbury? [HI 2006a] Dafür käme die Nordbasilika neben der später gebauten Pfalzkapelle in Frage. So könnte die Erhebung zur Ehre der Altäre im Jahr der Heiligsprechung, 1165, erfolgt sein. Die Apsis der Nordbasilika ist im 11. oder frühen 12. Jh. umgebaut worden [Ristow in Krücken, 60].

Friedrich fühlte sich dem Papst gleichwertig, wenn nicht überlegen, und er maß sich wie sein Onkel Konrad III. mit dem byzantinischen Kaiser. Konrad hatte sich Gertrud von Sulzbach als Gemahlin er-

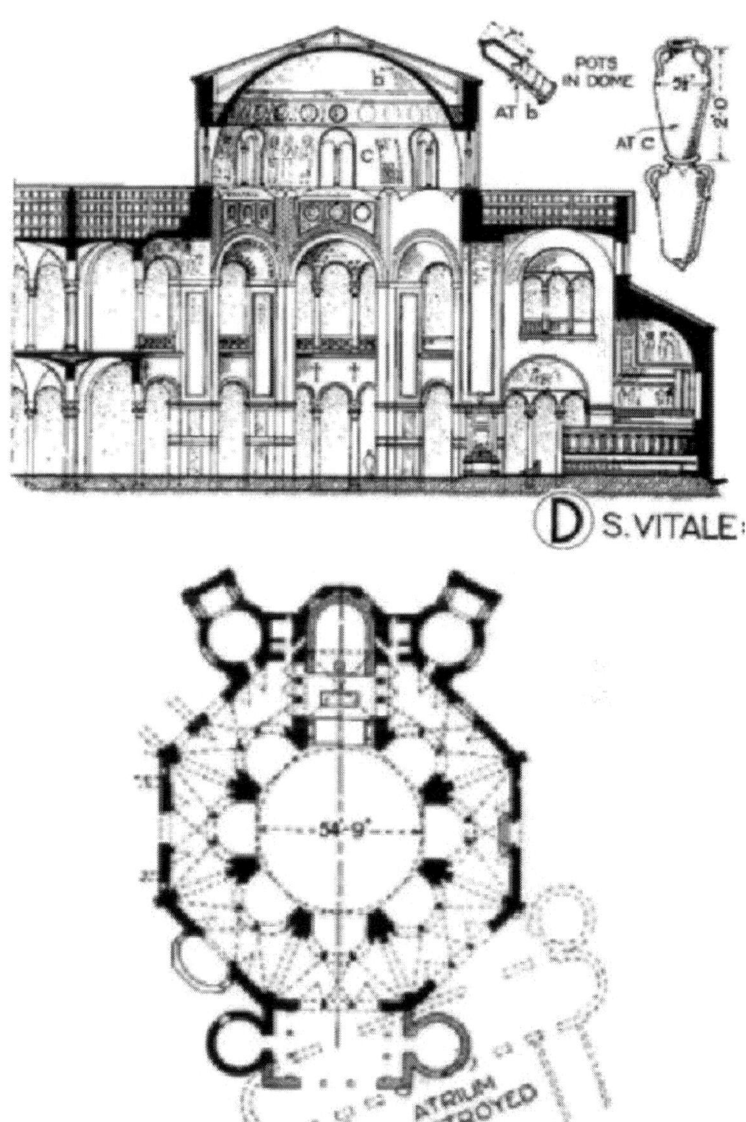

Ravenna, San Vitale (526-547): Grund- und Aufriss, dazu die ineinandergesteckten Amphoren für eine ebenso leichte wie dünne Kuppel [nyitarch]. Das ursprüngliche Atrium (Narthex) wurde durch ein schräggestelltes ersetzt.

Später benötigte das Oktogon ein starkes äußeres Strebewerk [ravenna]

wählt; zehn Jahre später heiratete der byzantinische Kaiser Manuel I. mit Bertha von Sulzbach eine Schwester der Königin, die unter dem Namen Irene Kaiserin wurde. Sie galt als Stauferin [Hiebl] und sollte eine Allianz gegen die Normannen begründen. So waren die beiden Häuser nach Otto II. ein zweites Mal miteinander verschwägert. Trotzdem verweigerte Manuel dem Kaiser im Westen, Barbarossa, eine purpurgeborene Braut. Denn die Kaiser am Bosporus fürchteten die Westchristen, die schon beim ersten Kreuzzug der Eindruck erweckten, es ginge bei diesen „bewaffneten Wallfahrten gen Jerusalem“ [Wollschläger] eigentlich um das Brechen der byzantinischen Macht (wie sich 1204 brutal bestätigte). Barbarossa nahm bereits als 25-Jähriger am Zweiten Kreuzzug (1147–1149) teil (und starb 1190 beim Dritten); insofern war er in Konstantinopel einschlägig bekannt, zumal er 1153 beim Vertrag von Konstanz keine Zugeständnisse an Byzanz gemacht hatte (‘kein Land für Byzanz auf Italiens Boden!’).

Nun stand dort am Goldenen Horn die Kirche der heiligen Weisheit als unübertrefflicher Kaiserbau. Ihr konnten Friedrichs Gegenpäpste Viktor IV., Paschalis III., Kalixtus II. und Innozenz III. (alle vier 1159–1180; der rechtmäßige Innozenz III. erst ab 1198), die teils in Rom, aber auch andernorts residierten, nichts entgegenstellen. Da bot sich eine leichter erreichbare und imitierbare byzantinische Kirche als Vorbild für einen Neubau an: San Vitale in Ravenna, in der sich Kaiser Justinian I. als Bauherrn hatte abbilden lassen.

Im Westen war deren Leichtbaukuppel nicht wiederholbar, aber man war seit ca. 1100 in der Lage, ein großes Mittelschiff wie das von Speyer in Haustein zu wölben und die dortige Vierung fertig zu stellen. Insofern könnte man die Idee gehabt haben, das byzantinische San Vitale in Ravenna mit dem handwerklichen Können und den Materialvorgaben des Westen ‘nachzubauen’, wobei die Kuppel noch etwas höher wurde und das äußere Achteck zum Sechzehneck mit einer klareren Gewölbeaufteilung erweitert worden ist. Nicht umsonst wollte man die Säulen aus Ravenna bekommen, nicht umsonst eine angebliche Theoderichsstatue von Ravenna nach Aachen überführt haben; nicht umsonst vertrat Albrecht Haupt [909, 144] die Ansicht, die Aachener Bronzegitter seien keineswegs langobardischer, sondern ostgotischer Herkunft und stammten vom Grabmal des Theoderich. Nach Meinung des Verfassers eroberten kurz nach Vollendung von Aachens Pfalzkapelle die bewaffneten Wallfahrer im vierten Anlauf 1204 Konstantinopel und ruinierten eine hochstehende Kultur, über die wir bis heute nur unzureichend unterrichtet sind.

Barbarossa war nur 14 Jahre zuvor ertrunken; er hatte seinen hl. Karl auch als Bauherrn benötigt. Deshalb stellte er sein eigenes Licht unter den Scheffel, ließ nur den nach ihm benannten Leuchter aufhängen und den Karlsschrein erglänzen. Selbst dort ließ er sich nicht in der Reihe der Könige abbilden, allenfalls als 'Alter Ego' Karls. Das verbindet ihn gleichwohl untrennbar mit der Pfalzkapelle. Der Einbau des Throns gehört ebenfalls zum Machtanspruch im Hochmittelalter, nicht im Frühmittelalter. (Der Krönungsstuhl in Westminster Abbey enthält den Stone of Scone, auf dem nachweislich 1214 ein schottischer König gekrönt worden ist, während die englischen Könige hier seit 1308 gesalbt werden.)

Krypta und himmlisches Jerusalem

Hans Sedlmayr verweist darauf, dass die gotische Kathedrale aus verschiedenen Gründen keine Krypta kenne; wesentliche Ursache sei der Wandel bei der Reliquienverehrung.

> „Seit dem 11. Jahrhundert werden in Frankreich die Gebeine der Kirchenheiligen und Märtyrer nicht mehr in der Gruft im Erdgrab belassen, sondern in die Oberkirche überführt, um dort ebenso wie die übrigen Reliquien den Gläubigen zur Verehrung gezeigt zu werden. [...] Die Reliquien werden in der Oberkirche in kostbaren Schreinen hoch aufgerichtet“ [Sedlmayr, 232].

Nun soll Karl d. Gr. ein unermüdlicher Reliquiensammler gewesen sein; laut einem Stiftungsbrief Karls des Kahlen von 877 habe sein Großvater die Aachener Pfalzkapelle „mit einer möglichst großen Menge von Reliquien geheiligt“ [Grimme 1994, 55]. Allzu selten wird die Frage gestellt, warum sie keine Krypta zu ihrer Verehrung besitzt, wie es damals üblich gewesen sein soll. Ein Barbarossa als Bauherr musste hingegen keine Krypta mehr planen, weil die Staufer bereits im Speyerer Dom eine Grablege hatten und weil er nach Karls Heiligsprechung seine Gebeine zur Verehrung in der Kirche erheben ließ. Der Karlsschrein ließ die Krypta entfallen. Dieser Gedanke gehörte zum 11. und 12. Jh., doch niemals zum 8. Jh. Krypten finden wir noch heute in anderen den Karolingern zugeschriebenen Kirchen wie St-Denis, Saint-Germain d'Auxerre, Seligenstadt oder St. Emmeram zu Regensburg, die aber gleichwohl nicht so alt sind.

Sedlmayr erlaubt noch weitere Gedanken. Er beschäftigte sich mit den Lichtkronen, die ab dem 11. Jh. das Allerheiligste illuminieren. Selbstverständlich sind sie für ihn ebenfalls Abbilder des Himmlischen Jerusalems – seine Zentralidee für die gesamte gotische Kathedrale. Der Barbarossa-Leuchter in Aachen gehört dank seiner Gestaltung zu diesen Abbildern.

> „Übrigens ist gerade für Aachen, wo der achteckige Kronleuchter Barbarossa hängt, durch Alkuin ausdrücklich bezeugt, daß schon der Bau selbst das Himmlische Jerusalem darstellte" [Sedlmayr, 127].

Kannte der 'Karolinger' Alkuin bereits diese Vorstellung aus der Zeit nach 1000? Auf dem achteckigen Leuchter mit den 48 Lichtern beginnt die Inschrift so: „Das Himmlische Jerusalem wird durch dieses Bild bezeichnet" [DIO, Nr. 28]. Die ewige Stadt Jerusalem wird in der Apokalypse angesprochen, das Maß ihrer Mauern mit 144 Ellen angegeben. Die Zahl 144 (12 x 12) harmoniert mit dem Oktogon-Umfang von 48 m entsprechend 144 Fuß, wenn ein Fuß für 0,3333 m steht [Weisweiler, 23, 249].

Auch ohne ein bestimmtes Fußmaß gilt: Das 16-Eck entspricht im Durchmesser 2 x dem Durchmesser des Oktogons; dieses Maß entspricht exakt der Höhe des Oktogons, während die Länge der Pfalzkapelle 3 x dem Oktogondurchmesser entspricht. Ulrike Heckner hat die Höhe von 30,95 m mit 96 Fuß gleichgesetzt und so das Fußmaß von 0,3224 m erhalten [Heckner in Pufke, 43 f.]. Das ergibt in Fuß:

Durchmesser Oktogon	48
Höhe Oktogon	96
Durchmesser 16-Eck	96
Kapellenlänge	144.

In diese Richtung weist der Alkuin zugeschriebene Weihespruch an den Mauern des Oktogons:

„Wenn sich lebendige Steine durch die Fugung des Friedens verbinden und wenn in gleichen ***Abmaßen alles zusammenstimmt***“ [DIO Nr. 6+].

Die schönere Übersetzung bringt Hermann Weisweiler [23]:

„Sind die lebendigen Steine zur Einheit friedlich verbunden, Stimmen in jeglichem Teil ***Maß und Zahl*** überein“.

Auf dem nahezu 400 Jahre jüngeren Leuchter steht ähnliches:

„Der katholische Kaiser, Friedrich, König der Römer, selbst gottesfürchtig, gelobte und stiftete der gottesfürchtigen Maria die königliche Gabe dieser achteckigen [Lichter-]Krone, wobei er den Klerus anwies, sowohl auf die ***Gestalt*** als auch auf die ***Zahl*** zu merken: Nach dem Vorbilde des Gotteshauses nimmt seine Schenkung ihre Form“ [Dio Nr. 28; Hvhg. in den letzten drei Zitaten HI].

Die friedlich verbundene Einheit erinnert stark an das gebundene System, an den quadratischen Schematismus, wie er in Hildesheim begonnen und in Speyer I durchgeführt worden ist: die Ableitung möglichst aller Maße aus dem Vierungsquadrat. Dieser Gedanke gehört aber nicht zum 'karolingischen', sondern zum romanischen wie zum scholastischen Denken des 11./12. Jh. Die Harmonie zwischen der vermeintlich karolingischen und der staufischen Interpretation könnte nicht inniger sein; auch das spricht für ihre Gleichzeitigkeit im 12. Jh.

Schon bislang war Barbarossa ganz vorne, wenn es um die Erhöhung Karls zum Zwecke der eigenen Politik ging [vgl. HI 1996, 338]. Das formulierte Peter Classen in Hinblick auf den Um- und Ausbau Ingelheims: „Friedrich fühlte sich als der Nachfolger Karls, und er wollte als Nachfolger Karls erkannt werden; dazu dienten auch seine Bauten“ [Classen, 124; vgl. HI 2013, 128]. Generell galt in Bezug auf Karls Heiligsprechung, dass sie „die Reichspolitik Friedrich Barbarossas vom Himmel her bestätigen sollte“ [Wies 1986, 278]. Da drängt sich ein Vergleich auf: Wie Karl schon gegen 1150

„auf dem besten Wege [war], gewissermaßen auf dem Rücken des hl. Dionysius, in das ideologisch-politische Zentrum des französischen Königtums vorzudringen“ [Engels 1988, 43; vgl. HI 1996, 380],

so drängte Barbarossa nur wenige Jahre später auf dem Rücken des hl. Karls in das ideologisch-politische Zentrum des deutschen Königtums. Ganz Ähnliches spielte sich zugleich 'am Boden' ab, wie der Karlsschrein unverkennbar belegt:

„Doch gibt es eine Möglichkeit, Friedrich Barbarossa, den Auftraggeber, am Schrein gegenwärtig zu sehen, wenn man die Figur

> des an der Stirnseite thronenden Karl mit dem Novus Carolus Fridericus identifiziert. Ein solcher Versuch stützt sich u.a. auf die nicht zu übersehenden Ähnlichkeiten, wie sie zwischen dem sorgfältig durchmodellierten Porträtkopf Kaiser Friedrichs I. in Cappenberg, als einem »silbernen Haupte nach dem Bilde des Kaisers gemacht«, und dem Kopf Karls des Großen am Karlsschrein bestehen. Eine solche Ineinssetzung von Karl dem Großen mit dem Auftraggeber des Schreins würde eine enge Klammer zwischen dem Bildprogramm der thronenden Herrscher an den Langseiten mit der Ikonographie der Stirnseite ergeben. Dann würde die thronende Karlsfigur am Karlsschrein wahrhaft zur Inkarnation römischen Herrschertums deutscher Nation. So ließe sich wohl auch das Zeugnis des Archipoeta verstehen, der in der 16. Strophe seines 1163 verfaßten Kaiserhymnus auf Friedrich Barbarossa diesen mit Karl dem Großen gleichsetzt" [Grimme 1994, 170].

Übrigens wird in der Kathedrale von Metz »la Chape de Charlemagne« verwahrt, wohl am Ende des 12. Jh. in Palermo hergestellt, vielleicht ein Mantel für Friedrich I. oder II. [Killé 2023; anders Riboulet 2023].

Sprechen wir also die überfällige These aus: Die Aachener Pfalzkapelle wurde von Friedrich I. Barbarossa in Auftrag gegeben und unter ihm begonnen (wenn auch nicht vollendet), als Mausoleum für Karl und zum Andenken an sich selbst, der sich als Karl und großer Kaiser fühlte. Doch am 10. 06. 1190 ertrank der Karlsverehrer im Fluss Saleph, im damals armenischen Kilikien.

> „Barbarossas Eingeweide wurden in Tarsos beigesetzt. Das Fleisch wurde entsprechend dem Verfahren des »Mos teutonicus« durch Kochen von den Knochen abgelöst und Anfang Juli in Antiochia beigesetzt. Seine Gebeine fanden möglicherweise in der Kathedrale von Tyrus ihre Ruhestätte. Barbarossa ist der einzige Herrscher des Mittelalters, dessen Grablege bis heute unbekannt ist" [wiki: Friedrich I. (HRR)].

Die Krypta im Dom zu Speyer blieb ihm verwehrt. Deshalb sitzt er bis heute im Kyffhäuser und lässt die Raben beobachten. Der von ihm verehrte Karls sitzt bis heute im Untersberg, lässt ebenfalls die Raben beobachten und wartet darauf, die letzte Schlacht der Menschheit auf dem Walserfeld beim Birnbaum zu schlagen.

Skeptiker könnten einwenden, dass im 12. Jh. der Bauherr unmöglich anonym hätte bleiben können, doch das ist bereits beantwortet worden [vgl. HI 1996, 288-291]. Die von Stephan Albrecht [2003] aufgedeckten

Beispiele aus Glastonbury, Wells und Saint-Denis mit auf alt gemachter Architektur demonstrieren geradezu, dass die Zeitgenossen des 12. Jh. hinters Licht geführt werden sollten, vielleicht auch wollten [vgl. HI 2006]. Warum also keine Geschichts- und Bauklitterung in jenem Aachen, bei dem ohnehin so viel rätselhaft bleibt?

Aachens Spätdatierung

Damit kommen wir zu einer klaren Datierung. Da erst das Widmungsbild den Bau korrekt abbildet und zum Abschluss der Arbeiten am Karlsschrein angefertigt worden ist, öffnet sich für die Pfalzkapelle ein Zeitfenster der Fertigstellung, das bis 1215 ± 5 reicht. Das ist entscheidend für den Kirchenbau. Denn wenn er zu Ende des 12. Jh., ja sogar im frühen 13. Jh. fertiggestellt sein kann, dann harmonisiert das mit den bekanntgewordenen Daten für die Eisenarmierung. Das bedeutet zusätzliche Unterstützung für meine längst formulierten Thesen.

Aachens Pfalzkapelle schwebt in der Zeit um 800 im Hinblick auf Gewölbe, Kuppel und Eisenarmierung in einem architektonischen wie technischen Vakuum. Erst die Spätdatierung erlaubt die Einfügung der Aachener Eisenarmierung in die europäische Evolution der Armierungen; nur so kann die vollendete Kuppel motiviert werden. Mit jedem Jahr der Verjüngung stehen mehr Hammermühlen mit wasserbetriebenen Schlaghämmern zur Verfügung, die unabdingbar sind für die Produktion eines Eisens, das mit heutigem Baustahl konkurrieren kann. Gleichzeitig wächst das Können der Steinmetze. So erhält dieser meisterliche Bau seinen eigentlichen Platz in jener abendländischen Gewölbeevolution, die einer meiner schärfsten Kritiker als ein von mir „zu seiner [= meiner] Bequemlichkeit entdecktes »Gesetz der architektonischen Evolution«“ [Sawicki, 89] bezeichnete.

Die Versuche, die Pfalzkapelle als römisch anzusehen, waren von vornherein zum Scheitern verurteilt, weil ihre klare Einnordung der römischen Straßen- wie Bauführung von Aquae Granni widerspricht, die mit einer 39°-Abweichung der „auf dem Höhenzug des Markthügels verlaufenden Fernverbindung zwischen Maastricht und Köln folgte“ [Ley in Kraus, 176]. Und das Oktogon wirkt wie ein enger, hoher Zylinder mit einer Relation von Durchmesser zu Höhe wie 1 : 2. Das entspricht nicht dem Raumgefühl im alten Rom. Beim Pantheon verhalten sich Höhe und Durchmesser wie 1 : 1, bei der Palastaula in Trier gilt ebenfalls 1 : 1 für Höhe und Breite. Selbst bei einem vergleichbaren Bau wie

Santa Costanza in Rom, ursprünglich als Mausoleum für Konstantins Tochter Constantia gedacht und von 340 bis 345 errichtet, ergibt die Innenhöhe von 18,61 m im Vergleich mit dem Durchmesser von 11,50 m nur eine Relation von 1 : 1,618. Aachen verkörpert bereits die Höhenambitionen der Hoch- und Spätromanik – Stichwort Speyers Vierungskuppel – wie die der Gotik. Oswald Spengler sprach hier von faustischer Baukunst, die ab ca. 1000 einsetzt

> „und dann gleich mit Entwürfen von einem so riesenhaften Wollen, daß die Dome oft von der ganzen Gemeinde nicht gefüllt werden konnten, wie der von Speyer, oder nie vollendet wurden" [Spengler, 238].

Und es ist einmal mehr daran zu erinnern: Die Franken als Germanen kannten keinen Steinbau, sondern nur den Fachwerkbau aus Holz. Als Theoderichs Mausoleum zu Anfang des 6. Jh. errichtet wurde, bestand noch die römische Bautradition. Doch sie endete damals. Die Franken hätten fast drei Jahrhunderte später aus dem Stand eine so gute Steinbearbeitung und ein so gutes Steinverständnis gelernt, um ein Kuppelgewölbe zu formen, wie es die Römer nicht einmal angestrebt hatten? Die Franken eines späten 8. Jh. hätten keine Ahnung vom Kuppelbau, noch weniger von der Eisenarmierung einer Steinkonstruktion gehabt; das hätte auch kein Baumeister Odo von Metz oder gar ein geheimnisvoll imaginierter Könner aus Armenien beheben können. Obendrein hätten die Franken kurz nach Aachen den Gewölbe- und Kuppelbau wieder eingestellt. Erst nach 950 wurde diese Fähigkeit (wieder?) praktiziert und stetig verbessert – absolut widersinnig bei einer durchgängigen Königsreihe und einer gleichgebliebenen Bevölkerung gleichen Glaubens, also gleichen germanischen Glaubens und gleicher christlicher, römischer Missionierung. Beim Bau der Reichsstiftskirche Gernrode wagte man um 961 noch nicht, die überwölbte Apsismauer durch Fenster zu schwächen [wiki: Stiftskirche St. Cyriakus (Gernrode)].

Stammt nun Aachens Pfalzkapelle tatsächlich aus dem hohen Mittelalter? Gebaut erst ein halbes Jahrhundert nach den ersten gotischen Kirchen? Das ist möglich, weil gotische Kirchen im Deutschen Reich viel später als in Frankreich gebaut wurden. Erst 1235 ist die Elisabethkirche Marburg begonnen worden, ein vollständiger gotischer Bau. Fast gleichzeitig entstanden sind auch die Liebfrauenkirche in Trier und der Dom zu Magdeburg. Vereinzelt sind gotische Gewölbe im Deutschen Reich auch früher hochgezogen worden, selten und nur als Ergänzungen in einem spätromanischen Kontext.

Erneut ist an Abt Suger von Saint-Denis zu erinnern. Unter dem zeitweiligen Regenten Frankreichs und 'Begründer' der französischen Nation entstanden in seinem Kloster auch die *„grandes chroniques"* Frankreichs. In diese französische Geschichtsschreibung wurden auch Fälschungen eingefügt, die Suger geeignet schienen, den Primat seines Klosters zu unterstreichen. Er berief sich immer wieder auf Karl d. Gr. oder König Dagobert I. So entstand damals auch das sog. „Karlsprivileg", eine längst nachgewiesene Fälschung Sugers unter Rückgriff auf Karl d. Gr.; sie erklärte souverän Saint-Denis zur Mutterkirche des Reiches und zur einzigen Krönungsstätte, außerdem ihn selbst als Abt von Saint-Denis zum Primas aller französischen Prälaten. Es entstanden auch die *„gesta Dagoberti",* dazu die Schriften des Pseudo-Dionysius [vgl. HI 2017, 348-367] – aus Sicht des Verfassers Fälschungen aus der Zeit Sugers.

Nur 14 Jahre nach Sugers Tod zeigte in erkennbarer Konkurrenz erstmals Friedrich I. Barbarossa (1122–1190) seine spezielle Karlsverehrung, ließ er ihn doch heiligsprechen. Zugleich fand er mit Engelshilfe die verschollenen Gebeine Karls d. Gr. und ließ sie zur Ehre der Altäre erheben. Barbarossa soll nicht der erste Karlsverehrer gewesen sein. Laut Thietmar von Merseburg ließ Otto III. zum Pfingstfest in der Aachener Pfalzkapelle graben und fand zusammen mit den Teilnehmern an dieser Nacht-und-Nebel-Aktion die einbalsamierte Leiche. Die bizarren Fundumstände – der junge Kaiser hätte eine goldene Ersatznasenspitze für seinen Vorfahren parat gehabt – wirken alles andere als vertrauenswürdig. Möglicherweise wäre der Auffindungsbericht so nicht geschrieben worden, hätte Otto länger gelebt. Doch er ist bereits im Januar 1002 gestorben. Aus den Geschichten ließ sich ableiten, schon damals wäre eine Heiligsprechung vorbereitet worden, für die damals Gebeine und ihre Erhebung unabdingbar waren. Vielleicht wurde dafür Barbarossas Karlskult veraltend verdoppelt. Dazu gehört auch ein Text, den Einhard als Vertrauter Karls geschrieben haben soll: *„Vita Karoli Magni"*. Der Autor weiß für ein 9. Jh. zu viel; er lässt sogar den Gedanken anklingen, der Kaiser habe nie gelebt:

> „Man könnte mich also mit Recht undankbar nennen, wenn ich die großartigen Taten dieses Mannes, der sich um mich so sehr verdient gemacht hat, stillschweigend überginge und es zuließe, daß sein Leben keine schriftliche Würdigung oder gebührende Anerkennung erhielte – ganz so, als hätte er nie existiert!" [Einhard, Vorwort].

Das Lob für einen leicht zu vergessenden Kaiser, zusammengestellt aus Partien von Suetons Kaiserporträts? Das ist für das 9. Jh. nicht glaubhafter als die Einhard lange zugeschriebenen *'Reichsannalen'* oder *'Jahrbücher',* die für das Jahr 807 zu viel astronomisches Wissen besitzen, Wissen vom Ende des 12. Jh. [DeM 92-96]. Beide Schriften lassen sich im späteren 12. Jh. ansetzen.

Hinzu tritt das „Karlsprivileg" für Aachen, ein Pendant zu Sugers „Karlsprivileg" für Saint-Denis. Im Aachener Privileg bestätigt sich Karl den Bau der Kirche und ihre Weihe durch Papst Leo III.; in dieser Kirche errichtet er den königlichen Sitz und benennt Aachen als die Hauptstadt Galliens nördlich der Alpen, auch zum Sitz für alle Erben des Königreichs. Das war für Friedrich I. hilfreicher als für Karl. Übrigens scheinen die Mediävisten den laut Einhard binnen Stunden einbalsamierten und noch am Todestag beerdigten Leichnam Karls ebenso hinzunehmen wie den Umstand, dass ausgerechnet Karls Schädel bei seinen Reliquien fehlt, als habe man einen vom Scharfrichter Geköpften begraben.

Und die Folgen? Karlsmythos und die Geschichtsschreibung vieler Jahrhunderte verbanden Karl und seine Aachener Kapelle untrennbar miteinander. Nun werden beide getrennt: Die real existierende Kirche wird ca. 400 Jahre verjüngt, während Kaiser Karl erneut in den Untersberg einrückt und weiter seiner Auferstehung entgegensieht. Deshalb gilt ihm der Nachruf.

Mit Karl müssen sich viele Personen auf den Weg in den Untersberg machen, begleitet von Schlachtenlärm, dynastischen Hochzeitsfeiern und persönlichen Katastrophen. Nur als Beispiel: Prof. Max Kerner aus Aachen, der viel Häme über mich ausgoss, nannte mich u. a. die bajuwarische Rache für Tassilo III. Er machte sich nicht klar, dass auch dieser von Karl gedemütigte Gegner ins Nirwana einrückt, wie Karl Martell und Harun ar-Raschid und so viele andere. Es gibt allerdings Gegenbeispiele wie Johannes Scottus Eriugena, der am Karlshof gelebt habe und 877 gestorben sei. Ihm hat die Kirche erst 1210 und 1225 den Prozess gemacht, weil er nicht im 9. Jh., sondern im 12. Jh. schlechten Einfluss ausgeübt habe, eine „Schwärmerei mit Würmern ketzerischer Perversität" [*ökumene:* Johannes Scottus Eriugena]. Besitz und Lektüre seines Buches *„De divisione naturae"* wurden bei Todesstrafe verboten. Eine einzige Handschrift überdauerte [Flasch, 77, 79].

„Mit seinem Bemühen um eine durchdachte, logisch einwandfreie Vorgehensweise in der theologischen Argumentation nahm er Entwicklungen der hoch- und spätmittelalterlichen Scholastik vor-

> weg. Bei seinen Zeitgenossen erregte er damit und mit seinen allegorischen statt historischen Bibelauslegung Anstoß. Seine kühnen Thesen wurden wiederholt kirchlich verurteilt“ [wiki: Johannes Scottus Eriugena].

Seine nicht zuletzt pantheistischen Schriften bleiben erhalten und dürften wie sein Autor gegen 1200 anzusetzen sein.

Wo fanden die Krönungen bis 1200 statt?

Der Verlust ‘unseres’ Karls ist für die Quellenkundigen, insbesondere für die Quellengläubiger ein schwerer Verlust, wenn ich die vielen Schmähungen richtig deute. Aber er hat auch Folgen in Zeiten, die keiner Streichung anheimfallen. So fanden in Aachen laut den Quellen von 936 bis 1198 immer wieder Königskrönungen statt. Das geschah selten unter freiem Himmel – nur Widukind von Corvey lässt Karl d. Gr. per Akklamation seines Heeres zur Kaiserwürde aufsteigen. Wenn die Pfalzkapelle als Krönungsort nicht in Frage kommt, welche Kirche dann? Wenige Kandidaten stehen bereit. Nicht in Frage kommen die drei von Otto III. veranlassten Kirchenbauten in oder bei Aachen, da sie für die ersten Zeremonien – 936, 961, 983 – zu spät kommen. Solange es um Aachen geht, sehe ich nur eine Alternative.

Dunkel ist in der Überlieferung jene dreischiffige Kirche, die als zweigeschossiger Nordannex der Pfalzkapelle geführt wird. Sie stand sehr lange auf dem Gelände des Katschhofs, wurde doch ihre Ostwand erst 1879 abgerissen.

> „Zusammen mit anderen archäologischen Indizien spricht somit Einiges dafür, dass der Nordannex ehemals zu einem älteren Kirchenkomplex gehörte“ [Ley in Kraus, 133; ähnlich 41].

Diese Kirche war älter als die Pfalzkapellenanlage, weil sie noch um 4° Grad von der klaren Nord-Süd-Ausrichtung der Kapelle nach Osten abweicht und mit ihren einst aus Ziegeln errichteten Säulen eine abweichende Bauweise repräsentiert. Eine Basilika als Anbau an die Pfalzkapelle hätte nur wenig Sinn gemacht; es handelt sich deshalb um eine ältere Kirche, die gleichwohl nicht mehr der Römerzeit entstammt [vgl. Kraus 2013, 120 f., 131-133]. Sie könnte in dem Zeitintervall von 911 bis 1180 gebaut worden sein. Allerdings ist von 911 bis 950 nahezu keine Kirche im deutschen Reich errichtet worden, deshalb liegt Köln nahe, da es sich am leichtesten mit den Itinerarien vereinbaren lässt.

Beim 70 km entfernten ist als erstes an St. Gereon zu denken. Das vielfach umgestaltete Bauwerk stammt im Kern aus dem 4. Jh. (350–365) und ist damit eine der ältesten Kirchen Deutschlands. Seltsamerweise wurde hier ein überwölbtes Dekagon gebaut; seine in römischem Beton gegossene Zehneck-Kuppel maß 23,70 zu 19,90 m; doch von ihr ist nichts erhalten. „Nördlich der Alpen ist der Bau einzigartig" [Brühl 1990a, II:31]. Bei den acht Konchen haben jedoch die leichten, mit Ziegelplatten gedeckten antiken Gewölbe überdauert [wiki: St. Gereon]. In der Merowingerzeit war St. Gereon die bedeutendste Königskirche in Austrien; sie diente als Grablege der Könige, und König Theuderich II. ließ sich hier 612 von den Franken huldigen. Zwischen 1060 und 1062 wurde ein langgestreckter Chorraum mit Krypta angebaut, ein Jahrhundert später um ein Gewölbequadrat und zwei Türme erweitert. Hier stünde das würdige Gegenstück zum Aachener Oktogon. Da wie bei Otto IV. der Erzbischof von Köln nicht nur bei der Wahl beteiligt war, sondern 1198 auch die Krönung vollzog, wäre diese pia fraus vorstellbar. Anschließend wurde die Kirche von 1219 bis 1227 in ein frühgotisches Dekagon umgewandelt, dabei entstand „der größte freitragend überwölbte Zentralbau nördlich der Alpen" [wiki: St. Gereon].

In Köln käme theoretisch auch der sog. Hildebold-Dom unbestimmter Bauzeit in Frage, eine fast 100 m lange Basilika mit zwei Apsiden. Sie stand jedoch in geringer Beziehung zum Königtum und wurde abgerissen, um anschließend dort im August 1248 den Grundstein für den gotischen Riesenbau legen zu können. Da der Dom am ansteigenden Rheinufer liegt, haben sich darunter noch mehrere Meter hohe Mauern des Hildebold-Baus erhalten. Trotzdem ist der alte Dom von Köln kein wahrscheinliches Gegenstück zu Aachen; er entstammt wohl wie andere doppelchörige Großkirchen der Zeit um 1000.

Karlsanhänger würden vor seiner Fiktionalisierung den Suchradius noch beträchtlich erweitern und auf diese Weise Worms einbeziehen. Dort ist er laut seines Itinerars bis zur Sesshaftwerdung in Aachen sehr häufig gewesen. Aus hier vertretener Sicht ist dies allerdings ohne Bedeutung, spiegelt es doch nur die Wünsche aus der tatsächlichen Zeit der Niederschrift wider. Karl d. Gr. hätte in der Zeit vor Aachen tatsächlich Worms präferiert, bis sein dortiger Palast in Flammen aufging. Karls Alter Ego Barbarossa lag die Förderung von Worms am Herzen, wie sein Freiheitsprivileg von 1184 bezeugt [Schäfer 2023a,b]. Gegenwärtig wird gezeigt [Eichfelder 2023, 12-19], dass Worms Karl- *und* Barbarossastadt gewesen ist und heute noch als solche gesehen wird.

Konsequent auf alt gebaut?

Wenn Aachens Pfalzkapelle nicht mehr in der Zeit um 800 angesetzt wird, dann darf das festgestellt werden, was ohnehin von Kunsthistorikern in ihren Fotobänden wie selbstverständlich gehandhabt wird: ihre Einreihung in die Kunst der Romanik, wie oben an Beispielen gezeigt. Anders formuliert: Die Vorvorromanik kann entfallen; zugehörige Bauten wie Germigny-des-Prés rücken in die Vorromanik.

Es ergeben sich neue Vergleichsmöglichkeiten, vor allem eine Reihe von Oktogonen, die bislang nachfolgten und jetzt vorausgehen. Da wäre etwa das Oktogon von Wieselburg bei Ybbs. Auf Ermächtigung Kaisers Otto II. wurde 994 der Neubau geweiht; heute gilt er als „steinerne Urkunde Ostarrîchis". Bei halbem Durchmesser und 13,5 m hoher Kuppel ist sie ein bescheidener Vorläufer von Aachen. Das Vorläufertum zeigt sich in schweren Mauern und in den wenigen Fenstern unter der Kuppel. Hier stemmt sich der Schubkraft der Kuppel schweres Gestein, keine Eisenarmierung entgegen. Die Ausmalung entstand kurz nach der Bauzeit.

Das gilt auch für St. Georg auf der Reichenau. Bislang soll die Kirche fast 100 Jahre vor ihrer Ausmalung, also gegen 900 gebaut worden sein, was Spezialisten ermutigte, die ottonische Ausmalung in eine karolingische umzuwandeln [vgl. Fießinger 2023, 125]. Doch es bleibt bei der ottonischen Ausmalung, in einer erst kurz zuvor gebauten Kirche.

Das gilt für Ottmarsheim im Elsass, das immer als Nachbau von Aachen gegolten hat. Wer ist nun früher: Ottmarsheim oder Aachen?

> „Allerdings ist nicht nur der Grundriss vereinfacht wiedergegeben. Auch die Gewölbe sind in Ottmarsheim einfacher, die Bauzier besonders schlicht und nicht mehr antikisierend (in Aachen wurden Kapitelle und Säulen aus dem antiken Rom wiederverwendet). Auch ist die Kirche von Ottmarsheim erheblich kleiner. Ihre Derbheit entspricht aber nicht Unvermögen, sondern wurde bewusst »modern« und meisterlich vereinfacht. Der Rückgriff verweist auf die im 11. Jh. verbreitete Karlsverehrung" [dic].

Diese Interpretation scheitert schnell, denn die angesprochene meisterliche Derbheit ist tatsächlich „Unvermögen". Das „Würfelkapitell entstand am Ende des 10. Jh., in der Romanik" [Scholles 2018]. Damit ist endgültig die in die Zeit um 800 gelegte „Frühdatierung" dieser Kapitellform und das „Würfelkapitell als Zufallsform" [vgl. HI 2017, 300] buch-

Das massive Oktogon von Wieselburg (994) ist nur zu 5/8 erhalten; es wird nur von wenigen Fenstern erhellt [Wieselburg]

stäbliche Vergangenheit. Ottmarsheims Würfelkapitelle gehören in die erste Hälfte des 11. Jh. Unbeholfen ist auch die fehlende Erweiterung zu einem Sechzehneck.

Säulenstellungen auf der Empore mit primitiven Würfelkapitellen. Dieser Bau ist mit ca. 1030 richtig datiert [Commune Ottmarsheim]

Aachen bleibt antikisierend. Das erweist sich an den aus antiken Bauten geholten Kapitellen der Säulengitter, das zeigt sich an den Abschlusskapitellen der äußeren Lisenen, die 'irgendwie' antiken Formen nachempfunden wurden. Nirgends sonst ein Bauschmuck. Wir finden nur das schlichte Gesimsband, das im Inneren um die Pfeiler verläuft. Es ist ebenso in Ottmarsheim wie am Dom zu Mainz verwendet worden, also im 11. und 12. Jh., und es ist gewissermaßen zeitlos. Es gehört der Romanik an, wie der erste Bau von Speyer:

> „Der radikale Verzicht auf jegliche Bauornamentik und die Reduzierung der komplizierteren Gesimsprofile auf die einfache Platte und Schräge [...] kennzeichnen eine Gesinnung von äußerster formaler Disziplin und Strenge, in der wir heute den reinen Ausdruck der Romanik erblicken“ [Winterfeld, 66].

Der reine „Ausdruck der Romanik“ ist auch für Aachen typisch. Dafür lassen sich die romanischen, hundert Jahre nach Speyer gebauten Gewölbe und die Kuppel anführen, dann die Emporen, die bereits seit 1060 in der Normandie entstanden, aber 'ganz aktuell' noch in Paris und Soissons auf Gotisch gebaut worden sind.

Die Gotik hat Aachens Pfalzkapelle kaum gestreift: weder ein Kreuzrippengewölbe noch ein Spitzbogen noch große Fenster. Den Zug in die Höhe hat Aachen mit der Spätromanik und dem gotischen Streben gemeinsam; auch ist die Reduktion der Wände auf acht Pfeiler zusammen mit riesigen Emporenöffnungen eine Bauform, die von der normannischen Vorgotik hin zu immer größeren Fenstern und einem durchlichteten Triforium in der Hochgotik führt.

Das Thema „antikisierend“ wurde während des 12. Jh. aktuell. Stephan Albrecht hat es für Saint-Denis und Glastonbury untersucht. In beiden Fällen gab es massive Versuche, die jeweiligen Orte mit bedeutender und möglichst weit zurückreichender Vergangenheit auszustatten. Eine Begrenzung gab es nur durch den leidigen Umstand, dass christliche Gebäude aus der Zeit *nach* Jesu Geburt stammen müssen.

Suger verkündete, Christus persönlich habe 636 in Saint-Denis die Weihe des Dagobert-Baus vorgenommen; vor allem aber wurde der 285 gestorbene hl. Dionysius und schließlich sogar Dionysius Areopagita aufgeboten, der ab 48 als Begleiter des Paulus eine quasi-apostolische Figur darstellte und altersmäßig nur noch schwer überboten werden konnte.

Auch in Glastonbury rückte die Gründung immer weiter in Richtung Jesus Christus: zuerst der 956 gestorbene Abt Dunstan, dann der 726 gestorbene König Ine, schließlich der hl. Patrick, der 461 das Zeitliche gesegnet haben soll. Auch in Glastonbury habe Christus persönlich eine alte, noch stehende Kirche vor 589 geweiht. Schließlich, quasi ultimativ, wurde Joseph von Arimathia aufgeboten, der einst sein eigenes Grab für das Begräbnis Jesu zur Verfügung gestellt hätte. Mit diesem heute bei 33 fixierten Ereignis wurde sogar Areopagita übertroffen. Joseph solle später, als alter Mann im Jahr 63 nach England gekommen sein und in Glastonbury eine erste Kirche gebaut haben. Da mit ihm auch Maria Magdalena, Überlieferungen zufolge die heimliche Geliebte Jesu, nach England gekommen sei, blühte die Legende zu Ende des 20. Jh. noch einmal besonders auf [Lincoln/Baigent/Lee; Brown].

Obendrein wurde in Glastonbury ein King Arthur, ein König Artus aufgeboten, dessen Grab samt beschriftetem Bleikreuz 1191 in Glastonbury entdeckt wurde. Die Arthur bestätigende Inschrift ahmt eine Schrift des 6. Jh. nach, wurde also vorsätzlich auf alt getrimmt [vgl. HI 2006]. Grundlage für diese Entwicklungsstufe der vermutlich unhistorischen Figur könnte Chretien de Troyes gewesen sein, der von ca. 1140 bis um 1190 gelebt hat und in fünf erhaltenen Dichtungen auf den keltischen Überlieferungskreis um König Artus zurückgriff.

Derlei Graböffnungs-Humbug wurde bereits im 11. Jh. praktiziert, als man auf Frauenchiemsee einen Steinsarg öffnete, den ein 'vogelwild', also mit griechischen Buchstaben, Majuskeln und spätkarolingischen Minuskeln beschriftetes Bleitäfelchen einer Irmengard, Tochter

Königs Ludwig des Frommen zugewiesen hat und dem heute noch geglaubt wird [vgl. HI 2008]. Unter Bezug darauf schrieb Albrecht zum Arthur-Kreuz,

> „daß es sich um eine »Fälschung« von 1191 handelt, die in antiquarischer Weise eine ältere Inschrift nachahmt. Solche Imitationen alter Schriften sind in England seit dem 10. Jahrhundert bekannt" [Albrecht 94 f.].

Es blieb nicht beim Fälschen von Schriften. Dazu wurden in Saint-Denis Schriften produziert, mit denen ältere Bauten nach späterem Ermessen dem einen oder anderen König zugewiesen worden sind. Als nächste Stufe wurden Devotionalien zusammengesucht und ausgestellt.

In Saint-Denis wurden präsentiert: ein neuer Märtyreralter, eine römische Porphyrwanne als Erinnerungsstück für Dagobert I., auch sein metallener Thronsitz, dazu eine Schiffsschale, Opferstock, Eligius-Kreuz, Lanze, Zepter und Agraffe Dagoberts [Albrecht, 157, 166, 261 f.], auch Karls Fahne, die Oriflamme.

Aachen zeigt ganz ähnlich den Proserpina-Sarkophag als Karlssarg, seinen steinernen Thron, Karlskreuz und andere Karls-Reliquien wie sein Leichentuch, auch Herrenreliquien wie Jesu Windeln [HI 2006, 696 f.]. Hier brauchte es weder Grab noch Bleikreuz, ließen sich doch die Pfalzkapelle als Begräbniskirche, dazu der Karlsschrein und Einhards Karlsvita vorweisen.

Pseudoromanische Josephs-Kapelle in Glastonbury [Dreamstime]

Es ging noch weiter. Für Saint-Denis entstanden zwischen 1130 und 1270 Grabbildnisse, also Kenotaphe, insbesondere Gisants (liegende Figuren der Verstorbenen) für Könige und andere Potentaten.

Und in Glastonbury wurde erst eine uralte Holzkirche als „vetusta ecclesia“ aus dem 6. Jh. verehrt. Als sie 1184 samt der großen Steinkirche abbrannte, wurde dem gotischen Neubau eine ebenfalls neu gebaute Marienkapelle angefügt, doch errichtet im romanischen Rundbogenstil des 11. Jh.! Ab 1480 wurde dieser Kapelle auch noch – technisch aufwändig – eine Krypta ‘untergeschoben’: die Grabstätte für Joseph von Arimathia, weshalb aus der Marien- eine Josephskapelle wurde. Ein Zufall wollte es, dass bei der Zerstörung der Abtei Glastonbury durch Heinrich VIII. (um 1540) das Mauerwerk dieser auf Alt getrimmten Kapelle erhalten geblieben ist.

Jüngere archäologische Forschung unter Roberta Gilchrist von der University of Reading konnte das Wissen um Glastonbury vertiefen:

> „Die wiedererrichtete Kirche bekam zudem absichtlich ein altes Aussehen, sie wurde in einem archaischen Stil gebaut und unter Verwendung gebrauchter Steine. »Das war eine Strategie, die sich offenbar auszahlte: Glastonbury Abbey war am Ende des Mittelalters das zweitreichste Kloster in England«, erklärt Gilchrist“ [*damals* 2015].

Nachdem Äbte und Bischöfe damals in harter Konkurrenz um Macht, Pilger und sonstige Einnahmen standen, griffen die Fälschungen immer weiter aus, von Glastonbury sehr schnell hinüber zum nur 10 km entfernten Wells [Albrecht 85-90; vgl. HI 2006, 705 f.]. Ab 1182 wurde dort eine neue Kathedrale gebaut, mit *Historiola* eine Chronik und eine Gründungslegende verfasst, Bischof-Gisants gemeißelt und Eichenkisten mit ihren vermeintlichen Knochen gefüllt, obendrein eine alte Marienkapelle restauriert und in den neuen Kreuzgang integriert.

So lässt sich nur einmal mehr konstatieren: Das fälschende Mittelalter zwischen 950 und 1500 ist kaum zu überschätzen!

Für Aachens Pfalzkapelle mag das bedeuten: Trotz der Übernahme der modernsten Technik mit eisernen Zugankern von den gotischen Kathedralen in Bourges und Soissons wurde in Aachen auf ‘moderne’ Bauformen wie Spitzbogen und Kreuzrippengewölbe verzichtet. Es sollte ein ehrwürdiges Monument zu Ehren des hl. Karls entstehen.

Ob Spitzbogen und Rippengewölbe wirklich ‘modern’ waren oder der Import einer bereits deutlich älteren Bauform aus dem Orient, das muss an dieser Stelle nicht entschieden werden [vgl. Schuetz, 232].

Zur Geschichte des erfundenen Mittelalters

Erfundenes Mittelalter – kurzgefasst

Von Rom bis Hamburg, von Barcelona bis Wien zeichnet sich das frühe Mittelalter, grob gesprochen das 7. bis 9. Jh. durch eine eklatante Fundarmut aus, die im völligen Gegensatz zum vermeintlichen Erblühen des Karlsreichs steht. Ihn zu erklären, bedarf es einer Geschichtskorrektur.

Um das Papsttum aus den Händen des römischen Stadtadels zu lösen, setzt der noch sehr junge Kaiser Otto III. seinen Hofkapellan und Verwandten Bruno als Gregor V. auf den Stuhl Petri. Ein 24-jähriger Papst und ein noch nicht ganz 16-jähriger Kaiser, obendrein mit byzantinischer Mutter aus dem Hochadel – eine derartige Konstellation gab es weder vor- noch nachher. Doch Gregor stirbt nach kaum drei Jahren, Nun bringt Otto III. seinen Lehrmeister Gerbert von Aurillac auf den Stuhl Petri, nach üblicher Rechnung anno 999. Gerbert galt als einer der klügsten Gelehrten seiner Zeit, hatte wohl Mathematik und Astronomie bei den Mauren in Spanien gelernt und musste demnach als Papst Silvester II. fürs Volk mit dem Teufel im Bunde gewesen sein.

Otto III. gebraucht im Januar 1000 den neuen Titel „Servus Jesu Christi", eine auch vom Papst verwendete Formulierung [WhU, 193 f.]. Im Januar 1001 sieht er sich als Knecht der Apostel: „Servus apostolorum" und verzichtet dafür in seinem Siegel auf den Kaisertitel. Außerdem hat Adso von Montier-en-Der in seinem vor 954 für die ottonische Kaiserschwester und westfränkische Königin Gerbera geschriebenen Antichristen-Brief erstmals vom eschatologischen Friedenskaiser gesprochen. Soweit herrschende Lehre [wiki: Adso von Montier-en-Der].

Kaiser und Papst nehmen den Gedanken vom Friedenskaiser auf und wollen das tausendjährige Friedensreich Jesu Christi einläuten, das seiner Wiederkehr vorausgehen soll; die Frist wird in der *Apokalypse* sechsmal genannt [Offb 20,1-7]. Damit dieses Friedensreich unmittelbar beginnen kann, drehen Silvester und Otto die Uhr um 297 Jahre vor: von 702 nach 999 n. Chr. Dies ist der Kern meiner Überlegungen.

Die Idee dazu geht auf die Siebenschläferlegende und damit auf den syrischen Bischof Jacob von Sarug († 521) zurück. Diese Legende tradierten Gregor von Tours († 594) und der Koran, der ihr die 18. Sure

Die 1809 zerstörte Klosterkirche von Heisterbach [wiki.org]. Der spätromanische Chorumgang, geweiht 1237, bringt ein Jahrhundert nach Saint-Denis noch den Umgang mit Rundbögen, bei fast diaphanischer Zweischaligkeit. Mit dem Kloster ist die Legende des „Mönchs von Heisterbach“ verbunden, der wie die Siebenschläfer des Korans für 1 Nachmittag = 300 Jahre das Kloster verlässt und nach der Rückkehr stirbt.

gewidmet hat. Dort wird auch eine präzise Datierung für die Schlafdauer genannt: „dreihundert Jahre und noch neun dazu“ [Sure 18:25 f.], also 300 Sonnenjahre, die genau 309 Mondjahren entsprechen. Um wie viele Jahre tatsächlich der Abstand zu Christi Geburt vergrößert wordenist, dazu gab es bei den ‘Zeitenspringern’ zahlreiche meist astronomisch motivierte Vorschläge, neben meinen 297 Jahren auch 0, 220, 232, 299, 304, 532 oder rund 700 Jahre. Debatten zwischen ‘Häretikern’ sind *nicht* in der großen Diskussion mit den Fachgelehrten erfasst (s. S. 186).

1994 habe ich die Eckjahre 614 und 911 vorgeschlagen. 614, weil damals die Perser Jerusalem und die dort verwahrten Überreste des hl. Kreuzes erobern, eine noch wichtigere Reliquie als etwa die in Aachen verwahrten Windeln Jesu. Dieser für Christen furchtbare Raub muss kaschiert werden – ein weiterer Grund für das Vordrehen der Uhr (möglicherweise sogar durch den byzantinischen Kaiser Konstantin VII. Porphyrogennetos [WhU, 157-184]). Ab da bemüht sich Kaiser Heraklius um die Rückgewinnung des Kreuzes, die ihm – ab 614 wird die Geschichtsschreibung mirakulös – tief im Feindesland gelungen sei, in der Sassaniden-Hauptstadt Ktesiphon (nahe Bagdad), worauf er das Kreuz im Triumph zurückgebracht hätte.

Den Schnitt für den Zeiteinschub führten Kaiser und Papst nicht in ihrer Gegenwart, sondern im Jahr vor der Geburt von Otto I., dem Großvater Ottos III., also im Jahr 911. Damals erhielten die Nordmänner, die Normannen das nach ihnen benannte Gebiet vom westfränkischen König zum Lehen.

Christen sind inkonsequent wie fast alle anderen. Gott sagte ihnen, den Termin für des Menschensohns Rückkehr wisse keiner [Mt 24:36]:

> „jenen Tag oder jene Stunde kennt niemand, auch die Engel im Himmel nicht, selbst der Sohn nicht, – nur der Vater allein“.

Aber natürlich wollten sie den exakten Termin vorab kennen – und rechneten. Die Schöpfung dauerte sechs Tage [Gen 1], vor Gott sind 1.000 Jahre wie ein Tag [Ps 90,4; 2. Petr 3:8], ergo wird das Geschaffene 6.000 Jahre währen. Da der Mensch am 6. Schöpfungstag geschaffen wurde, sei Jesus am 6. Welttag, also im 6. Jahrtausend geboren worden. Zunächst wurde seine Geburt in die Mitte dieses Jahrtausends gelegt, also 5.500 Jahre A.M. (anno mundi = Weltjahr bzw. Jahr nach Schöpfung). So blieben bis zum Weltende noch 500 Jahre. Diese Rechnung erstellte zuerst der hl. Hippolyt (ca. 170–235). Doch da er anno 203/04 schrieb, blieben der Menschheit nur noch 297 Jahre. Immerhin wurde das Weltendejahr 500 von Theoderich d. Gr. durch seine Ankunft in Rom („adventus" [Epp, 224; vgl. HI 2002]) verhindert, denn solange die Macht der römischen Cäsaren anhält, solange bleibt das Weltende aus. Für Theoderich schrieb der Stadtpräfekt Roms, der gelehrte Symmachus, eine siebenbändige *„Römische Geschichte"*, die zwar verschollen ist, aber dem Goten Jordanes für seine gotische Geschichte wenig später als Vorlage diente.

303, genau 100 Jahre nach Hippolyt, machte Eusebius von Caesarea eine neue Rechnung auf: Jesus sei nicht 5500, sondern bereits 5200 A.M. geboren worden. So blieben den damaligen Menschen noch 497 Jahre. Doch am ersten Tag des siebten Welttages (niemand wusste, ob sich das auf 6000 oder 6001 A.M. bzw. 800 oder 801 n. Chr. bezog) würde die Welt enden. Dieses ferne Datum sollte Karl d. Gr. exakt, taggenau besetzen, weil damals – am 25. 12. 800 – das neue Jahr 801 am Ersten Weihnachtsfeiertag begonnen hätte ['Reichsannalen', Jahr 801]. An diesem Tag sei er im Petersdom vom Papst zum Kaiser gekrönt worden – Karls „adventus", der so die Welt vor dem Jüngsten Gericht rettete.

Das ist die größte Unwahrscheinlichkeit in der Weltgeschichte: Eine Rechnung wird zur Prophezeiung und erfüllt sich taggenau (bei einem möglichem Zielzeitraum von 200 Jahren ergäbe sich dafür eine Wahrscheinlichkeit von 1 : 73.000 bzw. ≈ 0,00001). Obendrein wurde durch seine Krönung zum 'römischen Kaiser' auch die Macht dieser Kaiser erhalten, entscheidend für das Weiterbestehen der Welt. Einzig und allein meine Theorie des erfundenen Mittelalters kann dieses phantastische Zusammentreffen erklären: Da das Datum beim Uhrvordrehen übersprungen wurde, konnte das säkulare Ereignis auf diesen selbst kreierten, geschichtsleeren Tag gelegt und mit einem grandiosen Kaiser besetzt werden.

Konkurrierend zu Eusebius hat Augustinus in seinem Spätwerk *„Vom Gottesstaat"* von 426 die Geburt des Herrn auf das Jahr 5000 A.M. gelegt, womit die Welt bis zum Jahr 6000/01 A.M. = 1000/1001 n. Chr. bestehen sollte [Fried 2001a, 60]. Nun wurde der Stichtag mit neuem Sinn belegt: Das in der Apokalypse angekündigte tausendjährige Friedensreich mit seinem Friedenskaiser sollte beginnen, von Papst und Kaiser gemeinsam eingeleitet. Für diese Vision drehten beide die Uhr auf 1000 n. Chr. bzw. 6000 A.M. vor, so dass Papst Silvester II. zwar im Jahr 702 auf dem Stuhl Petri Platz nahm, aber nicht das Jahr 703 folgte, sondern unmittelbar 1000. In diesem Jahr hatte Otto seinen „adventus" in Rom. (Dem Kaiser im Osten, Konstantin VII. Porphyrogennetos, fehlte dieser Bezug auf das tausendjährige Reich, weil dort weiter nach Schöpfung gerechnet wurde.)

Der Friede hätte sich ausbreiten können, aber auch dieses Friedensreich währte nur kurz: Kaiser Otto III. starb am 23. oder 24. Januar 1002, Papst Silvester II. am 12. Mai 1003. Er hatte mit Wahl seines Namens signalisiert, dass er wie Silvester I. die Christenheit leiten wolle. 313 hatte Kaiser Konstantin I. den Bürgern seines Reichs Religionsfreiheit zugestanden, worauf sich das Christentum unter Silvester I. (314–335) entfaltete. Noch zu seinen Lebzeiten wurden in Rom die Basiliken von Lateran und Vatikan, Paul vor der Mauer und Santa Croce in Gerusalemme fertiggestellt. Jetzt also ein neuer, zielgebender Papst – er starb zu früh, doch seine Idee blieb.

Das von mir postulierte Vordrehen der Uhr erklärt neben vielem anderen, dass in 'karolingischen', also erst später verfassten Schriften keine Ängste vor dem unmittelbar drohenden Weltende zu verspüren sind [Bruno Krusch lt. Borst, 33]. Ebenso klar wird, warum es im Jahr 1000 keine derartigen Ängste gab [Ortega y Gasset 1909], ließ doch die gerade eingeführte Zählung keine Zeit für Ängste. Bis dahin – und oft noch viel länger – bezog sich Zeitrechnung auf den ganz unterschiedlich errechneten Schöpfungsbeginn oder auf den Herrschaftsbeginn von Kaiser, König oder Graf. Die Rechnung nach Christi Geburt hat sich erst jetzt verbreitet, zuletzt bei den Päpsten.

Kaiser Karl dem Fiktiven konnte man Beliebiges zuschreiben: Kriegserfolge, Kulturbestrebungen, Klostergründungen etc.; nur mussten die meisten Erfolge wieder auf Null zurückgeführt werden, um den Anschluss ans karge 10. Jh. zu gewährleisten. Das zeigt sich nicht zuletzt im scheinbaren Verlust des Kuppelbauens und anderer Techniken.

Zur Durchsetzung der neuen Vergangenheit wird als erstes eine Papst- und eine Herrscherliste erfunden, ein Skelett, das dann mit Fleisch, also mit Handlungen umhüllt wird. Das Wissen darum wurde wohl im Lateran erstellt und mit Klosterchroniken weitergegeben, ließ sich doch zeigen, dass viele en bloc nach Vorlage abgeschrieben worden sind [WhU, 224-226]. Sie stimmen natürlich oft nicht überein; das leisten erst Generationen von Mediävisten. Damit verglichen ist die Rückweisung des erfundenen Mittelalters die einfachere Aufgabe, allerdings um den Preis, dass sich archäologische und bauhistorische Befunde trotz größter Mühe nicht ins tradierte Schema pressen lassen. Harte und – wie sich gezeigt hat – 'eisenharte' Argumente müssen ignoriert werden, um die herkömmliche Lehre zu retten. Oder in den Worten des Hirnforschers Wolf Singer, den Mediävisten beim Historikertag 2000 zu Aachen ins Stammbuch geschrieben:

> „Und so wird jeweils in die Geschichte als Tatsache eingehen, was die Mehrheit derer, die sich gegenseitig Kompetenz zuschreiben, für das Zutreffendste halten“ [Singer].

Zur Debatte

> Zur „leidigen, von HI ausgelösten Diskussion um »das gefälschte Mittelalter«“ […], die erfreulicherweise wieder weitgehend aus den Medien verschwunden ist“.
> Prof. Martina Hartmann [2003], seit 2018 Präsidentin der MGH

Vorab: Hier werden die akademischen Titel genannt, weil es um die Auseinandersetzung zwischen universitären Fachleuten und 'Häretikern' geht. Die Debatte wurde von der BILD-Zeitung aufwärts ausgetragen – und sie erreichte auch, statistisch gesehen, dank der Medienresonanz die gesamte deutschsprachige Bevölkerung –, aber hier soll es um den akademischen Widerstand, um die strikte Ablehnung von Seiten der Akademiker und ihre demonstrative Ignoranz gehen. Um das Literaturverzeichnis nicht mit beliebig vielen, doch schwer erreichbaren Quellen zu überlasten, werden hier oft nur meine Aufsätze aus den *„Zeitensprüngen“* genannt, in denen die Zitate samt Originalquellen zu finden sind. Sämtliche Hefte dieser Zeitschrift stehen im Internet unter „zeitensprünge.de“ und dort auf der Startseite rechts unter „Archiv der Printausgaben“.

Es begann ganz einfach: Am Telefon eine Frage, eine Antwort mit Aussicht auf Kontrollierbarkeit – und schon begann eine Arbeit, die sich nicht auf 30 Jahre beschränkt, sondern zu lebenslänglich ausartet.

Freund Hans-Ulrich Niemitz, damals noch nicht Professor, konnte sich keinen Reim auf „Fälschungen mit antizipativem Charakter“ machen, wie sie MGH-Präsident Prof. Horst Fuhrmann auf dem Fälschungs-Kongress von 1986 präsentiert hatte. Herkommend von den chronologischen Verwerfungen im alten Ägypten, in der Megalith-Kultur und im alten Griechenland schlug ich eine willkürliche zeitliche Verwerfung vor, die sich anhand der Korrektur unseres Kalenders anno 1582 leicht kontrollieren lasse. Das war im Juli 1990. Schon im Januar des Folgejahres hatte ich den Mut für einen grundlegenden Artikel:

„Die christliche Zeitrechnung ist zu lang“ [ZS 1991, 4-20]. Ab da riss, wie ein Kritiker [Cartier] schrieb, die Arbeit „im Zeitloch“ nicht mehr ab.

Am 25. 09. 1992 wurde der Rhein-Main-Donau-Kanal offiziell eingeweiht. Diesem Ereignis widmete ich meine erste Schrift zum erfundenen Mittelalter: *„Karl der Fiktive, genannt Karl der Große“*. Rudi Küffner kam zu einem Interview für den Bayerischen Rundfunk; ein Jahr später wurden in Aachen die beiden dortigen Mediävisten, die Professoren Max Kerner und Dietrich Lohrmann, zu dem Heft von 134 Seiten befragt. Sie hatten es sicher nicht gelesen, wussten aber sofort, dass es nun einen „Däniken des Mittelalters“ gebe, der nur auf Sensationen aus sei. Wieder ein Jahr später brachte ich ein Buch mit nunmehr 405 Seiten heraus: *„Hat Karl der Große je gelebt?“*

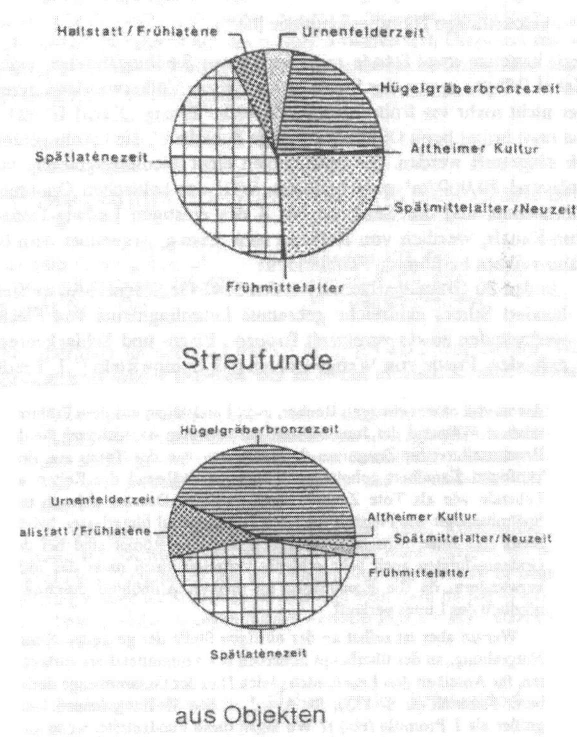

Kreisdiagramme zur agilolfingisch-karolingischen Fundmenge bei „Kanal II“ zwischen Essing und Kelheim, dem einzigen Grabungsort auf der ganzen Kanaltrasse, von dem überhaupt Funde des erfundenen Mittelalters gemeldet worden sind [Rind 1994, 12].

Der Untertitel sprach das eigentliche Problem an: *„Bauten, Funde und Schriften im Widerstreit"*. In sechs Worten die brisante Kernbotschaft: Bisheriger Goldstandard waren die Schriftzeugnisse, ob im frühen Mittelalter oder auch später verfasst. Doch die seit 1945 in Städten wie auf dem Land vermehrt betriebene Archäologie konnte nur in zu wenigen Fällen das Geschriebene bestätigen. Hier war das Problem angesiedelt; gerade der neue Kanal ist das beste Beispiel. Jahrelange, vorbereitende Sicherungsgrabungen füllten mit ihren Fundbeschreibungen 15 großformatige Bände, doch die agilolfingisch-karolingische Fundmenge machte – zwischen Bronzezeit und beginnender Neuzeit, auf römischem wie auf germanischem Territorium – je nach Fundkategorie nur 1 bis 3 % aus [vgl. BuP 131-135]. Das Ergebnis von Anwander und mir spricht dieselbe Sprache: Für 2.200 bayerische Orte gibt es eine 'karolingische' Urkundennennung, aber nur in 88 dieser Orte glaubten die Archäologen, etwas Karolingisches gefunden zu haben [BuP 664]. Wir glauben, dass diese auffällig wenigen Funde nicht für eine 'Karolingerzeit' zeugen, sondern zumeist jünger sind. Ein fiktiver Karl, ein ebenso fiktiver Harun ar-Raschid waren nur Konsequenzen aus diesem eindeutigen Befund. Doch das war ein zeitlicher Vorgriff bis 2002.

Nach 1992 wurde die Idee virulent. Zunächst beschäftigten sich die Abonnenten meiner Zeitschrift *„Zeitensprünge"*, die damals noch *„Vorzeit-Frühzeit-Gegenwart"* hieß, mit der Thematik. Das führte – wiederum dank Prof. Niemitz – zu einem Vortrag im Berliner *Museum für Verkehr und Technik* (16. 03. 1995). Pressevertreter hörten zu, am interessiertesten die der *taz*. Das Thema ging von ihrem ersten Zuhörer an die nächste, übernächste Journalistin und nach einem halben Jahr schließlich zum Chefredakteur, der sich eine halbe Stunde lang bei mir am Telefon vergewisserte, keinem Idioten aufzusitzen. Dann erschien am 11. 09. 1995 von Marion Wigand auf der Wissenschaftsseite die Rezension *„300 Jahre erstunken und erlogen"* des Karlsbuches – 9/11, ein trauriges Datum auch für Mediävisten. Wie sich zeigte, wurde die immer zu kleine Tageszeitung Berlins überall gelesen, war sie doch für die größeren Redaktionen von Zeitungen und Hörfunkanstalten Lieferant für Ungewöhnliches. Und so brach noch am selben Tag ein Sturmwind über mich herein, der ich bis dahin als 'Hieronymus im Gehäus' still vor mich hin geforscht hatte: Der italienische Nachrichtendienst *Ansa* meldete sich und informierte den *Corriere della Sera* in Milano, *Radio Energy* aus Berlin führte ein 2-Minuten-Interview, der *Südwestfunk* Baden-Baden ein 20-Minuten dauerndes telefonisches Interview mit mir, die *SZ* in München erhob mich zur Ehre eines *Streiflichts,* scheinbar ohne irgendeinen äußeren Anlass. Nun ging es lebhaft voran mit Interviews, Rezensionen und Berichten, ab Ende Oktober kam es dank Dr. Beate Braumann zu einer ersten Vortragstournee nach Diepholz, Brinkum und Buxtehude. Die große weite Welt stand quasi offen.

Das muss einem Assistenten von Prof. Johannes Fried aufgefallen sein, als es darum ging, dessen Dilemma aufzulösen: Hier die Preisverleihung des *Historischen Kollegs* in München für das beste Sachbuch eines Wissenschaftlers, dort die Kritik seines Kollegen Prof. Gerd Althoff gerade an diesem Buch. Nach seiner Einschätzung lasse Fried für einen Mediävisten zu viel Phantasie in seinen Text einfließen, Phantasie als freie Fortsetzung von Fakten.

> „Gefordert ist vielmehr eine deutliche Markierung, wo die Sicherheiten aufhören und die Thesen oder gar Vermutungen anfangen. Gegen diese Grundregel verstößt Fried jedoch fast permanent und ich denke bewußt“ [Althoff 1995, 111 f.].

Althoff [1996] zeigte nur ein Jahr später mit seiner Biographie *„Otto III.“*, wie schmal eine Kaiserbiografie aus der Zeit um 1000 ausfallen würde, hätte er sie nicht als kommentiertes Muster für korrekte Schilderung doppelt breit angelegt.

Gegen Althoffs Attacke wehrte sich Fried [1995a] unmittelbar, noch im selben Heft der *„Historischen Zeitschrift“*. Doch im November 1995 benötigte er eine Doppelstrategie: Danksagung für die Auszeichnung und Abgrenzung gegenüber Althoff. So entschied er sich zu einem Schritt, auf den er später nicht mehr zurückkommen sollte. Er schied – streng objektiv – seine gute, konstruktive, positive Phantasie von einer negativen, destruktiven, gefährlichen Phantasie. Den prototypischen Träger dieser widerwärtigen Ausgeburt eines Hirns fand er im Verfasser meines Karlsbuches.

Und schon ließ er Karls-Lüge und Karls-Leugner in einem ganzen „Gespinst von Karlslügen“ entstehen: „Die »Karlslüge« ist eine in die Irre führende, unzulässige Illusion“ [Fried lt. ZS 3/1996, 331, 330]. Für die *„Historische Zeitschrift“* verschärfte er den *F.A.Z*-Beitrag noch einmal und krönte ihn mit einer abschließenden Rätselpassage, die sich dahingehend interpretieren lässt, dass ausgerechnet mein Hirn Deutschland in den Abgrund führe, wohl in Analogie zu Hitlers Hirn.

> „Phantasie bleibt ambivalent. Sie ist ein unabdingbares Erfordernis jeder Wissenschaft und unseres Daseins und, zur Illusion verkehrt, eine große Gefahr. Jede Epoche, jede Generation sei unmittelbar zu Gott. So etwa hat Ranke gelehrt. Es mag gelten. Aber die Geschichte ist nur unmittelbar zu dem, der sich ihr zuwendet, und

> damit zur Gegenwart. Hüten wir uns, beide Unmittelbarkeiten einander gleichzusetzen. Es führte, wie hier, in Deutschland, schon einmal geschehen, in die Katastrophe“ [Fried 1996b, 315 f.].

Ob Fried sich wegen dieser üblen Attacke geschämt hat? In seinem Artikel beschrieb er, wie schwer meine Thesen auszuhebeln seien – und schaffte es nur durch einen Trick: Über Karl sei in anderen Ländern so viel berichtet worden, dass er real sein müsse. Aber gerade die arabische Seite fand es nicht für wert, auch nur eine Zeile über Karl den Großen oder etwas Relevantes über seines Großvaters Sieg bei Tours und Poitiers, also über die Rettung des Abendlandes vor dem herandrängenden Islam zu schreiben, über geschenkte Wasseruhren oder -orgeln und über einen geschenkten Elefanten, der 5.000 km zu Fuß und dazu eine Seereise bewältigt hätte, um Karl zu erfreuen. So ist die Gesandtschaftsforschung zwischen Aachen und Bagdad ganz einseitig auf Aachen beschränkt geblieben. Wenige Jahre später fand es Fried richtig, meine Ideen kategorisch als Unsinn abzuqualifizieren.

Im gleichen Jahr verlangte Fried [1996b], es wäre dringend nötig, im Elfenbeinturm der Mediävisten ein paar Fenster zu öffnen, auch wenn das so manchen Kollegen überfordern dürfte. Dabei hat gerade er als Autorität den Urkundenabgleich mit archäologischen Ergebnissen verhindert. Dieses eminent wichtige Fenster vergaß er völlig, und bis heute ist es nur unzureichend geöffnet.

Frieds Scheidung in konstruktive und zerstörerische Phantasie wurde nicht einmal von ihm selbst fortgesetzt, konnte er doch kein Kriterium nennen, nach dem die beiden voneinander zu trennen wären. Jahre später konstruierte er seine *„Historische Memorik“* [2004], die gerade deshalb nichts bewirkte, weil sie deutlich zeigte, wie schwach und schwammig das Fundament von Diplomatik und Paläografie eigentlich ist. Er hätte sich auf meine Seite schlagen können, beschränkte sich aber darauf, von mir dezent die Fiktionalität des hl. Benedikts zu übernehmen [Fried 2004, 344-346; Illig 1994a, 20-39].

Unmittelbar nach Frieds Rede im November 1995 setzte riesiges Interesse an meinen Thesen ein. Bis zum 31. 01. 1996 brachte – hier nur die wesentlichen Arbeiten – das *ZEIT-Magazin* eine vierseitige Darstellung meiner Thesen und meiner Person, die Zeitschrift *P.M.* eine dreiviertel Seite, ebenso die *Gegenwart* aus Innsbruck; die *Neue Zürcher Zeitung am Sonntag* widmete dem Thema ein Interview mit mir auf zwei Zeitungsseiten, der *Bund* als Tageszeitung aus Bern eine ganze Seite, weiter *Der Stern* und selbst die *Oberpfälzer Nachrichten,* der *NDR* und der *BR* [Weiteres aufgelistet in *ZS* 1/1996, 120].

Fresko in der mozarabischen Kirche vom San Baudelio de Berlanga, Spanien, 1100–1150; es wurde vor 1926 an den Prado verkauft [wiki: San Baudelio de Berlanga]. Der Künstler kannte keinen Elefanten vom Augenschein. War das 350 Jahre früher in Aachen anders? Damals hat sich kein Künstler an Karls Dickhäuter versucht.

Ca. 1250, nach dem 4. Kreuzzug kannte der Künstler einen Elefanten. Harley Codex, nördlich des Ärmelkanals entstanden [Harley 3244, folio 39, Bestiarium 36-71v; wiki commons].

Die These vom erfundenen Mittelalter steht seit der Kontroverse wie ein Elefant im Raum.

Am gewichtigsten war die einstündige Rundfunk-Diskussion vom 12. 01. 1996 im Südwestfunk. Der Journalist Burkhard Müller-Ullrich hatte Prof. Rudolf Schieffer als Präsident der MGH *(Monumenta Germaniae Historica),* die ihren Sitz in der Bayer. Staatsbibliothek hat, für einen einstündigen Disput mit dem 'Rebellen' gewonnen, dazu den emeritierten, aber als Autor aktiven Prof. Friedrich Prinz. Das Gespräch fand im Münchner Rundfunkhaus statt. Wider Erwarten setzte sich Schieffer auch mit harschem Oberlehrerton nicht durch, die Diskussion blieb offen bis zum Schluss. Für mich war das wie ein Rigorosum, hatte ich doch bis dahin mit keinem einzigen Mediävisten gesprochen.

So wurden meine Thesen und meine Person für die Medien interessant. In vorliegendem Buch können die Hunderte von Äußerungen in Zeitungen, Magazinen, Illustrierten, in Rundfunk- und Fernsehbeiträgen nicht aufgezählt werden, zumal mir selbst keineswegs alle bekannt geworden sind. Damals war die Unterstützung im Internet nicht ansatzweise so gegeben wie heute; es brauchte Hinweise von Freunden, Lesern, Hörern und dann vom Econ Verlag, der mein Buch 1996 gebunden herausbrachte; Cheflektor Lutz Dursthoff hatte sich – dank eines Tipps von Karlsbiograph Gerhard Herm – gegen die kaufmännische Leitung durchgesetzt. Die hier angefügten 50 Seiten an Äußerungen meist akademisch Geschulter zum erfundenen Mittelalter sind deshalb mit Sicherheit unvollständig.

Nach der Rundfunkdiskussion im SWR kam rasch die erste Diskussion an einer Universität, in Paderborn. Zu meinem Vortrag kamen als Einladende Prof. Frank Benseler und Dr. Werner Loh, Prof. Jörg Jarnut als Mediävist, der Dekan und selbst Rektor Wolfgang Weber. Jarnut gab mir bei meinen Überlegungen zur Aachener Pfalzkapelle sogar zum Teil recht, reklamierte jedoch als Langobardenspezialist Privaturkunden aus hinteren Abruzzentälern, die ich nicht ohne Weiteres als Fälschungen deklarieren könne. So sachbezogen hätte ich mir etliche Diskussionen gewünscht, doch Jarnut wollte wenige Jahre später nichts mehr davon wissen und bezeichnete mein Thesengebäude schlicht und einfach als „absolut absurd" [Pistorius], das damals oft zu hörende Gesamturteil über eine weitgreifende neue Sicht aufs frühe Mittelalter.

Die Äußerung „absurd" aus dem Munde eines Mediävisten ist verständlich, da ihm sein ureigenes Fundament aus beschriebenem Pergament unter den Füßen weggezogen wird. Immerhin geht es um sein Spezialgebiet, um dessen Überdauern oder scheinbares Untergehen.

Doch auch das rechtfertigt keine Beleidigungen, keine Verhöhnungen, wie sie nun anzusprechen sind. Der moralische Vernichtungs-

Öffentliche Diskussionen mit HI

1995, 16.03. Berlin: Vortrag HI übers Mittelalter mit Presse und Diskussion, woraus erst die *taz*-Rezension (Marion Wigand) und dann der Medien-Hype entstand.

1996, 12.01. Einstündige Diskussion im SWR mit den Professoren Rudolf Schieffer und Friedrich Prinz; Moderator Burkhard Müller-Ullrich.

1996, 04.06. dank Prof. Frank Benseler an der Universität-Gesamthochschule Paderborn der Vortrag von HI: *„Hat Karl der Große je gelebt? Ein Vorstoß für eine umfassendere Quellenkritik"*, danach Diskussion insbesondere mit Prof. Jörg Jarnut, im Beisein von Dekan und Rektor.

1996, 29.11. NR3, TV-Talkshow *„3 nach 9"*: 22:00. Kurzdebatte zum Jahresende zwischen Peter Berling, Henrik M. Broder, Pastor Jürgen Fliege, Barbara Rudnik, Pe Werner und HI; moderiert von Juliane Bartel und Giovanni di Lorenzo.

1997, Die argumentativ beste Diskussion fand schriftlich statt: 1997 (erschienen 1998) in der Zeitschrift *„Ethik und Sozialwissenschaften. Streitforum für Erwägungskultur"* [8 (4) 483-520]. Beiträge der Professoren Werner Bergmann, Michael Borgolte, Helmut Flachenecker, Gunnar Heinsohn, Theo Kölzer, Dietrich Lohrmann, Jan van der Meulen, Wolfhard Schlosser; Fragestellung und Replik von HI. Durchführung Dr. Werner Loh.

1998, 29.04. dank Prof. Ingeborg Flagge an der HTWK Leipzig Vortrag von HI, anschließend lebhafte, interessierte Diskussion zunächst im Auditorium maximum.

1998, 18.05. ORF2, Wien, 22:30 Im „Treffpunkt Kultur" Kurzdebatte mit Prof. Karl Brunner, Moderation Karin Resetarits.

1998, 11.06. an der FU Berlin Kongress *„Enden von Geschichten / Geschichte des Endens"*. Dank Prof. Wilhelm Schmidt-Biggemann Vortrag von HI und Diskussion mit Prof. Volker Reinhardt.

1998, 22.10. in der Stadt Brandenburg im Kultur-Labor: Podiumsdiskussion mit Prof. Helmut Assing.

1998, 08.11. bei den Burgdorfer Krimitagen (nahe Bern) Podiumsdiskussion mit Dr. habil. Thomas Maissen.

1999, 20.01. an der Uni Bremen dank Prof. Rainer Stollmann öffentlicher Vortrag von HI mit anschließender Diskussion.

1999, 21.01. an der Uni Bremen Triple-Seminar mit den Prof. Rainer Stollmann, Dieter Richter und Jörg Richard.

1999, 25.09. im Museumszentrum Lorsch: geplant erst Vortrag HI, dann neu geplant Podiumsdiskussion mit einem Experten, dann mit vier Experten, dann mit vier Experten aus dem zweiten Glied, schließlich einziges kurzes Statement eines Zweitexperten, danach Vortrag von HI und Publikationsdiskussion bis Mitternacht (Presse: „Da schweigt die Fachwelt, und der Laie wundert sich" [Bode].)

1999, 26.11. im Deutschlandradio *„Untergang verschoben. Eine lange Nacht über die Welt vor 1000 Jahren"* mit Prof. Ekkehard Eickhoff und HI. Eickhoff verhinderte His direkte Teilnahme, die Zuspielung von HIs aufgezeichneten Diskussionsbeiträgen erfolgte trotzdem.

2000, 02.02. Im Neubau der *Salzburger Nachrichten:* Podiumsdiskussion vor fast 600 Zuhörern mit den Prof. Heinz Dopsch und Hermann Fillitz; Moderator Ronald Barazon. Die Veranstaltung wurde wohl von Günther Schneider initiiert und mit mehreren Artikeln vom 27.12. bis zum 01.02. in den *Salzburger Nachrichten* vorbereitet; Dr. Gerhard Schwieschei als Chefredakteur vom Dienst schrieb den abschließenden Bericht (04.02.): „Plausibel, aber absurd"; *Salzburger Nachrichten.*

2000, 12.04. Köln, *Museum für angewandte Kunst.* Vortrag HI: *„Der vierte der hl. Drei Könige oder Die Frage nach dem Mittelalter".* Anschließend heftige Auseinandersetzung mit Dr. Sven Schütte und Dr. Johannes Lehmann als parteiischem Moderator.

2000, 23.06. Fünfter Kongress der Phantasie in Passau, Oberburg. Vorträge erst von HI, dann von Dr. Herbert Wurster, der danach die Diskussion verweigerte. Auch Prof. Thomas Frenz hat zum Thema referiert.

2000, 24.06. Podiumsdiskussion in Freyburg (an der Unstrut) auf Neuenburg mit Prof. Thomas Vogtherr.

2000, 25.06. Vortrag HI in Nürnberg-Fischbach im Rahmen des Seminars über *„Populäre Irrtümer der Geschichtswissenschaft"* mit anschließend langer Diskussion.

2000, 13.10. Podiumsdiskussion in Wien VHS HI mit Prof. Karl Brunner, der aber nach seinem ersten Statement die Veranstaltung verließ, worauf der Moderator die Veranstaltung beendete.

2000, 26.10. Vortrag von HI in Wolnzach, zu dem sich mit Dr. Joachim Spiegel ein Kontrahent ansagte, dann schwieg, dafür einen eigenen Abend anberaumte, den er jedoch wiederum absagte.

2000, Nov. Dr. Jürgen Hamel verweigerte in den *„Acta Historica Astronomiae" eine* schriftliche Diskussion zwischen Prof. Dieter B. Herrmann und HI.

2001. 27.–29.07., Fürth, Thomas-Dehler-Stiftung, Wochenendseminar mit Prof. Gunnar Heinsohn, darunter Vortrag HI zum MA. Der ebenfalls eingeladene Prof. Dieter B. Herrmann ließ seine Antwort von Dr. Anton Wohlfart vorlesen, der seinen eigenen Vortrag daraus machte. Eine weiterführende Diskussion ergab sich daraus nicht.

2001, 16./17. 10. In Wels Tagung des Österreichischen Arbeitskreises für Stadtgeschichtsforschung zu *„Zeitbegriff, Zeitmessung und Zeitverständnis im städtischen Kontext“*. Nach HIs Vortrag *„Zum städtischen Zeitverlust im frühen Mittelalter“* ergab sich eine längere Diskussion, primär mit dem direkt angesprochenen Prof. Ferdinand Opll und mit Prof. Peter Dinzelbacher.

2002, 10.01. Katholische Hochschulgemeinde Düsseldorf: Podiumsdiskussion mit Prof. Johannes Laudage.

2008, 26.11. Im Stadtmuseum Ingolstadt Podiumsdiskussion mit Kulturpreisträger Dr. Theodor Straub, der Gerhard Anwander und HI so lange beleidigte, bis die ersten Zuhörer gingen und Moderator Gerald Huber keine Erwiderung von Anwander und HI zuließ. Weitere Teilnehmer Dr. Gerd Riedel und Dr. Jochen Haberstroh.

2013, 14.05. an der Uni Graz, 7. Fakultät, Podiumsdiskussion mit den Professoren Manfred Lehner und Johannes Gießauf, Moderatoren Dr. Elisabeth Holzer und Oliver Pink; im vollbesetzten Meerscheinschlössl mit Fernsehaufzeichnung, die zunächst nicht ins Internet gestellt worden ist.

„Die Wahrheit ist immer etwas Genierliches, wenn sie an den Tag kommt.“

Friedrich Dürrenmatt (1967): *Grieche sucht Griechin;* DGB, Berlin, S. 154 ([1]1955).

---

feldzug, der damit Hand in Hand ging, ist in keiner Weise zu rechtfertigen. Bereits Fried hatte mit seinem Vortrag, der in der *F.A.Z.* und in der *„Historischen Zeitschrift“* publiziert worden ist, von der „Karlslüge“ und vom „Karlsleugner“ gesprochen, eine zuhörende Journalistin [Schostack, s. ZS 1/1996, 111] nannte mich dann „Lügenbold“. Das führte unmittelbar zu Frieds Schlusspointe, mein Denken könnte – wie schon einmal – Deutschland in den Abgrund führen (s.o.). In seltsam verformter Weise – Fried [2004, 289] hat später „dunkle Verformungskräfte in der historischen Überlieferung“ angesprochen – war hier die abwegige Verbindung zwischen Drittem Reich und mir hergestellt, eine kaum kaschierte Verleumdung.

Aachen wurde nun unruhig; der dortige Mediävist Prof. Max Kerner ging in die Offensive. Er berief im November 1996 die erste *„Uni im Rathaus“*, um seinen Dom vor dem „Lügenbold“ zu schützen. Kerner sparte nicht mit Spott, sah einen „Dr. Seltsam aus Bajuwarien“ am Werk, der eine „Sünde wider den Heiligen Geist“ begehe, die in Aachen nicht verziehen werde. Deshalb werde der „Unaussprechliche“ nicht mehr mit Namen genannt. Er witterte sogar späte Rache für Tassilo III., ohne zu bemerken, dass der baierische Herzog von mir genauso wie Karl zur Fiktion erklärt wird. Es muss kein Zufall sein, dass der von Kerner wiederholt beschworene Dr. Seltsam, im Film von Peter Sellers verkörpert, ein für die US-Regierung arbeitender Nazi ist, der nur mit größter Gewalt seinen rechten Arm am Hitlergruß hindern kann.

„Die *Zeit“:* 1997 blieb es ausgerechnet der sonst liberalen Wochenzeitung vorbehalten, mich expressis verbis als einen Denker zu präsentieren, der genauso denke wie verbohrte Auschwitzleugner. Der fragliche Artikel *„Das Millennium wird verrückt“* beginnt harmlos nach dem Motto: Ein Autodidakt und Superpositivist bemüht sich vergeblich, um dann zu Ernst Nolte und ähnlichen Denkern überzugehen und schließlich bildungsreich nach dem Motto 'und Nietzsche hat doch Recht' zu enden. Dazwischen brachte Dr. Richard Herzinger eine Verleumdung übelster Art unter. Dafür definierte er zunächst meine Arbeitsweise:

> „Illigs positivistisches Pathos besagt: Alles, was je stattgefunden haben soll, muß sich auch unzweifelhaft belegen und rekonstruieren lassen. Seine superpositivistische Schraubendrehung liegt im Umkehrschluß: Wenn Ereignisse sich nicht anhand authentischen Beweismaterials nachweisen lassen, können sie auch nicht stattgefunden haben“ [Herzinger in „Die Zeit“, 1997, 26.09., S. 64].

Danach schreitet Herzinger vom durchaus Verständigen fort zur bösartigen Unterstellung, die er – später vom Deutschen Presserat gerügt – mir persönlich gegenüber auch noch aggressiv fortsetzen wollte.

> „Wo die seriöse Mittelalterforschung mangels eindeutiger historischer Belege in Erklärungsnot gerät, offeriert er eine ebenso einfache wie radikale Antwort: Wenn in Wirklichkeit gar nichts stattgefunden hat, ist mit einem Schlag das Rätsel fehlender oder widersprüchlicher Dokumente über die vergangenen Ereignisse gelöst. Damit aber öffnet Illig dem Geschichtsrelativismus eine ungeahnte neue Hintertür. […]
> Erschreckend ist aber, daß die Illig-Methode strukturelle Ähnlichkeiten mit jener der rechtsradikalen Auschwitz-Leugner erkennen läßt. Auch sie arbeiten nämlich mit einem radikalen Positivismus: Sie messen die Gaskammern aus, analysieren die chemische Beschaffenheit der Wände und rechnen anhand der Meßergebnisse vor, daß Vergasungen gar nicht stattgefunden haben könnten. Solch vermeintliches Faktenmaterial dient ihnen dazu, die Realität der Judenvernichtung in Frage zu stellen“ [ebd.].

Der von Herzinger danach angesprochene Prof. Ernst Nolte war der Auslöser des Historikerstreits von 1986. Mein sogenanntes „positivistisches Pathos“ hat freilich eine gewichtige Einschränkung: Es gibt genügend geschichtliche Zeiten, in denen – aus tausend Gründen wie Hunger, Krieg oder Seuchen – die materiellen Zeugnisse stark zurückgehen. Nur weil die Zeit Karls des Großen derart aufblühte, dass man von Renaissance oder Renovatio sprechen konnte, weil eine Herrschaftszeit begann, die 44 Jahre lang Kriege finanzieren und *zugleich* 16 Kathedralen, 65 Königspfalzen und 232 Klöster bauen [Mann 1967, 320-322] sowie Künste und Bildung aufblühen lassen konnte, dürfen mannigfache Überreste im Boden vermutete werden. Leider lässt sich z.B. kein einziges Kloster aus dieser Zeit nachweisen; selbst Aachen kam mangels Funde bis 2014 ohne ein Karolinger-Museum aus. Erst dann wurde das *Centre Charlemagne* eröffnet, während *Burg Frankenberg* zuvor nicht einmal im Verborgenen geblüht hatte.

Ungleich wichtiger: Seit Herzinger bekam ich einschlägige Anfragen und Vorwürfe, dass man 12 Nazi-Jahre noch leichter verschwinden lassen könne als 297 Jahre. Ein seltsamer Fehlschluss. Während sich der karolingischen Zeit fast nichts zuschreiben lässt – im *Germanischen Nationalmuseum* Nürnberg waren das vor Jahren fünf Vitrinen, im *Römisch-Germanischen Museum* Köln zwei Vitrinen –, hat uns der Nazi-Terror europaweit unübersehbare Ruinen und KZ-Überreste, auch

Protzbauten beschert, dazu unendliches Propagandamaterial, private Fotos, Wochenschauen, Kriegsberichtserstattung, dazu ebenso unendliches Material der Geflüchteten in allen Exilländern und so weiter und so fort. Wer glauben wollte, das Nazi-Regime einfach aus der Geschichte hinauskomplimentieren zu können, findet keine Vergleichsmöglichkeiten zwischen frühem Mittelalter und Nazi-Terror – außer man möchte eine missliebige Theorie mit einem abstoßenden Hautgout versehen, um sich Argumente zu ersparen.

Es lässt sich der Kehrwert all dieser unwürdigen Äußerungen bilden: So bösartig agieren nur hilflose Platzverteidiger, denen hinreichende Argumente fehlen!

Aber Fried hatte verstanden, worum geht, benannte er doch seinen Vortrag vorm Historischen Kolleg so: *„Die Garde stirbt und ergibt sich nicht“*. Indem er sich auf Napoleons Niederlage von Waterloo und seinen General Cambronne bezog, ging es ihm bereits um die Niederlage einer ganzen Wissenschaftsdisziplin. Frieds Titel birgt einen Treppenwitz: Der sterbebereite Cambronne wurde von den Engländern gefasst und überlebte Napoleon um drei Jahre. Bis zu seinem Lebensende bestritt er die Zitatzuschreibung. Er habe eine andere Antwort gegeben, die analog zum 'Götz-Zitat' in Frankreich als „le mot de Cambronne“ bekannt ist [wiki: Pierre Cambronne].

Da wir mittlerweile rund 30 Jahre später stehen, erlaube ich mir, die damalige Garde noch einmal zu benennen, die mittlerweile gestorbene oder emeritierte Garde. Mittlerweile sind 35 gestorben, 58 haben die übliche Altersgrenze der Emeritierung erreicht. Keine und keiner hat sich ergeben. (s. S. 161).

Die Cambronne nur unterstellte Haltung mag charakterstark sein, ist aber wissenschaftlich sinnlos. Wären wir bei Naturwissenschaftlern, würden sie sich amüsieren. Sie sind es gewöhnt, rasch neue Ansätze zu verinnerlichen, ebenso rasch konkurrierende Theorien zuzulassen und im Hinterkopf zu behalten, während die Wissenschaft voranschreitet. Mediävisten fehlt offenbar jede Vorstellung zu einer Konkurrenz zwischen grundstürzenden Thesen, falls sie die Übersetzung eines mittellateinischen Verbs überschreiten. Karl Popper hat von „kritischem Pluralismus“ nicht nur in der Politik, sondern auch in der Wissenschaft gesprochen. Ein fremdes Terrain für Mediävisten und, ihnen zugeordnet, die so genannten Historischen Hilfswissenschaftler. Apropos: Wie kann man mit so einer Benennung die eigenen Wurzeln abqualifizieren, etwa

---

„Die Garde stirbt und ergibt sich nicht“

Ausgerechnet dieses Zitat wählte Johannes Fried als Überschrift wie als Motto für seinen Artikel, in dem er seine positive Phantasie gegen meine destruktive, gefährliche Phantasie verteidigen wollte, in Wahrheit aber die eigene Niederlage beschrieb. Das war im November 1995. Mittlerweile sind rund 30 Jahre vergangen, seitdem diese ‘gefährlichen’ Thesen veröffentlicht wurden. Mittlerweile bewahrheitet sich Frieds Zitat des Waterloo-Kämpfers Pierre Cambronne. Hier werden all jene Wissenschaftler genannt, die sich seitdem zu meinen Frühmittelalterthesen geäußert haben und mittlerweile entweder gestorben sind oder das offizielle Emeritierungsalter erreicht haben; das heißt, all jene, die sich nie ergeben haben und lieber schweigen oder sterben. So sieht in manchen Disziplinen der Fortschritt aus. Diskussionspartner, denen ich persönlich begegnet bin, sind *kursiv* gekennzeichnet.

1915 – 2001	Dechend, Hertha v.	1938 – 2022	Zarnack, Wolfram
1924 – 2022	*Fillitz, Hermann*	1939 – 2006	Hägermann, Dieter
1925 – 2007	Borst, Arno	1939 – 2021	Herrmann, Dieter
1926 – 2011	Fuhrmann, Horst	1939	Poqué, Helmut
1927 – 2019	Eickhoff, Ekkehard	1939	Pap, Gábor
1927 – 2020	Blaschke, Karlheinz	1940 – 2022	Schlosser, Wolfhard
1927 – 2022	Benedikt XVI.	1940	Hoffmann, Volker
1928 – 2003	*Prinz, Friedrich*	1940	Kerner, Max
1928 – 2016	Kurze, Dietrich	1940	Riedmann, Josef
1929 – 2009	Müllejans, Hans	1941	Barta jr., János
1929 – 2011	Meulen, Jan v.d.	1941	Keipert, Helmut
1929 – 2019	Elm, Kaspar	1941	Scholkmann, Barb.
1930 – 2012	Richter, Dietmar	1941	*Voigt, Ulrich*
1930 – 2018	Siebigs, Hans-Karl	1942 – 2014	*Dopsch, Heinz*
1930 – 2020	Kunitzsch, Paul	1942 – 2023	*Jarnut, Jörg*
1930 – 2023	*Straub, Theodor*	1942 – 2023	Tischner, Heinrich
1932	*Assing, Helmut*	1942	Fried, Johannes
1933	Oberschelp, Walter	1942	Hunger, Hermann
1934 – 1998	Boockmann, Hartm.	1942	*Richard, Jörg*
1934 – 2017	Trömel, Martin	1943 – 2021	Henkel, Martin
1937 – 2007	Kokott, Wolfgang	1943 – 2021	Fodor, István
1937 – 2021	Lobbedey, Uwe	1943	Althoff, Gerd
1937	Lohrmann, Dietrich	1943	Schmidt, Burghart

1943	Unschuld, Paul
1943	Vollmer, Gerhard
1944 – 2022	*Kalckhoff, Andreas*
1944	*Brunner, Karl*
1944	Freise, Eckart
1944	Koschik, Harald
1944	Palmer, Trevor
1945 – 2018	Weinfurter, Stefan
1945	Hubel, Achim
1945	*Legler, Rolf*
1945	Wamser, Ludwig
1946	Bergmann, Werner
1947 – 2018	*Schieffer, Rudolf*
1947	Falk, Harry
1947	*Frenz, Thomas*
1947	Goetz, Hans-Werner
1947	*Stollmann, Rainer*
1948	Borgolte, Michael
1948	Dinzelbacher, Peter
1949	Fischer, Thomas
1949	Kölzer, Theo
1950	*Kreiler, Kurt*
1950	*Opll, Ferdinand*
1950	*Wurster, Herbert*
1951	Hamel, Jürgen
1952	Schellewald, Barb.
1952	Schwarcz, Andreas
1952	Wirth, Jürgen
1953	*Knops, Tilo*
1953	Pohl, Walter
1953	Rowley, Anthony
1953	*Schütte, Sven*
1954	*Reinhardt, Volker*
1954	Schneidmüller, B.
1954	*Stiegemann, Chr.*
1955 – 2016	Willemsen, Roger
1955	Herzinger, Richard
1955	*Vogtherr, Thomas*
1955	Widder, Ellen
1956	Kronk, Gary
1956	Untermann, Matth.
1957	Peiser, Benny J
1957	Womersley, David
1958	Krojer, Franz
1958	Kühn, Hans-Joach.
1959 – 2008	*Laudage, Johannes*
1966 – 2010	*Schulz, Armin*

Diplomatik oder Paläographie, obwohl sie genau das Fundament aus Urkunden und Schriftquellen bereiten, auf dem andere aufbauen?

Die von den Mittelalterkennern immer stärker bemühten Naturwissenschaftler – ich nenne nur Dendrochronologen, Radiokarbondatierer und Archäoastronomen – nehmen sie im Grundsätzlichen gar nicht wahr, wie Johannes Fried [1996c] in seinem Ausblick auf das nächste Jahrtausend überdeutlich demonstriert hat. Seltsamerweise glauben sie ihren Datierungen oder Rückrechnungen aufs Wort, solange sie das eigene, tradierte Schema bestätigen. Nie begegnete mir ein skeptisches Wort; dabei können sie deren Ergebnissen wirklich nur glauben, nicht nachprüfen. Vielleicht bildet die Höhenburg rings um den Odilienberg eine halbe Ausnahme (s. S. 25).

Verschwörungstheoretisches

Zu Anfang des Jahres 1997, zum Todestag von Karl dem Großen, kam der Historiker und Journalist Dr. Nils Minkmar zu dem Urteil, bei meinen Thesen handle es sich um eine Verschwörungstheorie. Obwohl das zweite Buch mit Papst und Kaiser als Protagonisten noch gar nicht erschienen war, ordnete er mein Buch der Verschwörungsliteratur zu. Er fühle sich an den Verteidiger eines mutmaßlichen Mörders erinnert, der bei der Gewalttat viel Blut fließen sah, doch bei dem berühmten Angeklagten O.J. Simpson zu wenig Blut fand. Für den Freispruch war das allerdings belanglos, denn der blutbefleckte Handschuh des Mörders war zu klein für Simpson, der zusätzlich durch DNA-Spuren entlastet wurde. Insgesamt eine sinnlose Assoziation, bösartig wie der 1968 von der CIA geprägte Begriff „Verschwörungstheoretiker", der nur der Diffamierung von Gegnern dienen sollte.

Natürlich fehlten Minkmar die Urheber seiner Verschwörung, wollte er sich doch nicht mit den sauber vorgelegten Indizien vor allem aus der Architektur beschäftigen, sondern vermisste die eher kriminalistischen Recherchen des zweiten Bands – der wie so oft nicht vor dem ersten Band erschienen ist – und bedauerte ironisch das Nicht-Auftreten von Opus Dei, CIA und den Aliens. Zum Abschluss imaginierte er eine sinnlose, von mir nie gewollte und nie genannte Rückverpflanzung unserer Epoche in die Zeit um 1700, ein Missverstehenwollen um des plumpen Gags willen. Das kann ein Kritiker natürlich halten, wie er will. Doch er hatte mit seiner Diffamierung bleibenden Erfolg: Das Totschlagargument „Verschwörungstheoretiker" blieb an den Thesen und ihrem Urheber kleben. Es macht die Ablehnung meiner Thesen auch für jeden durchschnittlichen Nicht-Leser möglich. Noch 2015 gehörte das erfundene Mittelalter zu den besonders lachhaften Verschwörungstheorien, 2016 übernahm es zumindest im Ranking der hier kompetenten BILD-Zeitung sogar die Spitzenposition – vor Echsenmenschen, Kondensstreifen (Chemtrails), Ku-Klux-Klan + Marlboro, Vatikan + Zeitmaschine [vgl. HI 3/2016, 420]. Mondlandung und 9/11 hatten ohnehin keine Chancen gegen 'mein' Mittelalter. So weit reichte der lange Arm eines Journalisten.

Im einschlägigen BILD-Bericht [Wenzek] wird als Sachverständiger Prof. Michael Butter präsentiert, der richtig erkannt hat:

> „Heute reicht es meist, jemanden als Verschwörungstheoretiker zu bezeichnen, um sich mit seinen Argumenten nicht weiter auseinandersetzen zu müssen“ [Rickens 2015, 212 f.].

All das hätte Minkmar absichtsvoll in Szene gesetzt, auf dass es mich auf ewig verfolge. Doch auch das wäre nur eine Verschwörungstheorie. Denn Butter fügte hinzu, dass solche „fast immer konservativ“ sind [HI 1/2017, 170]. Demnach wären die Mediävisten die Progressiven?

Der Name M. Butter führte mich zu einer staatlichen Broschüre des *Forums Antworten: „Verschwörungstheorien. Eine Publikation zur Aufklärung und Aufarbeitung“,* 2021 im Auftrag des Bayerischen Landtags erstellt. Zu meiner 'Enttäuschung' sind Mondlandung, 9/11 und Bielefeld in der Liste der Verschwörungstheorien weiterhin vertreten, nicht aber das erfundene Mittelalter. Ich verliere nur ungern meinen angestammten Platz, finde aber immerhin – gut versteckt – eine bislang unbekannte Verschwörungstheorie:

> „Die Begründungslogik der Verschwörungstheorie ist final angelegt und beginnt vom Ende her. Die entscheidende Frage für die konspirationistische Konstruktion ist: Wer profitiert davon?“ [Bayerischer Landtag]

Hatten wir nicht eine Kanzlerin, die bekannt dafür war, dass sie alles vom Ende her denke? Wenn ich dann noch vom wissenschaftlichen Schein und von „in Teilen komplexen Narrative[n]“, von 'konspirationistischen Konstruktionen' und vom „scheinbar wissenschaftliche[n] Duktus mit entsprechender Sprache“ lese, dann könnte der Verdacht keimen, diese Broschüre verbreite mit scheinbar wissenschaftlichem Duktus und Sprache auf ihren 75 Seiten eine weitere Verschwörungstheorie. Und diese 'meine Behauptung' wäre schon die nächste Verschwörungstheorie. Ein endloses Möbius-Band, das bekanntlich einseitig ist.

Debattierfreude

Ab 1998 folgten große Podiumsdebatten (vgl. S. 155). Ich bin keiner Auseinandersetzung aus dem Weg gegangen, obwohl rasch kolportiert wurde, ich würde mich keiner Diskussion stellen. Dazu gibt es ein spezielles Gegenbeispiel. Gewissermaßen direkt von Karls Lorscher Torhalle kam die Anfrage, ob ich im angrenzenden *Museumszentrum Lorsch und Kuratorium Weltkulturdenkmal Kloster Lorsch* einen Vortrag halten würde. Ich bejahte, worauf bald der weitergehende Vorschlag für eine Podiumsdiskussion mit einem Experten folgte. Ich bejahte wiederum. Als nächstes kam der Wunsch, vier Experten gegen mich antreten zu lassen. Wiederum stimmte ich zu. Plötzlich hieß es, die Idee mit den vier Experten habe sich zerschlagen; nunmehr würden vier Experten aus dem zweiten Glied aufgeboten, die jeweils ein Statement vortragen würden. Als ich am 25. 09. 1999 in Lorsch eintraf, wurde mir lapidar mitgeteilt, auch von diesen Zweitexperten hätten drei zurückgezogen; es gäbe nur noch ein kurzes genealogisches Statement.

Man zeigte mir den großen Saal im Museumszentrum und entschuldigte sich, weil er voll bestuhlt sei, habe doch am nächsten Tag ein Handwerksbetrieb ein rundes Jubiläum. Kurz darauf wurden weitere Stühle herbeigeschafft und selbst der Vorraum mit einem Lautsprecher versehen, so dass über 250 Zuhörer dem „Dr. Seltsam aus Bajuwarien" folgen konnten. Nach meinem Vortrag gab es beliebig viele Fragen, die ich beantworten konnte, bis der Hausmeister um Mitternacht die Debatte abbrach. Im *„Darmstädter Echo"* titelte daraufhin Claudia Bode [1999]: „Da schweigt die Fachwelt, und der Laie wundert sich".

Ein paar Monate später wurde ich in Seligenstadt eingeladen, der vermeintlichen Heimstatt von Karlsbiograph Einhard und seiner Frau Emma, der vermeintlichen Tochter Karls d. Gr. Die Geschichte stammt aus dem *Chronicon laurishamense*, aus jenem 12. Jh., in dem Kaiser Rotbart die Karlsverehrung zu einem Höhepunkt führte. Dort gab es keine Frage zu Einhards Kirche, wie es in Lorsch keine Frage zur Torhalle oder in Salzburg zum Virgildom gegeben hat. Aber mir wurde kolportiert, in Lorsch habe der Archäologie-Experte seine Teilnahme zurückgezogen, worauf auch die übrigen Experten aufgegeben hätten.

Sicher die anspruchsvollste Diskussion lief in Salzburg, im Februar 2000. Dort hatten die *Salzburger Nachrichten* eingeladen und das Interesse mit mehreren einführenden Artikeln ihres Journalisten Günther Schneider geweckt. Der Andrang war so groß, dass der Stau auf der Zufahrtsstraße die Ankunft der Professoren Heinz Dopsch und Hermann Fillitz verzögerte. So warteten an die 600 Zuhörer, darunter die Studenten von 'Lokalmatador' Dopsch auf die Debatte; die genaue Anzahl durfte aus baupolizeilichen Gründen nicht genannt werden. Freund G. Anwander wollte das Geschehen mit der Video-Kamera aufzeichnen, konnte aber keinen Platz für sein Stativ ergattern. Dopsch wollte lieber über die Mosaburg/Zalavár in Pannonien als über den Virgildom vor der Haustür diskutieren, während Fillitz jeden meiner Buchbezüge auf seine Werke kritisierte. Die Debatte endigte patt, obwohl auch Dutzende Fragen von Seiten der Studenten auf mich einprasselten. Natürlich mussten die *Salzburger Nachrichten* Dopsch und Fillitz zu Siegern erklären. Unangenehm war die Wertung „Plausibel, aber absurd“ durch Dr. G. Schwieschei [2000]. Sie wurde von vielen anderen auf „absurd“ reduziert und verbreitet.

Eine noch größere Zuhörerkulisse hatte ich in Budapest, wo sich im selben Jahr an zwei Abenden jeweils ca. 800 Zuhörer in einem Theater einfanden. Hier waren es allerdings nur Vorträge mit Simultanübersetzung, da aus sprachlichen Gründen nur wenige Fragen beantwortet werden konnten.

Eine weitere Debatte dieser langen Reihe fand an der Düsseldorfer Heinrich-Heine-Universität statt. Hier trat mir mit Prof. Johannes Laudage erstmals ein Mann entgegen, der jünger war ich selbst. (Er verunglückte leider wenige Jahre später tödlich.) Damals lernte ich Heimvorteil und Beharrungsvermögen besonders gut kennen. Ich gab eine ca. 20-minütige Einführung in meine Thesen und verwies darauf, dass ich mich mit naturwissenschaftlichen Arbeiten aus Dendrochronologie, Radiokarbon- und Thermolumineszenz-Laboren, Kalenderrechnung bis hin nach China, mit archäoastronomischen Ergebnissen, mit europäischer Bauhistorie, mit arabischen und jüdischen Überlieferungen auseinandersetzen musste. Darauf antwortete Laudage trocken, von all diesen Dingen habe er keine Ahnung, dafür kenne er die einschlägigen Urkunden und verwies auf einen Tisch voller Ausgaben der MGH. Darauf applaudierten die vielleicht 200 Zuhörer begeistert. Im Gegensatz dazu war jedes Auditorium bei jedem meiner Auftritte gewillt, meine Thesen in Bausch und Bogen zu verwerfen, wenn ich auch nur eine Frage nicht 'ordentlich' beantworten konnte. Das ist das Handicap des 'Herausforderers', keineswegs nur in meinem Fall.

Zu dieser Zeit griff der doppelte Vorwurf – Verschwörungstheorie und mögliche Sekte –, dem sich kein Veranstalter aussetzen mochte. So gab es nur noch zwei öffentliche Diskussionen. Die eine fand 2006 im Stadtmuseum von Ingolstadt statt und erwies sich als vorbereitete Falle. Nach meinem Einführungsstatement trat der frisch gekürte Kulturpreisträger der Stadt, Dr. Theodor Straub, nach vorne und begann eine Filibusterrede. Er überhäufte meinen Mitstreiter Gerhard Anwander und mich nicht mit Argumenten, sondern mit üblen Schmähungen, unter denen sich Bezeichnungen wie 'übelriechende Spießgesellen' häuften. Erst als Zuhörer aufbrachen, schritt der eigentlich als Moderator vorgesehene Journalist und Historiker, Mag. Gerald Huber, ein und bat zur Diskussion, verweigerte uns jedoch als erstes die Gegenrede. Die eigentlichen Diskutanten, etwa der Archäologe Dr. Gerd Riedel, sprachen fast gar nicht, dafür schimpfte aus dem Auditorium ein anderer Archäologe, Dr. Jochen Haberstroh. Er betonte, dass seine – damals noch ungenügend publizierte – Ausgrabung Nassenfels nördlich von Ingolstadt mich entscheidend widerlege, zumal hier und zwar ganz einmalig über einem römischen Thermalbad eine karolingische Kirche gebaut worden sei. (Diese Grabung in einem Neubaugebiet ist bald wieder zugeschüttet worden.) Hier ließ sich entgegnen, dass nur 20 km donauabwärts ebenfalls eine Kirche über einem römischen Thermenbecken stehe, doch in diesem Fall mit St. Andreas in Bad Gögging ein anerkannt romanischer Bau. Allerdings war die Atmosphäre bei dieser Veranstaltung durch Herrn Straub dermaßen vergiftet, dass sich keine sinnvolle Debatte mehr ergab [vgl. HI 2006; Anwander 2007].

Meine letzte große, universitäre Veranstaltung fand 2013 in Graz statt. Das Meerscheinschlössl war professionell mit Kameras, Scheinwerfern und Mikrophonen ausgestattet, örtliche Studenten und weitere Zuhörer füllten den großen Raum. Mit Prof. Manfred Lehner saß mir erstmals ein Archäologe als angekündigter Disputant gegenüber, dazu mit Prof. Johannes Gießauf ein Historiker. Hier fand eine sinnvolle Diskussion ohne Invektiven statt, die – aus verständlichen Gründen – zunächst nicht ins Internet gestellt worden ist, weshalb ich aus Ton- und Bildkonserven die Diskussion abtippte und meinerseits ins Internet stellte. Mittlerweile ist die gesamte Debatte dort zu sehen.

Ausschlaggebende Archäologen?

„Bauten, Funde und Schriften im Widerstreit" – so lautete der Untertitel meines 'häretischen' Buchs von 1994. Er traf den Nagel präzise auf den Kopf. In den Urkunden stehen viel zu viele Aussagen, die von Archäologen und Architekturhistorikern nicht bestätigt werden können. Das ist Mediävisten unbegreiflich, waren und sind sie doch der Meinung, dass die schriftliche Quelle das Primäre und letztlich einzig Relevante sei. Die Archäologen wiederum werden von den Historikern als Hilfswissenschaftler angesehen, die zwar Dinge zu Tage fördern, die sich in Ausstellungen publikumswirksam zeigen lassen, doch ansonsten die Informationen aus den Schriftquellen unterstützen sollen. Trotzdem hatte ich die leise Hoffnung, dass sich die Archäologen angesichts der beunruhigenden Fundarmut des Frühmittelalters auf meine Seite schlagen könnten. Diese Hoffnung sollte sich zerschlagen.

1999 wurden in Paderborn gleich zwei prachtvolle Ausstellungen eröffnet, mit denen der internationale Reigen für *„Charlemagne · The making of Europe"* 1.200 Jahre nach Karls Krönung eröffnet wurde. Insofern war ich gespannt, als die Zeitschrift *„Archäologie in Deutschland"* dazu eine Diskussion ankündigte. Aber die Redaktion wählte keinen Archäologen, der etwas zur Fundsituation hätte sagen können, sondern mit Prof. Matthias Becher einen Historiker, der obendrein den zentralen Aufsatz „Karl der Große und Papst Leo III." verfasst hatte, also einen urkundentreuen Mediävisten, der im selben Jahr außerdem noch eine Studie von 127 Seiten über Karl den Großen vorstellen sollte.

Becher blieb bei seinen Leisten, also bei Schriftquellen und biographischen Details, während er die Worte Archäologie und Architektur gar nicht benutzte, was in einer Zeitschrift wie *„Archäologie in Deutschland"* zumindest befremdet. In seine Verteidigung fügte er gleich einen Angriff mit ein.

> „Illig baut seine These mithilfe von Argumenten auf, die sämtlichen betroffenen Disziplinen entnommen sind. Der einzelne Historiker, Archäologe, Kunsthistoriker oder Byzantinist steht aber aufgrund seiner Spezialisierung und ***wissenschaftlichen Sorgfaltspflicht*** Behauptungen aus anderen Fachbereichen meist hilflos gegenüber. So könnte ein Historiker und Spezialist für das frühe Mittelalter nur die sein Fachgebiet berührenden Argumente hinterfragen und kritisieren. Dies würde Illig dann ***ohne sachliche***

> ***Auseinandersetzung*** mit dem Hinweis auf die Fülle seiner anderen Argumente einfach vom Tisch fegen.“ [AiD 3/1999, 72; Hvhg. HI]

Eine zunächst exakte Beschreibung: Ein Forschungsgebiet zerfällt in immer mehr Teilbereiche, zahlreiche Spezialisten wissen von fast nichts fast alles; übergreifende Ideen werden misstrauisch beäugt, selbst solche aus den eigenen Reihen. Jammervolle Selbstbeschreibung des Wissenschaftsbetriebes.

Wann immer er sein Grabungsloch – um einen archäologischen Begriff zu gebrauchen, der Becher fremd sein mag – verlässt, wird der Spezialist hilflos. Das ist ein Armutszeugnis für die Geisteswissenschaften generell. Ihn hindere die wissenschaftliche Sorgfaltspflicht – woraus im Umkehrschluss folgert, dass ich als Herausforderer wohl keiner Sorgfaltspflicht unterliege! Anschließend unterstellte er mir ein Verhalten, das er mir nicht nachweisen konnte, weil ich es nicht praktiziere. Vielmehr habe ich im Rahmen meiner Möglichkeiten in meiner eigenen Zeitschrift möglichst präzise alle Einwände behandelt, gut oder weniger gut, auf jeden Fall kritisierbar – dass sie hier von den Spezialisten nicht gelesen und andernorts nicht gedruckt werden, liegt nicht an mir. „Peer review“ von Fachzeitschriften eröffnet dem Außenseiter ohnehin keine Chancen, weil es zu dieser Thematik keine unabhängigen Gutachter und Spezialisten gibt.

Aus Sicht von Becher fehlte mir nicht nur die notwendige Sorgfalt und die Bereitschaft zum Eingehen auf Argumente; für ihn war ich auch unredlich, womit erneut das Moralisieren ins Spiel kommt.

> „Es gehört jedoch zu einer ***redlichen Arbeitsweise,*** nicht nur ein altes Lehrgebäude zu zerstören, sondern auch ein neues zu formulieren. Aber wie sollte er [HI] den westfränkischen König Karl III. (898–923) bewerten, als teils gefälscht, teils echt? Warum soll ausgerechnet die karolingische Epoche mit ihren zahllosen Schriftzeugnissen gefälscht sein? ***Welche Organisation*** hätte hinter einer solchen groß angelegten Fälschungsaktion stehen sollen“ [AiD 3/1999, 72].

Becher wollte nicht bemerken, dass in dem Buch *„Das erfundene Mittelalter“* überwiegend Fakten zusammengestellt wurden, ob archäologische, architektonische oder auch quellenbezogene. Zumindest einen Bauhistoriker hätten sie interessieren können. Erst im zweiten Band – der zeitgleich mit Bechers Aufsatz erschien – ging es um das Uhr-Vordrehen als solches, um das eher kriminalistische Aufspüren möglicher Motive, Protagonisten und Auswirkungen auch weit außerhalb des Frankenreichs; im Gegensatz zum ersten Band im hypothetischen Bereich. Dieser Folgeband ging auch auf Karl III. ein. Aber für Becher war die anfängliche Lücke wesentlich; dazu schwang bereits die typische verschwörungstheoretische Frage nach geheimen Hintermännern mit.

Das vermisste neue „Lehrgebäude“: Seit 200 Jahren bemüht sich nicht nur die MGH darum, die Widersprüche der Schriftquellen des frühen Mittelalters, für die eine Größenordnung von 7- bis 10.000 genannt wird, zu publizieren, aufzudecken und auszuräumen – die Arbeit eines ganzen, europaüberschreitenden Wissenschaftsbereichs. Die Arbeit, die seit über zwei Jahrhunderten Zehntausende von Spezialisten beschäftigt hat und beschäftigt, ist natürlich nicht von einem Einzelnen, auch nicht ansatzweise, zu leisten. Er kann nur wesentliche Punkte ansprechen und hoffen, dass sie aufgegriffen werden. Das böte der Mediävistik nicht zuletzt die Chance, nicht immer nur die gleichen Urkunden erneut kritisch zu lesen, die immer gleichen Protagonisten immer wieder zu präsentieren, sondern von Grund auf ein neues, nun weitgehend widerspruchsfreies Geschichtsbild im Zusammenspiel mit den Naturwissenschaften zusammenzufügen.

Der Kern des 'neuen Lehrgebäudes' war zwar ignoriert, aber bereits enthalten: Schneide an den definierten Jahren 614 und 911 das chronologische Band auseinander, entferne die 297 erfundenen Jahre – auch ihre exakte Anzahl wird sich finden – und füge das Band wieder zusammen. Dann wird es in dem neuen Übergangsbereich zu Friktionen kommen, die behoben werden müssen. Und es wird tausende neue Details zum besseren Verständnis des Mittelalters zutage fördern.

Becher hat das durchaus verstanden, sonst hätte er nicht Karl III., Carolus simplex vorgebracht. Doch der beantwortet die Frage quasi selbst, hätte er doch sechs Töchter von seiner ersten Ehefrau gehabt, die er 907 geheiratet hätte. Von ihnen sind keine Lebensdaten bekannt, drei von ihnen heirateten „möglicherweise“ bzw. „vielleicht“. Aus der zweiten Ehe von 919 stammte sein Thronfolger „Ludwig IV. der Überseeische (* 920 † 954), König 936“ [beides wiki: Karl III. (Frankreich]. Schließlich hatte er noch vier uneheliche Kinder. Mein Schnitt bei 911 scheint demnach hier ohne größere Nachbesserungen möglich zu sein: Ein Karolinger, der nun aus der Merowingerzeit hervorgeht, wie das auch für seine Vorgänger gelehrt wird, dessen phantomzeitliche Daten aber niemand erfinden wollte. Aber sollte so etwas eine archäologische Zeitschrift interessieren? Wie setzte sich diese Debatte nach dem archäologielosen Auftakt fort?

Im Folgeheft erschien meine Antwort auf Becher [AiD 4/1999, 77], dazu eine Zuschrift von Dr. Béatrice Keller, die mir bei der 10- anstatt

13-Tage-Korrektur von 1582 einen Rechenfehler nachweisen wollte [AiD 4/1999, 78]. Falsch war nur ihre Rechnung, wofür sich Keller entschuldigt hat [AiD 1/2000, 75]. Doch damit ging die ohnehin nicht-archäologische Betrachtung in einen astronomischen Diskurs über. Mein Versuch, durch einen weiteren Leserbrief auf aktuelle archäologische Befunde in Aachen hinzuweisen, wurde nicht abgedruckt. Dafür brachten Janine Fries-Knoblach und Burckhard Fricke den Aussagewert von Finsternissen in die 'archäologische' Debatte ein [AiD 2/200].

Mein neuerlicher Leserbrief mit Korrektur der Aussagen der beiden Schreibenden war wiederum unerwünscht; man ließ lieber in diesem Heft die Rubrik „Meinungen unserer Leser" entfallen. Die Zeitschrift wird herausgegeben vom *„Verband der Landesarchäologen in der Bundesrepublik Deutschland",* der sich hinreichend blamiert hat.

Zeitgleich lief in der Zeitschrift *„Sterne und Weltraum"* eine dort einschlägige astronomische Debatte. Auch hier ging es um die Festlegung des Frühlingsanfangs zu Zeiten Cäsars und des Konzils von Nicäa. Redakteur Dr. Ulrich Bastian brillierte hier mit seinem Einwurf:

> *„**Wir kennen das Buch von Herrn Illig nicht,*** würden uns aber nicht wundern, wenn es seine so offensichtlich irrige Kernbehauptung durch genauso irrige Randargumente stützen wollte. U.B." [*Sterne und Weltraum,* 7/2000, 516; Hvhg. HI].

14 Jahre später erhielt Bastian den

> „Bruno-H.-Bürgel Preis für hervorragende populäre Darstellungen neuerer Ergebnisse auf dem Gebiet der Astronomie in deutscher Sprache" [zah].

Er hat also ansonsten fundiert publiziert.

'Schmutz und Schund'

Als *taz*-Journalistin Marion Wigand am 11.09. 1995 mein Mittelalterbuch rezensierte, hatte sie sich dafür auch in Aachen rückversichert und schlimme Kunde mitgebracht: „Kein vernünftig denkender Mensch hat solche Zweifel". „Man macht sich lächerlich, sich auf solche Absurditäten überhaupt einzulassen", „reine Spinnerei" kolportierte eine anonym bleiben wollende Wissenschaftlerin aus Aachen und verwies zur Bekräftigung ausgerechnet auf Karls Gruft, die damals und bis heute nicht gefunden worden ist [Wigand 1995].

Rund um das 1.200 Jahre zurückliegende Krönungsdatum 800 wurde eine ganze Reihe von Ausstellungen vorbereitet, nicht nur in

Paderborn, sondern auch in Barcelona, Brescia, Split und York; Motto: *„Charlemagne – The Making of Europe"*. Für die Doppelausstellung in Paderborn bereitete der Philipp von Zabern Verlag drei riesige Bände vor und überlegte sich, wie er diese teuren Ausgaben am besten bewerben könnte. Er entschied sich für diesen handschriftlichen Eyecatcher:

„Prachtvoller können Illigs Thesen nicht widerlegt werden" [vgl. ZS 2/1999, 240]. Gleichzeitig wurden die 125 Autoren angehalten, auf den 1.682 Seiten meinen Namen strikt zu vermeiden. Merkantiles Schielen nach den besten Absatzchancen kann Wissenschaftler nicht bei ihrer Arbeit irritieren.

Im März des Jahres 1999 gab es eine verquere Premiere. Rund 200 Wissenschaftler traten zum 8. Symposium des Mediävistenverbandes unter dem Motto *„Karl der Große und das Erbe der Kulturen!"* vom 15. bis 18. März in Leipzig zusammen. PD Amalie Fößel stellte meine These der Corona vor und zur Diskussion – meine Anwesenheit war nicht erwünscht. Nun nahm eine Hundertschaft von Historikern quasi offiziell von meiner These Kenntnis. Laut einem professoralen Augen- und Ohrenzeugen ging es turbulent zu; ein Amerikaner witterte Eigenverlag und deshalb eine rechtsradikale Tendenz, andere sahen den Nachwuchs gefährdet: „Laßt diesen Gedanken nicht in die Köpfe der Jugend!" Als ein Student sich wunderte, warum dieser HI nicht eingeladen worden war, sahen die Älteren ihre Nachfolger bereits als infiziert an [Niemitz 1999].

Auf jeden Fall war damals endgültig das Urteil gefallen: nicht diskussions-, sondern verdammungswürdig. Ausgesprochen hat das dann Prof. Michael Borgolte am 29. 06. 1999 in einem Interview mit dem *Berliner Tagesspiegel.*

> „Die Mediävisten haben sich fünf Jahre lang intensiv mit Illig auseinandergesetzt. Ich denke, nun ist Zeit, über ihn zu schweigen. Um Illig ist mittlerweile eine pseudoreligiöse Gemeinde entstanden, die langsam Sektencharakter annimmt. Er kann gar nicht

mehr von seinen merkwürdigen Thesen zurücktreten und muß weiter für Nachschub sorgen, um seine Gemeinde nicht zu enttäuschen. Das hat mit Gedankenfreiheit nichts mehr zu tun" [Bach 1999].

Die Phrase von der Gedankenfreiheit ließe sich natürlich auch auf sein Verhalten beziehen. Zehn Jahre später fand Lucas Wiegelmann für die *„Welt"* [2009] heraus, dass es sich bei mir um „einen Sektenführer [handelt], der seine Anhänger wie eine »pseudoreligiöse Gemeinde« um sich schart". So trugen die Verleumdungen durch Prof. Borgolte und *Wikipedia* (s. u.) bei konsequenten Diffamierern durchaus Früchte.

Heute lese ich bei den bundesweit bekannten Publizisten Richard David Precht und Harald Welzer [2022, 219-221], dass es 1998, 2006 und selbst 2012 noch nicht üblich war, Personen öffentlichen Interesses als Individuen abzuqualifizieren. Seitdem aber spiele die Personalisierung „nicht nur die zentrale Rolle, sondern sie bildet geradezu den *Zweck* der Kommunikation". Hier ist festzustellen, dass zumindest in meinem Fall die Wissenschaftler den Journalisten um Jahre voraus waren. Bereits 1993 äußerten die Professoren Kerner und Lohrmann den Verdacht, meine Arbeit sei „wohl eher im Bereich der Ufos anzusiedeln"; da betätige sich wohl ein „neuer Däniken", der versuche, „sensationistische Aufmerksamkeit zu erzielen" [Enders 1993, 31.08.], worauf Leserbriefschreiber Wolfgang Trees [1993] anmerkte, Illig werde zu Unrecht mit Däniken verglichen: „Dänikens Spekulationen sind wenigstens noch intelligent und spannend". Bald darauf ereiferte sich Archivdirektor Dr. Herbert Wurster über meine 'unhaltbaren Geschichtskonstruktionen':

> „Trotzdem werden Illigs ‚umstürzende' Thesen ihm den Ruf eines kritischen Kopfes im Meer der Dummköpfe verschaffen, wird er seine Anhänger finden [ZS 3/1995, 329].

Ende 1995 sprach Fried von mir wie von einem Lügenbold und qualifizierte mich auch sonst moralisch ab. Jahre später begnügte er sich nicht mehr mit meiner destruktiven, negativen Phantasie, sondern schlug noch härter zu. In der ZDF-Sendung *„heute Nacht"* äußerte er sich zu meinen kalendarischen Betrachtungen, wollte sie nicht verstehen und kommentierte sie mit „absoluter Unsinn", „Top-Unsinn" und „Mumpitz" [vgl. ZS 4/99 619].

Prof. Kerner war es bei Präsentation seines neuen Buches – *„Karl der Große – Entschleierung eines Mythos"* [2000] – am wichtigsten,

> „dem 'Privatgelehrten aus dem fernen Bajuwarien' den Marsch zu blasen und dessen ‚seltsamen Thesen den Garaus zu machen'" [vgl. ZS 4/2000, 635].

Mein Name ging ihm nicht mehr über die Lippen; er sprach lieber vom „Unaussprechlichen" und seinem „frevlerischen Tun", während Fried bei Rezension dieses Kerner-Buches bereits die Erkenntnisse seines Fachs mit den Phantasien des „Unaussprechlichen" vermengte:

> „Das Unterfangen [der Karls-Entschleierung] gerät zu einer desillusionierenden Studie über Subjektivität, Instabilität und Relativität der Forschungsperspektiven, über die strukturell bedingte Unfähigkeit der Geschichtswissenschaft zu abschließender Erkenntnis, über ihre kontinuierlichen Unschärfen, ja ihre aller aufklärerischen Intention spottenden mythogenen Potenz, die bis zur Scharlatanerie fiktiver Karle gesteigert werden kann" [Fried 2001; vgl. *ZS* 2/2001, 267].

Dem vermeintlichen Entschleiern Karls sollte 2004 Frieds Titel *„Der Schleier der Erinnerung · Grundzüge einer historischen Memorik"* folgen, weiterhin den Fußstapfen des Dr. Seltsam folgend. Zur Zeit der Präsentation dieses Buches entrüstet sich Fried: „Fast alles, was Illig behauptet, ist Schwachsinn" [vgl. ZS 1/2004, 89], während Prof. Schieffer auf dem damaligen Historikertag von einem „geschäftstüchtigen Humoristen" gesprochen haben soll [ebd.]. Dietrich Lohrmann mokierte sich über vermeintliche Lateinunkenntnis – „wenn die eigenen Lateinkenntnisse gegen Null tendieren" – und vermisste bei mir die Felsendomkuppel unter den Vorläufern der Aachener Kuppel. Dummerweise verbirgt sich unter der Kuppelverkleidung des Felsendoms kein massives Steingewölbe, sondern nur eine hölzerne Stützkonstruktion und damit alles andere als ein Vorläufer [beides EuS 492].

Massiv wurde Diethard Sawicki, damals ein 32-jähriger Doktorand mit dem Dissertationsthema *„Geisterglauben und die Entstehung des Spiritismus"*. Für seinen Buchbeitrag wählte er ein Balzac-Wort und berührte damit das Thema 'Illigs Positivismus': Schließlich seien doch „die Wilden, die Bauern und die Provinzler" die genauesten Berechner [Sawicki,75]. Mit dieser Einstimmung giftete er 30 Seiten über meine Thesen und ihren Urheber, brachte mich auch in Verbindung mit Wilhelm Reich, also mit Marxismus und sexueller Befreiung, Massenpsychologie, Orgon-Akkumulator und schließlich Gefängnis.

Konkret imaginierte er mich als „Hinterweltler", eine Definition von 1924 [ebd, 79, 83]. In völligem Unverständnis in Architekturgeschichte sah er „ein von Illig zu seiner Bequemlichkeit entdecktes

»Gesetz der architektonischen Evolution«" [ebd. 89], da ihm wohl die Entwicklungen von der Früh- zur Spätromanik, von der Frühgotik hin zur Flamboyantgotik noch nicht begegnet sind. Als emsigem Leser war Sawicki bekannt, dass ich eine Verschwörungstheorie verbreite. Da eine solche aber Gegenwartsbezug benötige – das hatte Wiegelmann nicht bedacht –, billigte er mir nur „die Schwundstufe einer Verschwörungstheorie" zu [ebd. 96]. Nachdem er mich abgekanzelt hatte, weil ich gar nicht den Willen hätte, den „epochentypischen bewussten und unbewussten Leitlinien menschlichen Denkens und Handelns näherzukommen" [ebd.90], ging es ihm um

> „die Geschichte des Fälschungsvorwurfs, seine Implikationen und unausgesprochenen Voraussetzungen. Indem diese offengelegt werden, führt die Darstellung in die Tiefe geschichtstheoretischen Denkens und Argumentierens" [ebd. 78].

Aus derartigen Tiefen brachte er sein tiefsinniges Ergebnis ans Tageslicht: „Es geht nicht um Karl den Großen [...], sondern darum, Heribert Illig als den Außenseiter berühmt zu machen" [ebd. 97]. Da ist Sawicki wirklich in die tiefsten Tiefen hinabgestiegen und hat bei mir Ruhmsucht – und bei sich selbst Neid entdeckt. Bravo. Und so endigte sein Buchbeitrag mit dem fulminanten Satz: „Seine Bücher über die »Karlslüge« bleiben autistisch" [ebd. 99]. Kennt wenigstens er sozial interaktive und freier Kommunikation fähige Bücher?

Zum kleinen Einmaleins des Verleumdens gehört seit Schieffer [1996] der permanente Versuch, meine Zitationen als Verfälschungen zu bezeichnen, weil ich sie entstellend aus dem Zusammenhang reiße. Der Nachweis auch nur eines einzigen verfälschenden oder falschen Zitats ist bislang nicht erfolgt. Doch gegen Prof. Josef Riedmanns Vorwurf bin ich hilflos: HI „zitiere aus dem Zusammenhang" [vgl. ZS 1/1998, 131].

Derartige Statements, dazu Vergleiche mit Erich von Däniken und mit dem Denken von Auschwitzleugnern, Wertungen wie „absoluter Unsinn", „Top-Unsinn", „Mumpitz" und „absurd" – das sind alles Elemente, wie sie typischerweise bei heutigen Shitstorms eingesetzt werden. Dr. Andreas Kalckhoff argumentierte zunächst korrekt im Sinne herrschender Lehre, bis es ihm in einer Rundfunksendung am 26. 11. 1997 dann doch entfuhr: „Also, wenn ich ehrlich sein soll, ist es nur Quatsch" [ZS 1998, 126]. Auch bei Ekkehard Eickhoff [2000] ist es von der „Scharlatanerie" nicht weit bis zum Scharlatan. Matthias Becher titulierte mich hingegen als „Querkopf" und „Spinner" [Schulz 1999, 276].

Dem ähnelt auch der permanente Kampf von *Wikipedia* gegen das erfundene Mittelalter; in diesem Fall vorgetragen von einer gescheiterten Studentin der Mediävistik, Henriette Fiebig, die später im *„Spiegel"* stolz über ihr Herumschlagen mit den „Pappköppen im »Erfundenen Mittelalter«" berichtete [v. Rohr]. Von ihr übernahmen Wissenschaftler, die an der Universität Bochum bei Prof. Werner Bergmann ein Seminar besucht haben dürften, den Fehdehandschuh. Sie genießen bei *Wikipedia* angenehme Anonymität, um meine These unlauter zu konterkarieren und mich als Person zu beschädigen. So ist ihnen das Sekten-Statement von Borgolte (s. S. 172) ungemein wichtig; es darf auf keinen Fall von der mir gewidmeten *Wikipedia*-Seite verschwinden, sei es doch eine Tatsachenbehauptung. Es war auch damals nur eine vorgeschobene Behauptung, die schon nach wenigen Jahren als Lüge entlarvt war: Entweder habe ich tatsächlich eine pseudoreligiöse Gemeinde mit Sektencharakter gegründet, dann müsste sie nachweisbar sein, oder es war keine Tatsachenbehauptung, sondern eine Verleumdung. Natürlich gab es nie eine Gemeinde oder Sekte, aber *Wikipedia*-Autoren und andere Wissenschaftler brauchen diese nützliche Brandmarkung.

Nur wenige der dort versammelten Absolventen der Universität Bochum, etwa Matthäus Müller-Götz (mmg), konnten enttarnt werden. Sie täuschen unentwegt weiter, vor allem mit der Verfälschung der großen Studie in *„Ethik und Sozialwissenschaft · Streitforum für Erwägungskultur"*, die bereits 1998 vorlag. Von Redakteur Dr. Loh wurden damals über 100 Wissenschaftler angesprochen; geantwortet haben nur acht, darunter geradezu ausfällig Prof. Theo Kölzer:

> „Die Anfrage von EuS verwundert mich sehr, denn die Thesen von Herrn Dr. Illig sind so abstrus, daß eine Zeitschrift mit wissenschaftlichem Anspruch Gefahr läuft, sich lächerlich zu machen. An dieser Diskussion werde ich mich jedenfalls nicht beteiligen, obwohl ich Herrn Illig dankbar sein müßte: Durch seine Eliminierung größter Teile der frühfränkischen Geschichte wäre ich eigentlich der Mühe enthoben, die kritische Edition der merowingischen Königsurkunden fertigzustellen, die vor dem Abschluß steht. Über diese vermeintlichen Phantome mag Herr Dr. Illig ein weiteres Buch schreiben" [EuS, 491].

Ein gutes Jahr später ließ sich Kölzer im *„Spiegel"* feiern. Ich bringe hierzu einen Auszug aus meinem einschlägigen *Zeitensprünge*-Artikel von 1998. Er bezieht sich auf den *Spiegel*-Artikel von Matthias Schulz:

> ***„»Schwindel im Skriptorium.***
>
> Reliquienkult, erfundene Märtyrer, gefälschte Kaiserurkunden – phantasievolle Kleriker haben im Mittelalter ein gigantisches

Betrugswerk in Szene gesetzt. Neuester Forschungsstand: Über 60 Prozent aller Königsdokumente aus der Merowingerzeit wurden von Mönchen getürkt.«

Der Leser erschrickt: Es wird doch nicht um jene ganz ausgeschlossene, gigantische Fälschungsaktion gehen, die ein gewissenloser Außenseiter beharrlich vertritt und dabei dem armen Karl zu Leibe rückt? Aber nein, es geht um etwas ganz anderes, das nur ein ignoranter Leser als identisch einstufen würde: Es geht um das gemeinschaftliche Produzieren von Falsifikaten im gigantischen Umfang. Während im 10. oder 12. Jh. die Täuschungsquote bei 10 % (Barbarossa) oder 15 % liegt (Otto I.), schnellt sie in früheren Zeiten in die Höhe: Für Ludwig den Frommen gilt bislang zwar nur eine Quote von 11 %, aber hier läuft die kritische Forschung erst an. Karl der Große bietet 35 %, die merowingischen Könige bringen über 60 %. Redliche Forscher sind erschüttert, sprechen von »Erzbetrügern« und einer »Massenepidemie an Fälschungen« oder diagnostizieren beim Klerus eine »Abstumpfung sittlichen Gefühls«. Schulz holt sich Anleihen beim alten Otto von Corvin und bei Karlheinz Deschner: »Kriminelles Milieu«, »Erzbetrüger«, »Massenepidemie an Fälschungen«, »Täuschungsmanöver«, »arglistige Fälschungen«, »Kutten-Kujaus«, zum Papst gekürter »Spitzbube«, »Schwarzröcke«, »in Kirchenbesitz umgelogen«.

Einzig ***Horst Fuhrmann*** weiß es seit Jahren: »Die Skriptorien hätten Fakten umgebogen ›wie das Wahrheitsministerium bei George Orwell‹. Karlsverteidiger ***Max Kerner*** ist erst neuerdings erschüttert: »Unsere Zunft steht vor einem Abgrund an Falsifikaten und es werden immer mehr«. Kühle Härte bewahrt ***Theo Kölzer,*** der Entlarver der Merowinger-Fakes. Ihm scheint dieser Artikel gewidmet zu sein, obwohl seine Merowinger-Urkunden noch nicht ediert sind“ [HI in ZS 3/1998, 462 f.].

Es dauerte noch drei Jahre, bis zum Ende des Jahres 2001, dass Kölzer sein Endergebnis für die merowingischen Königsurkunden vorlegen konnte: Von 196 Urkunden sind fast zwei Drittel Fälschungen! Nur 38 Diplome gelten ihm als unbezweifelbare Originale. Er selbst hat allerdings nur 30 Urkunden als Fälschungen entlarvt [ZS 1/2002, 157 f.], die anderen Falsifikate waren längst bekannt. Die Fälschungen auf Karl d. Gr. liegen seit 1986 bei 37 % [ZS 3/1999, 529]. Kölzer kennt auch die Gründe für die Flut an Fälschungen:

> „»Seit dem 12. Jahrhundert war ohne besiegelte Urkunde nichts zu machen«, sagt Kölzer“ [ZS 12002, 158, lt. Marszk].
>
> „Wenn in einem Kloster für ein beanspruchtes Recht keine Urkunde existierte, griffen die Betroffenen häufig selbst zu Feder und Pergament“ [ZS 1/2002, 158 lt. dpa 2002a].

Unterm Strich war allein Kerner erschüttert, dass es nicht nur Adenauers „Abgrund von Landesverrat“, sondern auch einen „Abgrund an Falsifikaten“ gibt; alle anderen Mediävisten wussten Bescheid, dass auch ohne meine Recherchen das Mittelalter mindestens zur Hälfte als Fiktion, das „erfundene Mittelalter“ mindestens zur Hälfte bereits als Realität gesehen wird.

> „Bis zu 50 Prozent der erhaltenen Urkundentexte aus dem Frühmittelalter sind gefälscht, so der aktuelle Stand der Forschung“ [Heliosch 2009].

Und so entlarvte sich auch Kölzer mit seinem Hohn mir gegenüber, Vielleicht war er indigniert, dass ein anderer über den Grund für so viele Fälschungen nachdachte und die weitergreifende Lösung vorlegte.

Zurückkommend auf die EuS-Diskussion: Sie ergab umgerechnet 80 Buchseiten aus Fragen, Antworten und meiner abschließenden Replik. In ihr habe ich sämtliche Fragen beantwortet, nicht im Stile eines Aiwangers, sondern korrekt. Die *Wikipedia*-Crew tut jedoch seit 25 Jahren so, als hätte ich nie geantwortet. Demnach wären die Antworten der acht Wissenschaftler die endgültige Wahrheit, während meine Replik verschwiegen wird. Ein mehr als seltsame Vorstellung von Diskurs, geleitet von Herabwürdigung, ja wiederum Verleumdung. Ebenso wenig gibt es im Artikel „Karl der Große“ einen Hinweis auf eine abweichende Meinung.

Wir sehen: Die Wissenschaftler 'mit der weißen Weste' haben öffentlich den anonymen Tweet-Verfassern Material zur moralischen Vernichtung von Personen geliefert, der dort allerdings bis hin zu „psychischen Konsequenzen bis hin zum Suizid“ praktiziert wird [Precht/Welzer, 221]. Das gehört unter die Rubrik „Cancel culture“, die gerade von dem Philosophen Julian Nida-Rümelin untersucht worden ist. Er sieht drei Eskalationsstufen.

> „Es beginne damit, dass eine Meinung nicht ohne Sanktion geäußert werden könne. Auf der zweiten Stufe würden die Personen, die Unliebsames gesagt hätten, vom Diskurs ausgeschlossen, unabhängig davon, wozu sie sich zu Wort melden wollten. Stufe drei

sei die Vernichtung der beruflichen, sozialen oder physischen Existenz“ [Bergmann 2023].

Das alles war auch 30 Jahre früher längst bekannt. Als ich mir 1992 überlegte, ob ich meine These öffentlich vertreten könne, musste ich einige Punkte vorab klären, um gewappnet zu sein: geschieden, kinderlos, ohne Arbeitgeber, ohne Schulden, nur so würde ich keinen anderen gefährden. Dass man den Verlag gegen seinen Autor aufbringen und ihm Vortragsmöglichkeiten ruinieren kann, war damals noch nicht absehbar. Wohl aber die Verleumdung, von der ich zum Glück antizipierte, dass in Deutschland ihr probatestes Mittel ein brauner Vorwurf ist.

Bei der Gelegenheit ist noch auf eine journalistische Unsitte zu verweisen: Die lebhaft Interessierten unter Reportern und Journalisten wollten in vielen Fällen selbst darüber richten, ob meine Thesen richtig oder falsch wären. Dafür fehlt den meisten zwangsläufig das Sachwissen; insofern würde es völlig ausreichen, wenn sie darüber berichten würden, dass es neue, interessante Ideen gebe, zu denen sich die Fachleute dringend äußern sollten. Doch das wäre nicht spannend genug. Einst stürmte ein jüngerer Reporter zu mir herein mit dem Spruch: „Was würden Sie sagen, wenn ich Ihnen binnen 15 Minuten ihre Theorie widerlege?“ Er war gut vorbereitet und hatte sich von Prof. Schlosser archäoastronomisches Wissen vermitteln lassen. Allerdings gelang es dem jungen R.D. Precht nicht, meine Theorie auszuhebeln, so dass er sie 2022 als Beispiel für eine Logistikfrage heranziehen konnte [Precht/Welzer, 157 f.]. „Halbfertig“, wie dort vermerkt, waren meine Ideen damals längst nicht mehr, war doch mein zweites einschlägiges Buch 1999 erschienen, wurde aber nach Borgoltes Verdikt – man könnte es auch Anathem (Kirchenbann) nennen – kaum mehr rezensiert. Immerhin fällte Precht 2022 ein für mich akzeptables Urteil: „möglicherweise sanft [zu] bejahen“ [ebd. 158].

Auch die *Süddeutsche Zeitung* quälte sich 2003 mit einer Rezension. Es dauerte damals rund drei Monate – es gäbe keinen Archäologiekundigen in der Redaktion –, bis sich die SZ entschloss, die möglicherweise beabsichtigte Rezension des fast tausendseitigen Werks *„Bayern und die Phantomzeit“* durch ein Porträt meiner Person zu ersetzen [Unterstöger]. Im selben Jahr dauerte es bei der *SZ* keine drei Wochen, bis ein nun wirklich schwieriges, auf Archäoastronomie aufbauendes Buch – die fast 500 Seiten von Franz Krojers *„Präzision der Präzession. Illigs mittelalterliche Phantomzeit aus astronomischer Sicht“* – rasch und positiv besprochen wurde. Dieses im Kern astronomische Werk erhielt zusätzliches Gewicht, weil mindestens 21 Gelehrte ihre

Argumente – bis hin zu Keilschriftauslegungen – durch Krojer vortragen ließen, also von einem Computer-Fachmann, der bei der Leibniz-Gesellschaft angestellt war und deren offiziellen Briefkopf für sich verwendete, was ihm deshalb untersagt worden ist.

Der Philosoph Dr. Ulrich Kühne war als Spezialist für Gedankenexperimente so stark beeindruckt, dass er festhielt:

> „Spätestens auf Seite 100 – es geht um das Kanopus-Dekret zur Kalenderreform unter Ptolemäus III. – beschleicht den Leser das ungute Gefühl, dass Krojer womöglich mit Atombomben auf Knallfrösche schießt“ [Kühne 2003].

Die Repliken von Prof. G. Heinsohn, PD J. Beaufort und mir zeigten, dass auch Krojer – trotz der vielen Unterstützer im Rücken, die Kühne nicht ansprach – keinen atomaren Overkill betreibt, sondern mit Wasser kochte und später selbst einräumte, dass meine Thesen mit reiner Berechnung nicht auszuhebeln seien:

> „Man muss also aus meiner Sicht einige Hürden nehmen, bevor die Phantomzeit-These an Gewicht verliert. Streng – etwa im mathematischen Sinne – widerlegbar ist sie nicht, jedoch gibt es hinreichend viele Argument aus astronomischer Sicht, die deutlich gegen das ‚erfundene Mittelalter‘ sprechen“ [Krojer 2004, 205].

Damals räumte er auch ein, dass die Urkundensituation tatsächlich erklärungsbedürftig sei.

Zurück zu Kühnes Rezension. Er brachte die dialektische Pointe ins Spiel, ob man einem Verfemten eigentlich antworten dürfe, seitdem das Autodafé mit anschließender Ketzerverbrennung nicht mehr zur Verfügung steht:

> „Die akademische Wissenschaft hat Illig mit der *damnatio memoriae* belegt; auch der Versuch einer Widerlegung stellt den Forscher in ein dubioses Licht“ [Kühne].

Das gilt gleichermaßen für den Verdammten wie für seinen Kritiker, und das gilt selbstverständlich auch für den darüber öffentlich räsonierenden Kühne, was ihm natürlich bewusst war! Ähnliche dialektische Betrachtungen bewegten Prof. Schieffer, als ihn Hermann Unterstöger zu meiner Person befragte und er ihn abwies:

> „Wenn man gegen Illig sei, fühle er sich als Mittelpunkt der wissenschaftlichen Diskussion, und wenn man schweige, sage er, dass der Wissenschaft halt nichts Vernünftiges einfalle. Er, Schieffer, werde dennoch den Mund halten“ [Unterstöger 2003].

Derartige Dilemmata löste man am byzantinischen Kaiserhof so: Wer in Anwesenheiten des Basileus ein Stück Fleisch vom Teller auf den Boden fallen ließ, wurde mit dem Tod bestraft. Weil aber dem Beobachter des Frevels die Augen ausgestochen würden, kam es nie zu einem Todesurteil.

Die Thematik ließe sich noch lange fortsetzen, nicht zuletzt mit endlosen unsachlichen Einwänden. Aber das brächte nicht weiter. Halten wir uns lieber an die Naturwissenschaften, die zwar offener wirken als die Geisteswissenschaften, insbesondere als ein Orchideenfach wie die Mediävistik, aber trotzdem dieselben Probleme kreieren. Unter den Astrophysikern gab es Halton Arp (1927–2013), der die zur Entfernungsmessung herangezogene Rotverschiebung (redshift) anders interpretierte und dadurch alle gängigen Theorien in Frage stellte. Deshalb verlor er am Palomar-Observatorium seine Beobachtungszeiten – praktisch ein Berufsverbot –, worauf ihn Prof. Rudolf Kippenhahn als unbezahlten Gastwissenschaftler ans Max-Planck-Institut für Astrophysik in Garching bei München holte, um ihm das Weiterarbeiten zu ermöglichen [Otte 2014]. Damals lernte ich ihn kennen. Kippenhahn betonte:

> „Wir brauchen Leute wie ihn [H. Arp], sonst besteht die Gefahr, dass sich in der Wissenschaft Cliquen bilden die keine Kritik von außen zulassen“ [wiki: Halton Arp].

Bei den Mediävisten hat sich noch keine und keiner zu der simplen Überlegung durchgerungen, was wäre, wenn an meinem Ansatz nicht alles falsch wäre. Skepsis gegen Urkunden, mögen sie auch noch so fälschungsverseucht sein? Lieber stirbt die Garde, die im Gegensatz zum Fußvolk weiß, wann die Schlacht verloren ist.

Immerhin ist Hans-Werner Goetz zu zitieren, der sich 2003 auch Gedanken über die „»Konstruktion der Vergangenheit«. Geschichtsbewusstsein und »Fiktionalität« in der hochmittelalterlichen Chronistik“ gemacht hat. Er möchte die mittelalterliche Geschichtsschreibung nicht einfach als „vorwissenschaftlich“ abgewertet sehen und schließt mit den Sätzen:

> „Angemessener ist es daher, ohne verzerrende Werturteile die – nicht zu verkennende – Andersartigkeit und Eigenart der mittelalterlichen »Konstruktion von Geschichte« und deren anderes Verhältnis zur Frage einer »Fiktionalität« aufzudecken. Wenn mein Aufsatz dazu einen kleinen Teil beitragen wollte, so bin ich mir doch bewußt, daß bis zu einer wirklichen Durchdringung dieser Materie noch viel Forschungsgeist zu investieren ist“ [Goetz, 257].

Hier wartet noch mancher Erkenntnisgewinn.

Außerhalb der Wissenschaft liest sich das viel einfacher. Ich erinnere an Siegfried Lenz (1926–2014), den in seinem bekanntesten Werk *„Deutschstunde"* ein falsch verstandener Pflichtbegriff beschäftigte:

> „Da sich eine Gemeinschaft durch den Außenseiter immer herausgefordert, bedroht oder unterwandert fühlt, widmet sie ihm ihr ganzes Interesse, ihren Argwohn, und schließlich verfolgt sie ihn mit ihrem Haß" [Lenz 1968, 276].

Vor genau 200 Jahren hat Altmeister Goethe den gleichen Gedanken seinem Eckermann in die Feder diktiert:

> „Dienstag, den 30. Dezember 1823
>
> »Es wird aber«, fuhr Goethe fort, »in den Wissenschaften auch zugleich dasjenige als Eigentum angesehen, was man auf Akademien überliefert erhalten und gelernt hat. Kommt nun einer, der was Neues bringt, das mit unserm Credo, das wir seit Jahren nachbeten und wiederum anderen überliefern, in Widerspruch steht und es wohl gar zu stürzen droht, so regt man alle Leidenschaften gegen ihn auf und sucht ihn auf alle Weise zu unterdrücken. Man sträubt sich dagegen, wie man nur kann; man tut, als höre man nicht; man spricht darüber mit Geringschätzung, als wäre es gar nicht der Mühe wert, es nur anzusehen und zu untersuchen; und so kann eine Wahrheit lange warten, bis sie sich Bahn macht«" [Eckermann, II:105].

Das fördert einen abschließenden dialektischen Gedanken. Indem mich Borgolte als Gründer einer pseudoreligiösen Gemeinde, vulgo Sekte denunzierte, erklärte er indirekt sein orthodoxes Lehrgebäude zur Kirche. Lange Zeit war die römische Kirche im Abendland die Hüterin der wahren Lehre. Ihr entzogen sich die Scholaren, indem Landesherren freie Universitäten gründeten, bei denen der kirchliche Einfluss begrenzt werden konnte. Einmal in dieser privilegierten Position, wandelten sich jedoch die Scholaren zu Klerikern in eigener Sache, worauf sie ihrerseits die von ihnen als Häretiker Empfundenen verfolgten und verfolgen – mit Berufsverboten, Verhöhnen, Verschweigen *(damnatio memoriae).* Hier benötigen wir die freie Presse als vierte Gewalt – bis sich auch ihre Vertreter zu Klerikern in eigener Sache wandeln, vielleicht auch schon – siehe Precht und Welzer [2022] – dabei sind.

Die Debatte ums erfundene Mittelalter

Es geht um einen richtigen Historikerstreit: Eine ganze Fakultät in heller Aufregung und Verärgerung, etwa:

> „Die Mediävistin Dr. Amalie Fößel von der Uni Bayreuth will ebenfalls einen Schlusstrich ziehen. »Es ist ärgerlich, daß Illig so viel Anklang in den Medien findet.« Deswegen habe sie keine Lust mehr, etwas dazu zu sagen“ [Cartier 1999].

Bei den Naturwissenschaftlern sind lebhafte Auseinandersetzungen zwischen Vertretern neuer Ideen, neuer Thesen normal; diese können auch lange nebeneinander bestehen (z.B. Welle-Teilchen-Dualismus). Physiker empfinden sie z.B. als nützlich, weil divergierende Problemstellungen den Bau eines noch größeren CERN-Beschleunigers beschleunigen können. Geisteswissenschaftler denken anders; da quälen sich die Forschenden bereits mit einem „iconic turn“, um die Textlastigkeit zu reduzieren. In der Mediävistik stellt sich alles noch ein wenig mühsamer dar. Prof. Johannes Fried [1996c] plädierte dafür, Fenster in dem muffig gewordenen Elfenbeinturm zu öffnen und den Ausblick aus diversen Fenstern zu riskieren, vergaß dabei aber völlig die Naturwissenschaften und ihre längst in Anspruch genommene Hilfestellung.

Das Medienecho aufs erfundene Mittelalter war viel zu groß, als dass hier auch nur die mir bekannt gewordenen Äußerungen aufgelistet werden könnten. Es geht deshalb nicht um Äußerungen von gestressten Journalisten, die eine Nachricht auf die Schnelle mit ein paar Fakten hinterlegen und verbreiten sollen, sondern um die ausgewiesenen Fachleute, die tatsächlich in der Lage wären, kompetent zu antworten. Deshalb werden auch hier die akademischen Titel genannt. Etliche Personen ohne akademischen Grad wurden aufgenommen, teils weil sie mein Anliegen stark unterstützt, teils weil sie es besonders nachhaltig hintertrieben haben. Universitäre Lehrorte ändern sich stets und wird nur ausnahmsweise vermerkt.

Auf dem 8. Symposium des Mediävistenverbandes in Leipzig (15. bis 18. März 1999), das nicht ganz zufällig unter dem Generalmotto: „Karl der Große und das Erbe der Kulturen“ stand, hat PD Amalie Fößel den Vortrag *„Karl der Fiktive, genannt Karl der Große. Zur Diskussion um die Eliminierung der Jahre 614 bis 911 aus der Geschichte“* gehalten. Demnach haben im Prinzip alle deutschsprachigen Mediävisten von der These Kenntnis genommen (de facto waren etwa 100 anwesend und haben diskutiert; HI blieb außen vor).

Ansonsten waren die Medien begierig, über den 'Skandal' zu berichten; von „Bild“ und „Neue Revue“ bis zu „Spiegel“ und „Zeit“, Rundfunk und Fernsehen. Die vorliegende Liste ist nicht vollständig; ich war vor allem auf wachsame Mitarbeiter und Leser jeglichen Geschlechts der Zeitschrift *„Zeitensprünge“* angewiesen, die mir auch Lokalgeschehen zumeldeten, aber sicher nicht alles. Wenn es um Statements von Spezialisten ging, so wollten diese keineswegs, dass ich davon erfahre und vielleicht auch noch antworte; die einzige, rühmenswerte Ausnahme war Prof. Martin Trömel.

Die Namen meiner **Kontrahenten** sind gefettet; damalige ***'Kombattanten'*** sind fettkursiv gekennzeichnet; die Namen neutraler 'MULTIPLIKATOREN' werden in Kapitälchen gesetzt. Hierzu gehören wesentliche Unterstützer bei Verbreitung der Thesen, nicht unbedingt der Thesen selbst, wie etwa Dr. Alexander Kluge.

Bei den Repliken ist anzumerken, dass Vorlesungen, Seminare oder Übungen generell nicht besucht werden konnten, da die Ausrichter mir keine Mitteilungen dazu machten.

Etwas Wesentliches fehlt: In den *Zeitensprüngen* wurden Hunderte von Expertenmeinungen von meinen Mitstreitern oder von mir bezweifelt, widerlegt und durch neue Einsichten ersetzt. Doch daraus ergaben sich keine Erwiderungen, keine Debatten, weil die Wissenschaftler eine Zeitschrift wie die *Zeitensprünge* nicht für satisfaktionsfähig hielten und folglich gar nicht lasen – nur heimlich. Deshalb bringt die Liste 53 Mitstreiterinnen und Mitstreiter, obwohl sie keinen direkten Beitrag zur Diskussion leisteten, aber weiterführende Artikel zum frühen Mittelalter publiziert haben. Nicht enthalten sind Diskussionen unter 'Zeitenspringern'.

Verzeichnet sind aktuell 181 Gegner mit fast durchwegs akademischem Abschluss, 28 Verteidiger (mich eingeschlossen) und 21 Neutrale, die eine Präsentation bzw. wechselseitigen Austausch ermöglicht haben. So ergeben sich ohne meine 53 'Sympathisanten' 230 Beteiligte – ein veritabler Historikerstreit, der, anders als bei der zeitgleich einsetzenden Goldhagen-Debatte von 1996, möglichst flach gehalten worden ist.

Abkürzungen

AiD = *Archäologie **in** **D**eutschland,* Zeitschrift

BHI = ›*Rückweisung der bislang gewichtigsten Kritik an der Phantomzeitthese* im Rahmen von „*Das Scheitern der Archäoastronomie I‹; ZS* [3/2003, 478-507]; mit Beiträgen von J. **Be**aufort, G. **H**einsohn und H**I**.

BuP = HI / Gerhard Anwander (2002): „***B**ayern **u**nd die **P**hantomzeit. Archäologie widerlegt Urkunden des frühen Mittelalters · Eine systematische Studie in zwei Teilen“;* Mantis

C&CR = „*Chronology & Catastrophism Review*“, UK

C&CW = „*Chronology & Catastrophism Workshop*“, UK

DeM = HI ([1]1996): „***D**as **e**rfundene **M**ittelalter*“, Econ, Düsseldorf, Nachwort S. 393-411 ab Taschenbuchausgabe 1998 (23. Auflage bei Ullstein, Berlin)

EuS = ***E**thik **u**nd **S**ozialwissenschaften. Streitforum für Erwägungskultur,* Opladen. Heft 4 von 1997 = 8. Jg., 481-520. „*Enthält das frühe Mittelalter erfundene Zeit?*“ 7 Fragen durch HI, Antworten von 8 Diskutanten und abschließende Replik durch HI.

GKR = HI (2019): „***G**regors **K**alender**r**eform 1582“;* Mantis, Gräfelfing; ab [2]2020 erweitert um den wahren Erfinder der Reform

HI = **H**eribert **I**llig

MA = **M**ittel**a**lter

SIM = *Mitteldeutscher Rundfunk, TV 3,* 19.02.97, Leipzig: **SIM** = Simmerings Film: „*300 Jahre erstunken und erlogen? Über Zweifel an unserer Zeitrechnung*“ mit 8 interviewten Gegnern; oft auf *BR 3 (Space night)* wiederholt.

SIS = ***S**ociety for **I**nterdisciplinary **S**tudies,* UK, (seit 1974)

WhU = HI (1999): „***W**er **h**at an der **U**hr gedreht?*“ Econ München, dann Ullstein, Berlin

ZS = ***Z**eiten**s**prünge;* Gräfelfing (Abkürzung auch für die Ausgaben vor 1995 unter dem Titel *Vorzeit-Frühzeit-Gegenwart*). Die letzte Ausgabe [3/2018] beendete den 30. Jahrgang. Alle Texte sind unter „***zeitensprünge.de***“ im Internet zu finden.

ZSp = Andreas Otte (Hg. 2007): „***Z**eiten**sp**ringer. Heribert Illig zum 60. Geburtstag“;* Oerlinghausen

Debattierende, alphabetisch gereiht

Albrecht, Gisela, Hannoversch Münden, ZS-Autorin zum erfundenen MA, 1999–2000

Althoff, Gerd, * 1943, Prof., Mediävist, Uni Münster

- (1997): ›Kann man eine Hochkultur erfinden?‹ *EuS* [483 f.]
  Repliken: HI: ›Drei Jahrhunderte bleiben fragwürdig‹; *EuS* [515-518] • ›Hauen und Stechen auf breiter Front. Wie ein Kampf ums frühe Mittelalter‹; *ZS* [1/1998, 130 f.] • *DeM* [1998, 401] • ›Aktuelle Kontroversen‹; *ZS* [1/2011, 11]

Anwander, Gerhard, 1945–2013, Diplom-Psychologe, Kirchheim in Schwaben, 1998–2011 *ZS*-Autor zum erfundenen MA, auch Buch-Autor mit HI: *„Bayern und die Phantomzeit“* [2002]

- (1999): ›Mediävistisches Schachmatt auf dem falschen Brett‹; *F.A.Z.* [28.06.] (Leserbrief als ***Replik*** auf M. Becher)
- (2000): ›„Eine einzige Spatelknopfnadel.... Die Lücke in der Regensburger Siedlungsarchäologie“‹; *ZS* [2/2000, 234-258; mit HI] (***Replik*** auf A. Fößel und A. Hubel)
- (2004): ›Schwedens ausgemusterte Karle, Polens noch früherer Königsverlust‹; *ZS* [2/2004, 350-357; mit HI] (***Replik*** auf K. Blaschke [2004])
- (2005a): ›„Das hat kein Niveau!“ Anmerkungen zu zwei Rezensionen über Faußner und seinen Wibald von Stablo‹; *ZS* [3/2005, 701-709] (***Replik*** auf M. Hartmann)
- (2005b): ›Müller, Napoleon und der Beginn der deutschen Art, Geschichte zu schreiben‹; *ZS* [3/2005, 710-731] (***Replik*** auf D. Sawicki)
- (2007): ›Ingolstadt November 2006‹; *ZSp* [2007, 137-145] (***Replik*** auf J. Haberstroh, G. Riedel und T. Straub)

Assing, Helmut, * 1932, Prof., Mediävist, Uni Potsdam

- (1998): Podiumsdiskussion mit HI am 22.10. = ***Replik***
- (2008): Verunglückte Diskussion mit Dietmar Franz (s.d.)

Baillie, Mike, * 1944, Prof., Paläoökologe, führender Dendrochronologe, Uni Belfast

- (2003): Informant von F. Krojer [339, 444 f., 448]
  Replik: BHI

- (2004): Äußerung bei Jan Berndorff: ›Die verschwundenen Jahrhunderte‹; *P.M. Perspektive* [1/2004, 86-89]
  Replik: HI: ›Die Debatte der Schweigsamen‹; *ZS* [1/2004, 92 f.]

Barta jr., János, * 1941, Historiker, Debrecen. Die in Ungarn in der Landessprache geführte Diskussion ist nicht erfasst.

- (2003): Wortführer in dem Heft *Rubicon* 2003/05: ›Kitalált középkor?‹, das der Widerlegung von HIs Thesen gewidmet ist. Für HI sprachlich nicht zugänglich.

Bastian, Ulrich, Dr., * ca. 1959, *Astronomisches Rechen-Institut,* Heidelberg, Redaktion *Sterne und Weltraum*

- (2000): ›Historische Zeitskala astronomisch verifizierbar‹; *Sterne und Weltraum* [39 (7) 516]
  Repliken: HI: ›Naturwissenschaftler verteidigen 'ihren' Thron‹; *ZS* [3/2000, 481-486] • ›Kaiser Karl im Ruhestand. Zum Stand der Mittelalterdebatte‹; *ZS* [2/2001, 266]

***Beau*fort**, Jan, * 1955, PD Dr., Philosoph, Uni Würzburg,

- von 2001 bis 2010 *ZS*-Artikel zum erfundenen MA
- (2003): ›Die Fälschung des Almagest und ihre Verdrängung durch Franz Krojer‹; *ZS* [3/2003, 508-515] (***Replik*** auf Krojer, 2003)
- (2007): ›Unterwegs‹; *ZSp* [2007, 43-49] (***Kommentar*** zu Thomas Schmidt [2003])
- (2009): ›Vom Umgang mit antiken Finsternisberichten ohne die Prämisse der traditionellen Mittelalterchronologie‹; auf fantomzeit.de eingestellt am 26.08. 2009 (***Replik*** auf Dr. J. Wirth)
- (2010): ›Eine Sonnenfinsternis Theons von Alexandria. Vom Umgang mit antiken Finsternisberichten‹; *ZS* [1/2010, 99-108] (allgemeiner gehaltene ***Replik*** auf Dr. J. Wirth)

Becher, Matthias, * 1959, Prof., Mediävist, Uni Bonn

- (1999a): Zitation bei Matthias Schulz: ›Weltherrschaft im Klappstuhl‹ (oder auch ›Zweifel an Kaiser Karl‹; *DER SPIEGEL,* 08.03. [276];
  Replik: HI: ›Zwischen Karlsgraben, Leipzig und Untersberg‹; *ZS* [2/1999, 235 f.]
- (1999b): ›Diskussion: Erfundenes Mittelalter‹; *Archäologie in Deutschland (AiD)* [3/1999, 72 f.]
  Repliken: HI: ›Sperrfeuer vor Paderborn‹; *ZS* [3/1999, 389-392] • ›HI: Das erfundene Mittelalter (*AiD* [3/99])‹; *AiD* [4/1999, 77] • Leserbriefe *AiD* [1/2000, 75 f.] • *BuP* [2002, 10]

- Becher, Matthias / Ehlers, Caspar / Hageneier, Lars / Hartmann, Wilfried / Schieffer, Rudolf / Schneidmüller, Bernd / Weidinger, Ulrich (2011): *›Das Reich Karls des Großen‹;* WBG, Darmstadt
  ***Replik**:* HI: ›Das Reich Karls des Großen. Eine Kritik‹; ZS [715-728]

Becker, Ulrich, München, 2002 *ZS*-Autor zum erfundenen MA

Benecken, Werner, 1932–2015, Wolfenbüttel, 2004–2008 *ZS*-Autor zum erfundenen MA, auch Heft *„Der so genannte Karlsgraben“* [Mantis, 2004].

Benedikt XVI., Papst, siehe Joseph Ratzinger

Benseler, Frank, 1929–2021, Prof., Soziologe, Uni Paderborn

- (1996): Ermöglichung von HIs Vortragsveranstaltung am 04.06. 96 an der Paderborner Uni (vgl. HI: *›Hat Karl der Große je gelebt? Ein Vorstoß für eine umfassendere Quellenkritik‹; ZS* [3/1996, 332]) im Rahmen der Vortragsreihe: *Spuren der Moderne*
- (1997): Ermöglichung der *EuS*-Fragen-und-Antworten-Debatte, geleitet von Dr. Werner Loh

Berg-Hobohm, Stefanie (heute **Berg**, S.), * 1965, Dr., Landesamt für Denkmalpflege, München

- Ettel, Peter / Daim, Falko / Berg-Hobohm, Stefanie / Werther, Lukas / Zielhofer, Christoph (Hg. 2014): *Großbaustelle 793 · Das Kanalprojekt Karls des Großen zwischen Rhein und Donau;* Verlag des Römisch-Germanischen Zentralmuseums; Mainz
  ***Replik**:* HI: ›Römische Fossa Carolina‹; *ZS* [2/2014, 300-328]
- (2014): In einem Interview Bekenntnis zum Fossa-Jahr 793 und zu Karl dem Großen – gegen Chronologie-Kritiker [Shaw 2014]
  ***Erwähnung**:* HI: *ZS* [3/2014, 554]

Bergmann, Werner, * 1946, Prof., Mediävist, Uni Bochum

- (1997a): Statement bei SIM
  Replik: ›Von Wenden und schrecklichen Visionen‹; *ZS* [2/1997, 261]
- (1997b): ›Osterfestrechnung und Kalender‹; *EuS* [484 ff.]
  Repliken: HI: ›Drei Jahrhunderte bleiben fragwürdig‹; *EuS* [513] • ›Hauen und Stechen auf breiter Front‹; *ZS* [1/1998, 128 f.] • *DeM* [1998, 400] • ›Aktuelle Kontroversen‹; *ZS* [1/2011, 11]
- (2000): SS-Seminarveranstaltung: ›Die erfundene Zeit. 300 Jahre Mittelalter – Fiktion?‹

Bergmeier, Rolf, * 1940, zunächst Berufssoldat, dann Mag. in Geschichte, Philosophie

- (2016): ›*Karl der ~~Große~~ · Die Korrektur eines Mythos‹;* Tectum, Marburg. Bergmeier kennt und ignoriert das erfundene Mittelalter [267].
  ***Replik**:* HI: ›Carolus minimus? Rezension von Rolf Bergmeiers jüngstem Buch‹; *ZS* [2/2016, 179-186]

Berling, Peter, 1936–2017, Filmproduzent, Schauspieler, Autor mittelalterlicher Romane, Rom

- (1996): TV-Talk *3nach9,* 29. 11. 22:00, hier nur wegen der öffentlichen Aufmerksamkeit aufgeführt. Berling spielte den Kontrahenten zu HI = ***Replik***. Und er knüpfte den folgenreichen Kontakt mit Dr. Alexander Kluge.
  Kommentar: Diebitz, Stefan: ›Freitags spielt Herr D. sonst Schach · Ein Gedächtnisprotokoll‹; *ZS* [1/1997, 144 f.]

Berndorff, Jan, * 1972, freier Autor, sammelte als Journalist Mediävisten-Stimmen in

- (2004): ›Die verschwundenen Jahrhunderte‹; *P.M. Perspektive* [1/2004, 86-89]; M. Baillie, J. Fried, D. Hägermann, D. Herrmann, H. Koschick, F. Krojer, R. Schieffer, S. Schütte; siehe jeweils dort;
  Replik: HI: ›Die Debatte der Schweigsamen‹; *ZS* [1/2004, 89-93]

Birken, Andreas, 1942–2019, Dr., Hamburg, 1999–2008 *ZS*-Autor zum erfundenen MA

Blaschke, Karlheinz, 1927–2020, Prof., Historiker, Uni Dresden

- Diskussionsteilnehmer nach Vortrag von Dietmar Richter, 26.01. 2000 in Dresden
- (2004): – [Leserbrief; ***Replik*** auf Jürgen von Strauwitz' Leserbrief]; *Der Sonntag* [Nr. 16/04, 18.04., S. 9]
  Replik: G. Anwander/ HI: ›Schwedens ausgemusterte Karle, Polens noch früherer Königsverlust‹; *ZS* [2/2004, 356]

Blöss, Christian, Physiker, Berlin, Spezialist für Dendrochr. und C14, 1995 *ZS*-Autor zum erfundenen MA; Autor mit H.-U. Niemitz [1997, Mantis]: *„C14-Crash · Das Ende der Illusion, mit Radiokarbonmethode und Dendrochronologie datieren zu können".*

Boockmann, Hartmut, 1934–1998, Prof., Mittlere und Neue Geschichte, Uni Göttingen

(1997): ›Editorial‹ *Geschichte in Wissenschaft und Unterricht* [10/1997]

Borgolte, Michael, * 1948, Prof., Mediävist, Humboldt-Uni Berlin

- (1997): ›Vom Staunen über die Geschichte‹; *EuS* [486 f.]
  Repliken: HI: ›Drei Jahrhunderte bleiben fragwürdig‹; *EuS* [509, 518] • ›Hauen und Stechen auf breiter Front‹; *ZS* [1/1998, 127, 133] • *DeM* [1998, 396] • ›„Vor einem Abgrund an Falsifikaten". Mediävistische Schwindelgefühle‹; *ZS* [3/1998, 461 f.] • ›Aktuelle Kontroversen‹; *ZS* [1/2011, 11]
- (1998): einsemestriges Pro-Seminar im SS
  Repliken: HI: ›Wie gewonnen, so zerronnen‹; *ZS* [2/1998, 255] • ›„Vor einem Abgrund an Falsifikaten"‹; *ZS* [3/1998, 461 f.]
- (1999): Interview am 29.06. durch Ingo Bach: ›„Pseudoreligiöse Gemeinde" · Michael Borgolte über die ungelösten Rätsel des Mittelalters‹; *Berliner Tagesspiegel* [29.06.]
  Repliken: HI: ›Sperrfeuer vor Paderborn‹; *ZS* [3/1999, 397-401] • Dr. G. Zeising: ›Offener Brief an den Bundespräsidenten‹; *ZS* [4/1999, 623-626] • M. Lettner: ›Sanctus amor patriae? Einige notwendige Gedanken zur Geschichtswissenschaft‹; *ZS* [4/1999, 629-633] • *BuP* [2002, 192] • HI: ›Die Meistersinger von Deutschland‹; *ZS* [3/2005, 681-700] • Z. A. Müller: ›An-, Über- und Abspannen‹; *ZSp* [2007, 132 f.] • HI: ›Aktuelle Kontroversen‹; *ZS* [1/2011, 13].
- (2014): ›Lesermeinung · Gefälschte Dokumente‹ [Leserbrief]; *Südkurier* Konstanz, 02.10. als ***Replik*** auf den Leserbrief von Birgit Liesching: ›Lesermeinung · Gefälschte Dokumente‹; *Südkurier,* 02.10.
  Replik: HI: ›'Borgolte schützt Überlingens wackliges Jubiläum vor Unhold'‹; *ZS* [2/2014, 561-566]

Borst, Arno, 1925–2007, Prof., Mediävist, Uni Konstanz

- (1998): *Karolingische Kalenderreform;* Hannover [14 f.];
  Repliken: HI: *DeM* [1998, 398 f.] • ›Borsts Kalenderreform. Auf höchstem Niveau gescheitert?‹ *ZS* [4/1998, 648-655]
- (2003): Informant von F. Krojer [161];
  Replik: BHI

Brätz, Herwig, Rostock, 2000–2001 *ZS*-Autor zum erfundenen MA

Brandt, Daniela Maria, Kiel, 1997 *ZS*-Autorin zum erfundenen MA

Brunner, Karl, * 1944, Prof., Mediävist, Uni Wien

- (1998): Fernsehdisput am 18.05. mit HI ›Der große Zeitschwindel‹; *ORF 2, Treffpunkt Kultur* = ***Replik***
  Replik: HI: ›Wie gewonnen, so zerronnen‹; *ZS* [2/1998, 254]
- (2000): Podiumsdiskussion am 13.10. mit HI in VHS Rudolfsheim-Fünfhaus, Wien = ***Replik*** (kaum möglich, weil Brunner nach seinem Statement einfach ging; Moderator Markus Vorzellner)
- (2005): – [Stellungnahme zur *ORF ON Science*-Frage vom 01.03.]
  Replik: HI: ›Alte Kreuze, alte Throne und Byzanz‹; *ZS* [1/2005, 117 f.]

Buchner, Edmund, 1923–2011, Prof., Althistoriker, Uni München, Ausgräber der Sonnenuhr des Augustus in Rom,

- (2003): Informant von F. Krojer [88]
  Replik: BHI

BUTTER, Michael, * 1977, Prof., Amerikanist, Verschwörungstheorien-theoretiker, Tübingen

- wird zitiert in M. Wenzek (2016): ›Verschwörungstheorien · Setzt eure Aluhüte auf‹; *BILDplus* [17.11.]
  Replik: HI: ›Verschwörungstheorien bis zum Abwinken · Ein Blick in die Abgründe der Wissenschaft‹; *ZS* [3/2016, 420-422] • ›Verschwörungstheorie‹; *ZS* [1/2017, 170]
- Butter, M. / Knight, Peter (Ed. 2020): *The Routledge Handbook of Conspiracy Theories.* Routledge, London [von HI ungeprüft]

Carnevale, Giovanni 1924–2021, „Dr.", Salesianer, Historiker

- (1999): *La scoperta di Aquisgrana in Val di Chienti · Carlo Magno e la Nuova Roma: la nascita dell'Europa nell'Alto Medioevo è da riscrivere;* Queen, Macerata [These: Aachens Pfalzkapelle sei in San Claudio al Chienti südlich von Ascona zu finden]
  Replik: DeM [304]

Carstens, Claus, Hamburg, 2014 ZS-Autor zum erfundenen MA

Clapham, Phillip, SIS-Autor

- (2005): ›Anno Domini Anomalis‹; *C&CW* [2/2005, 11-13]

Creyaufmüller, Wolfgang, Dr., Aachen, 1995 *ZS*-Autor zum erfundenen MA

Dalen, Benno von, * 1962, Dr., Geschichte der Naturwissenschaften, Uni Frankfurt/M.

- (2003): Informant von F. Krojer [139];
  Replik: BHI

Dattenböck, Georg, St.-Martin, 2006–2016 *ZS*-Autor zum erfund. MA

Dechend, Hertha von, 1915–2001, Prof., Geschichte der Naturwissenschaften, Uni Frankfurt/M.

- (2003): Informantin von F. Krojer [128, 229];
  Replik: BHI

Dehn, Georg, Leipzig, 2003 ZS-Autor zum erfundenen MA

Dendl, Jörg, * 1964, Historiker, freier Schriftsteller, Berlin

- (2004): ›Karl den Großen gab es doch! Eine Kritik der chronologischen Voraussetzungen der These von den „fiktiven Jahrhunderten" von HI‹; *Zeitschrift für Anomalistik (= ZfA)* [4 (1-3), 192-199]
  Repliken: HI: ›Karl der Große bleibt eine Fiktion‹; *ZfA* [4 (1-3) 200-203] • F. Krojer: ›Diskussion nur vordergründig „hinfällig"‹; *ZfA* [4 (1-3) 203-205] • HI: ›Siebigs' Fund und Fried ohne Freud‹; *ZS* [3/2004, 625-627]

Diebitz, Stefan, * 1957, Lübeck, Philosoph und freier Autor, auch für die ZS.

- ***Kommentar*** zum Talk „3 nach9" am 29. 11. 1996: ›Freitags spielt Herr D. sonst Schach · Ein Gedächtnisprotokoll‹; *ZS* [1/1997, 144 f.]

Dieckmann, Friedrich, * 1937, Dr. h.c., Schriftsteller

- (2003): *Was ist deutsch? Eine Nationalerkundung;* Suhrkamp, Frankfurt a. M. [119].

Dinzelbacher, Peter, * 1948, Prof., Mediävist, Uni Wien, Salzburg

- (2001): Diskutant nach Vortrag von HI (›Zum städtischen Zeitverlust im frühen Mittelalter‹, auf der Tagung des *Österreichischen Arbeitskreises für Stadtgeschichtsforschung),* Wels [16.10.]

Dopsch, Heinz, 1942–2014, Prof., Mediävist, Uni Salzburg

- (2000a): Diskussion am 02.02. mit H. Fillitz contra HI: ›Das erfundene Mittelalter‹; Haus der *Salzburger Nachrichten* = ***Replik***
  Replik: HI: ›Brennpunkt Phantomzeit‹; *ZS* [1/2000, 134-137]
- (2000b): Live-Diskussion am 29.04. mit HI: ›Leben wir im Jahr 2000?‹ *Profil,* Wien = ***Replik***
- (2005): – [am 01. 03.Stellungnahme zur ORF ON Science-Frage]
  Replik: HI: ›Alte Kreuze, alte Throne und Byzanz‹; *ZS* [1/2005, 117]

Eickhoff, Ekkehard, 1927–2019, Prof., Historiker, Diplomat, Uni Stuttgart

- (2000): ›Seltene Münzen sind nur selten, wenn sie selten sind‹; *F.A.Z.* [08.02.]

Repliken: G. Heinsohn: ›Rätselhafte 300 Jahre‹ [Leserbrief]; *F.A.Z.* [15.02] • P. C. Martin: ›Numismatische Ungereimtheiten zur Zeit Karls des Großen‹ [Leserbrief]; *F.A.Z.* [24.02.] • HI: ›Brennpunkt Phantomzeit‹; *ZS* [1/2000, 147] • P. C. Martin: ›Können Münzen Karl d. Gr. retten?‹ *ZS* [1/2000, 88-112]

Elm, Kaspar, 1929–2019, Dr., Mediävist, FU Berlin

- (1995): Radio-Interview, *Ostdeutscher Rundfunk,* Potsdam [25. 10.]

Endt, Christian, * ca. 1989, Journalist mit Studium der Mathematik/ Philosophie, hier nur als Beispiel mitgeführt, wie in einer großen Tageszeitung das Ressort „Projekt Wissen" niedergeht.

- (2016): ›29. Februar – Warum es diesen Tag braucht‹; SZ [29.02.] bzw. SZ-Online. Dazu eine Korrektur in „Forum & Leserbriefe" [03.03.]

  Repliken: (2016): Korrigierende Leserbriefe von W. Frank und HI, die aber trotz Korrespondierens ungedruckt blieben. Deshalb HI + Werner Frank (2016): ›Tricksereien mit Schalttag und Kalender. Eine Glosse‹; *ZS* [1/2016, 111-114]

Engelhard, Wolfgang, Dr.

- (2000): ›Gab es eine zeitlose Zeit?‹ München, *Schwabinger Gespräche* [04.07.]

Erkens, Franz-Reiner, * 1952, Prof., Mediävist, Uni Leipzig

- (1999a): Vorbereiter des internationalen Symposiums vom 15.-18.03. in Leipzig: ›Karl der Große und das Erbe der Kulturen‹
- (1999b): Interview; *Leipziger Volkszeitung* [26.02.] (keine Einladung für den auf dem Symposium zum Thema gemachten HI)

Ernst, Ewald, (†), Horn-Bad Meinberg, 2010–2012 *ZS*-Autor zum erfundenen MA

Ernst, Otto, Dr., Chemiker, Studienreiseleiter, Leverkusen, 2004–2005 *ZS*-Autor zum erfundenen MA

- (1998): ›Mit zurückdatierter Hedschra‹; *F.A.Z.* [10.07.] (Leserbrief, s. H. Hänsel)

Falk, Harry, * 1947, Prof., Sprachen / Kulturen Südasiens, FU Berlin

- (2003): Informant von F. Krojer [307]

  Replik: BHI

Falkenrath, Monika, Bundorf, 2002 *ZS*-Autorin zum erfundenen MA

Fehr, Hubert, * 1970, Dr., Archäologe, Uni Freiburg

- (2009): Zitation bei J. Müller-Bauseneik: ›Gefälschte Geschichte: Hat Karl der Große nie gelebt?‹ *P.M. History* [6/2009, 66-72].
  Replik: HI: ›Aachen im Glück? Köln · Rowley · P.M. · Legler‹; *ZS* [2/2009, 483 f.]

Feldmann, Christian, * 1950, Schriftsteller, Autor

- (2016): ›Der Frankenkönig Karl der Große – Kaiser des Abendlandes‹; *BR radio Wissen* [18.04. 9:30-9:50]
  Replik: HI: ›Von Karl und anderen Fälschungen. Aus zwei Rundfunksendungen‹; *ZS* [2/2016, 187 f.]

Fiebig, Henriette, * 1967, unvollendete Mediävistin, Administratorin bei *Wikipedia* bis 2011, *Chaos Computer Club,*

- (2010): Laut Mathieu von Rohr war Fiebig die maßgebliche Gegnerin des erfundenen Mittelalters bei *Wikipedia* {Rohr (2010): ›Im Innern des Weltwissens‹; *Der Spiegel,* [Nr. 18 vom 19.04., 152-156]}. *Wikipedia* ist Gegner der Zeitenspringer geblieben.
  ***Kommentar**:* HI (2010): ›Wikipedia und die Wahrheit · Erfahrungen mit einem Mammutprojekt‹; *ZS* [2/2010, 489-496]. Zuvor bereits J. Beaufort (2008): ›de.wikipedia.org: Phantomzeit. Sind die „Sichter" selbst „Vandalen"?‹; *ZS* [2/2008, 447-450]

Fillitz, Hermann, 1924–2022, Prof., Kunsthistoriker, Uni Wien

- (2000): Diskussion am 02.02. mit H. Dopsch contra HI: ›Das erfundene Mittelalter‹ im Verlagshaus der *Salzburger Nachrichten* = ***Replik**:*
  ***Replik**:* HI: ›Brennpunkt Phantomzeit‹; *ZS* [1/2000, 127-134]

Fischer, Thomas, * 1949, Prof., Archäologe, Uni Köln

- (2001): Statement am 08.02. bei Kurt Kreiler: ›Das erfundene Mittelalter. Die umwerfenden Geschichtsthesen von HI‹; *SFB Berlin*
  Replik: HI: ›Langobarden, Juden, Astronomen und auch Aachen‹; *ZS* [1/2001, 121-123]

Flachenecker, Helmut, * 1958, PD, Mediävist, Uni Eichstätt

- (1997): ›Von der Erfindung einer widerspruchslosen Zeit‹: *EuS* [487-490]
  Repliken: HI: ›Drei Jahrhunderte bleiben fragwürdig‹; *EuS* [508-511, 515, 518 f.] • ›Aachens Pfalzkapelle gerät in Bewegung‹; *ZS* [4/1997, 659] • ›Hauen und Stechen auf breiter Front‹; *ZS* [1/1998, 127 f., 132] • *DeM* [1998, 395, 397] • *BuP* [2002, 413] • ›Aktuelle Kontroversen‹; *ZS* [1/2011, 11 f.]

FLAGGE, Ingeborg, * 1942, Prof., Architekturhistorikerin, damals HTWK Leipzig, Museumsleiterin

- (1998): Initiatorin für Vortrag von HI mit Einleitung von H.-U. Niemitz in Leipzig am 29.04.
  ***Kommentar**:* HI: ›Wie gewonnen, so zerronnen‹; *ZS* [2/1998, 254]
- (1999): Vortragsinitiatorin für Leipzig am 27.04: H.-U. Niemitz: ›Wie das Frühmittelalter verschwindet – und ein Exkurs durch die naturwissenschaftlichen Methoden der Datierung – und Architektur‹
- (2000): Vortragsinitiatorin für Vortrag von HI in Köln am 12.04.

Fodor, István, 1943–2021, Prof., Archäologe, Budapest

- (2005): Informationsforum in Tatabánya gegen „Das erfundene Mittelalter". Mehr wegen der Sprachbarriere nicht bekannt.

Fößel, Amalie, * 1960, PD, Mediävistin, Uni Bayreuth, später Prof.

- (1999a): Vortrag ›Karl der Fiktive?‹ auf dem Mediävisten-Symposium am 18.03. in Leipzig; Text publiziert ›„Karl der Fiktive, genannt Karl der Große" Zur Diskussion über die Eliminierung der Jahre 614 bis 911 aus der Geschichte‹; *Das Mittelalter* [4 (2) 65-74; 01.12.] Kurzform im August 1999 als ›Karl der Fiktive?‹; *Damals* [31 (8) 20 f.].
  Repliken: H.-U. Niemitz: ›„Laßt diesen Gedanken nicht in die Köpfe der Jugend!"‹ *ZS* [2/1999, 231-234] • HI: ›Zwischen Karlsgraben, Leipzig und Untersberg‹; *ZS* [2/1999, 237 f.] • HI: ›Sperrfeuer vor Paderborn‹; *ZS* [3/1999, 392-394] • G. Anwander: ›„Eine einzige Spatelknopfnadel..."‹; *ZS* [2/2000, 234, 258] • HI: ›Siedlungsarchäologie und chronikale Schwächen‹; *ZS* [2/2000, 283-285] • *BuP* [2002, 11-13, 67 f., 436, 506 f., 588] • HI: ›Die Meistersinger von Deutschland‹; *ZS* [3/2005, 683 f.] • ›Aktuelle Kontroversen‹; *ZS* [1/2011, 19]

Frank, Werner X., * 1936, Prof., Physiker, Uhren-Spezialist, Solnhofen, 2002–2017 *ZS*-Autor zum erfundenen MA, Mitautor von HI bei*„Gregors Kalenderreform"* [2019/2020].

- Zu Christian Endt (2016): Korrigierende Leserbriefe von W. Frank und HI, die aber trotz Korrespondierens ungedruckt blieben. Deshalb HI + W. Frank (2016): ›Trickserеien mit Schalttag und Kalender. Eine Glosse‹; *ZS* [1/2016, 111-114]

Franz, Dietmar, Potsdam, 2007–2009 *ZS*-Autor zum erfundenen MA, auch Buch-Autor [2008]: *„Rätsel um Potsdams Ersterwähnung · Urkundenfälschungen auf Otto III."*

- (2004): Kontroverse Zeitungs-Diskussion mit Prof. Helmut Assing und Dr. Lutz Partenheimer über Potsdams Urkundenerstnennung; wiedergegeben im Potsdam-Buch [2008, 10-26].

Freise, Eckhard, * 1944, Prof., Mediävist, Uni Wuppertal

- (1999): SS-Hauptseminar: ›Karl der Große als Stammvater Europas?‹ unter Bezug auf HI

Frenz, Thomas, * 1947, Prof., Historische Hilfswissenschaften, Uni Passau

- (2000): ›Wann geht die Welt unter? Mittelalterliche Berechnungen des Termins von Weltende und Weltgericht‹ (Vortrag auf dem *Fünften Kongress der Phantasie* am 23.06. in Passau)
- (2002): dito Vortrag in Eichstätt;
  Replik HI: ›Mittelalterdebatte – trübe bis heiter‹; *ZS* [3/2002, 561 f.]
- (2003): ›Wann geht die Welt unter? Mittelalterliche Berechnungen des Termins von Weltende und Weltgericht‹; in: Gustav Gaisbauer: *Weltendämmerungen. Endzeitvisionen und Apokalypsevorstellungen in der Literatur. Vorträge auf dem Fünften Kongress der Phantasie;* Passau [113-122] (zugrundeliegender Vortrag am 23.06. 2000)
  Replik: HI: ›Die Debatte der Schweigsamen‹; *ZS* [1/2004, 93-96]
- (o. J.): *Zeit und Endzeit in der Geschichte;* Vorlesung ab WS 1993/94 bis 2012/13 (zu HI 20. Kap.)
- (2018): *Imitatio veritatis – Urkundenfälschung und Fiktionalität in Mittelalter und Neuzeit;* Vorlesung, ergänzt bis 2021 (Text im Internet)

Fricke, Burkhard, Prof., Physiker, Uni Kassel

- (2000): ›Die Sonne bringt es an den Tag‹; *Archäologie in Deutschland* [2/2000, 60-61]; Details siehe J. Fries-Knoblach

Fried, Johannes, * 1942, Prof., Mediävist, Uni Frankfurt

- (1995): Rede am 17.11. aus Anlasse der Preisverleihung durch das *Historische Kolleg,* München, Text siehe 1996a,b
  Replik: HI: ›Streit ums zu lange Frühmittelalter‹; *ZS* [1/1996, 107-112].
- (1996a): ›Die Garde stirbt und ergibt sich nicht. Wissenschaft schafft die Welten, die sie erforscht: Das Beispiel der Geschichte‹; *F.A.Z.* [03.04.]
  Repliken: HI: ›Von der Karlslüge‹; *ZS* [3/1996, 327-336] • *DeM*

[1998, 410 f.] • ›Johannes Fried widerlegt eigene Memorik und missachtet Prioritäten‹; *ZS* [2/2010, 465-467]

- (1996b): ›Wissenschaft und Phantasie. Das Beispiel der Geschichte‹; *Historische Zeitschrift* [Bd. 163 (2) 291-316]
  Repliken: HI: *DeM* [1998, 410 f.] • ›Von Wenden und schrecklichen Visionen‹; *ZS* [2/1997, 272-283] • ›Frieds Saat geht auf‹; *ZS* [3/1997, 359] • M. Lettner: ›Sanctus amor patriae? Einige notwendige Gedanken zur Geschichtswissenschaft‹; *ZS* [4/1999, 630 f.] • *WhU* [1999, 188 f.] • ›Die Meistersinger von Deutschland‹; *ZS* [3/2005, 681] • ›Aktuelle Kontroversen‹; *ZS* [1/2011, 10 f., 20]
- (1999): – [Diskussion um das erfundene Mittelalter mit J. Fried; ohne HI]; *ZDF heute nacht,* Mainz, [03.11.]
  Replik: HI: ›Mumpitz in Absurdistan‹; *ZS* [4/1999, 619-622]
- (2001): ›Das verschleierte Bild zu Aachen. Nackte Wahrheit ohne allen Schmuck werden die Biographen Karls des Großen niemals offenbaren können: Max Kerner sichtet des Kaisers alte Kleider‹; *F.A.Z.* [31.03.]
  Repliken: HI: ›Langobarden, Juden, Astronomen und auch Aachen‹; *ZS* [1/2001, 119] • ›Kaiser Karl im Ruhestand‹; *ZS* [2/2001, 267-271]
- (2004): Äußerung bei Jan Berndorff (2004): ›Die verschwundenen Jahrhunderte‹; *P.M. Perspektive* [1/2004, 86-89]
  Replik: HI: ›Die Debatte der Schweigsamen‹; *ZS* [1/2004, 89, 92]
- (2004): *Der Schleier der Erinnerung. Grundzüge einer historischen Memorik;* München (unmittelbar am Phantomzeit-Thema, aber ohne jeden Hinweis darauf)
  Repliken: HI: ›Die Tyrannei des Trivialen‹; *ZS* [2/2004, 266-269] • ›Siebigs' Fund und Fried ohne Freud‹; *ZS* [3/2004, 635-644]; ›Karlsblüten in allen Frühlingsfarben‹; *ZS* [1/2009, 256-258]
- (2010): Interview: ›Benedikt gab es nicht. Der »Vater des Abendlandes« ist nur eine Kunstfigur des Mittelalters. Das behauptet der Frankfurter Historiker Johannes Fried‹; *Die Zeit* [15.04.] (Interviewpartner Christian Staas)
  Replik*:* HI: ›Johannes Fried widerlegt eigene Memorik und missachtet Prioritäten‹; *ZS* [2/2010, 465-476]
- (2010): Übernahme von Frieds Benedikt-Fiktionalisierung durch *Wikipedia* [Benedikt von Nursia]
  Replik*:* A. Otte fügte in dem *Wikipedia*-Artikel mit HI den eigentlichen Urheber HI ein; bis zur Löschung dauerte es keine 14 Tage.
- Zu Frieds 70. Geburtstag s. Gustav Seibt

- (2016): ›*Dies irae · Eine Geschichte des Weltuntergangs*‹; Beck; München
  Replik: HI: ›„Eine Geschichte des Weltuntergangs" · Kalenderüberlegungen zu Frieds Neuerscheinung‹ + W. Frank zu Alexander Demandt; *ZS* [2/2016, 189-194]

Friedrich, Horst, Dr., 1931–2015, Wissenschaftshistoriker, Wörthsee, 1991–1992 *ZS*-Autor zum erfundenen MA

- (1999): ›Voreiliges von Historikern‹; *F.A.Z.* [28.06.] (s. H. Hänsel)

Friedrich, Volker, Dr., Puchheim, 2001–2010 *ZS*-Autor zum erfundenen MA

Fries-Knoblach, Janine, Dr., Archäologin, Dachau / Fricke, Burkhard: gemeinsamer Artikel

- (2000): ›Die Sonne bringt es an den Tag‹; *Archäologie in Deutschland* [2/2000, 60-61]; der korrigierende Leserbrief von HI ist nicht gedruckt worden, dafür ungenehmigt sein persönlicher Brief an die Redaktion!
  Repliken: HI: ›Siedlungsarchäologie und chronikale Schwächen‹; *ZS* [2/2000, 281-283] • ›Naturwissenschaftler verteidigen 'ihren' Thron‹; *ZS* [3/2000, 481]

Fritzsche, Fabian, Dortmund, 2002–2004 *ZS*-Autor zum erfundenen MA

Frühbeis, Franz Xaver, 1957–2022, Rundfunkredakteur BR, Musikkenner

- (1996): Statement bei X. Frühbeis: ›Das Mittelalter - eine Fälschung?‹ *Ostdeutscher Rundfunk Brandenburg,* Potsdam [28.08.] (einstündige Rundfunksendung)
- (1997): ›Karl der Gefälschte oder der große Zeitenschwindel‹; *Südwestfunk Baden-Baden,* Rundfunksendung am 26.11. mit Statements von HI, A. Kalckhoff, L. Wamser, S. Weinfurter.
  Repliken: HI: ›Ein Schwelbrand breitet sich aus‹; *ZS* [1/ 1997, 127-129] • HI: ›Streit ums zu lange Frühmittelalter‹; *ZS* [2/1997, 275 f.] HI: ›Hauen und Stechen auf breiter Front‹; *ZS* [1/1998, 123-126]

Fuhrmann, Horst, 1926–2011, Prof., Mediävist, Uni Regensburg, ehem. Präsident der MGH

- (1996a): *dpa*-Interview am 28.10. mit HI
  Replik: HI: ›Ein Schwelbrand breitet sich aus‹; *ZS* [1/1997, 129 f.] • ***Ergänzung:*** ›„Vor einem Abgrund an Falsifikaten"‹; *ZS* [3/1998, 462].

- (1996b): ›Der Fall Kammeier und kein Ende‹; in: H. Fuhrmann (1996): *Überall ist Mittelalter · Von der Gegenwart einer vergangenen Zeit;* Beck, München {Artikel von J. Fried [1996b] als Beispiel für frühere abwegige Bestrebungen genannt: Stichworte Kammeier und bajuwarische Befreiungsarmee}
  Replik: HI: ›Von Wenden und schrecklichen Visionen‹; *ZS* [2/1997, 260-284, spez. 277]
- (2003): *„Cicero und das Seelenheil oder Wie kam die heidnische Antike durch das christliche Mittelalter?"* De Gruyter, Berlin [24]
- Zur Problematik von Fuhrmanns antizipativen Fälschungen: Gaede, Friedrich / Peres, Constanze (Hgg. 1997): *„Antizipation in Kunst und Wissenschaft";* Tübingen
  Kommentar: HI ›Antizipation und Phantomzeit‹; *ZS* [3/2012, 768 f.]

Gabo**witsch**, Eugen, 1938–2009, Dr., Mathematiker, 1997 *ZS*-Autor zum erfundenen MA, jedoch Fomenkoist.

Gent, Robert Harry van, * 1953, Ph.D., Astronom, Uni Utrecht
- (2003): Informant von F. Krojer [119, 200]
  Replik: BHI

Giesinger, Norbert, Dr., Wien, 2011–2013 *ZS*-Autor zum erfundenen MA

Gießauf, Johannes, * 1968, Prof., Mediävist, Uni Graz
- (2013): Podiumsdiskussion an der Uni Graz (Meerscheinschlössl) am 14. 05. mit Prof. M. Lehner und HI = ***Replik.*** Als Moderatoren Dr. Elisabeth Holzer und Oliver Pink.
  Repliken: HI: ›Erstmals ein Archäologe. Das erfundene Mittelalter wird in Graz diskutiert‹; *ZS* [2/2013, 426-443] • HI: ›Kommentar zur Podiumsdiskussion in Graz‹; *ZS* [3/2013, 649-652] • ***Ergänzung:*** ›Nachschrift der Podiumsdiskussion‹; *ZS* [3/2013, 617-648]

Glahn, Alexander, Mannheim, 2005–2015 *ZS*-Autor zum erfundenen MA

Gorodetsky, Michael L., * 1966, Dr., Physiker und Mathematiker, Uni Moskau
- (2003): Informant von F. Krojer [242]
  Replik: BHI

Gorzolla, Peter, Dr., Mediävist, an de*r* Uni Frankfurt als Wiss. Referent für IT, Lehrkräftebildung

- (2011): ›Geschichte von den Grenzen‹ ein Kurs im Rahmen von Hessens Schülerakademie; ein Thema: „Pseudowissenschaft! Die Illig-Kontroverse“, die »ein gewisser HI« ausgelöst hat.“ [Internet]

Gottwald, Adolf Karl, Journalist, Kottgeisering, Unterstützer der ersten Stunde in der Regional-*SZ*

Grabowsky, Ingo, * 1972, Dr., Slawist, Ausstellungsmacher, singender Musikkenner

- (2019): „*Verschwörungstheorien früher und heute · Katalog zur Sonderausstellung der Stiftung Kloster Dalheim · 18. Mai 2019 bis 22. März 2020“;* Stiftung Kloster Dalheim, LWL-Landesmuseum. DeM wurde auf einer halben Seite vorgestellt [229].

Grässlin, Matthias, * 1964, Mediävist, Journalist, Theatermacher

- (1996): ›Dr. Seltsam und die Zeitbombe. HI kuriert die Chronologie‹; *F.A.Z.* [01.10.]
  Repliken: HI: ›Wie das letzte Aufgebot‹; *ZS* [4/1996, 536-538] • ›Aktuelle Kontroversen‹; *ZS* [1/2011, 11]
- (1999): ›Niemand sang die Sündenregisterarie nach. Der achte deutsche Mediävistentag überzeugt sich von der Realität Karls des Großen‹; *F.A.Z.* [05.05.]
  Kommentar: HI: ›Zwischen Karlsgraben, Leipzig und Untersberg‹; *ZS* [2/1999, 238-240]

Gwinner, Philipp v., Leipzig, 2015–2016 *ZS*-Autor zum erfundenen MA

Haberstroh, Jochen, * 1963, Dr., Archäologe, Denkmalpfleger, BLfD, München

- (2006): Diskutant am 26.11. im Stadtmuseum Ingolstadt, mit T. Straub contra G. Anwander und HI = ***Replik***
  Repliken: HI: ›Karleskes zwischen Aachen und Ingolstadt‹; *ZS* [3/2006, 676] • HI: ›Die Misere der Mittelalter-Archäologie. Hamburg – Ingolstadt – Münster‹; *ZS* [1/2007, 217-222] • G. Anwander: ›Ingolstadt November 2006‹: *ZSp* [2007, 137-145]

Hägermann, Dieter, 1939–2006, Prof., Mediävist, Uni Bremen

. (2004): Äußerung bei Jan Berndorff: ›Die verschwundenen Jahrhunderte‹; *P.M. Perspektive* [1/2004, 86-89]
  Replik: HI: ›Die Debatte der Schweigsamen‹; *ZS* [1/2004, 90]

Hänsel, Hartmut, Journalist, evozierte mit seinem *F.A.Z.*-Artikel zustimmende und ablehnende Leserbriefe:

- (1999): ›Karl der Kaiser wurde nicht gefragt – Sie haben ihn einfach fortgejagt‹; *F.A.Z.* [08.08.]
  F.A.Z.-Leserbriefe (s. Autoren): Sven Schütte [16.06.]; Dr. Marco Schöller [16.06.]; Prof. Walter Oberschelp [22.06.]; HI [22.06.]; H. Friedrich [28.06.]; G. Anwander [28.06.]; H.-U. Niemitz [03.07.]; Otto Ernst [10.07.]

Haidacher, Christoph, * 1961, Dr., Mediävist, Uni Innsbruck

- (1997): Statement bei Floo Weismann: ›Karl der Fiktive? Ein Autor wirft ein kurioses Gedankenspiel in die Geschichte; Fachleute halten seine These für phantasievollen Humbug‹; [weitere Statements von Prof. H. Stadler und Prof. J. Riedmann]; *Tiroler Tageszeitung* [Magazin Nr. 276, 31.10.]
  Replik: HI: ›Hauen und Stechen auf breiter Front‹; *ZS* [1/1998, 131]

Hamel, Jürgen, * 1951, Dr., Astronomiehistoriker. Er verhinderte im November 2000 einen Disput zwischen Prof. Dieter B. Herrmann und HI, indem er diesem in *Acta Historica Astronomiae* eine Erwiderung auf Herrmann verweigerte. Hamel war damals Schüler Herrmanns und Angestellter an seiner Sternwarte, doch jener wollte ihn nur als guten Bekannten kennen [ZS, 1/2001, 120].

Hartmann, Jens Uwe, * 1953, Prof., Indologe, Tibetologe, Uni München

- (2003): Informant von F. Krojer [326]
  Replik: BHI

Hartmann, Martina, * 1960, Prof., Historikerin, Frühes Mittelalter, Heidelberg, heute Präsidentin der MGH

- (2003): [Rezension zu] ›Constantin Faußner: Wibald von Stablo. Seine Königsurkunden und ihre Eschatokollvorlagen aus rechtshistorischer Sicht‹; [Koebler]
  Replik: G. Anwander: ›„Das hat kein Niveau!“‹ *ZS* [3/2005, 704-708].
  Kommentar: Die Vorliebe von Anwander für Faußner ist von mir nur kurz geteilt worden; früh störte mich, dass viel zu viel Fälschungsarbeit auf Wibald von Stablo bezogen wird. Mit den weiteren Büchern Faussners erlosch mein Interesse, mit dem Tod Anwanders auch die Unterstützung durch die *ZS*.
- Hartmann, Martina & Wilfried (2014): *Karl der Große und seine Zeit · die 101 wichtigsten Fragen;* Beck, München. „101. Frage: Hat Karl der Große überhaupt gelebt?“ [148 f.]
  Replik: HI (2014): ›Blicke auf Karl und Einhard · Weinfurter ·

Hartmann · Patzold · Pieper/Saltzwedel · Imhof/Winterer‹; *ZS* [1/2014, 32-36]

Hartmann, Wilfried, * 1942, Prof., Mediävist, damals Uni Tübingen

- (2014) s. Martina Hartmann

Heinitz, Volker, Brahmenau, 2018 *ZS*-Autor zum erfundenen MA

Hein**sohn**, Gunnar, 1943–2023, Prof., Soziologe, Ökonom, Uni Bremen; Mitstreiter seit 1991, entwickelte ab 2011 eine eigene Theorie mit 700-jähriger Phantomzeit.

- Von 1991 bis 2011 einschlägige ZS-Artikel, Beiträge in englischsprachigen Periodika, dazu Vorträge
- (1997a): Statement bei SIM, vgl. K. Simmering
- (1997b): ›Armenier und Juden als Testfall für die Streichung von drei Jahrhunderten durch HI‹; Beitrag für *EuS*-Diskussion [490 f.]
- (2000): ›Rätselhafte 300 Jahre‹; *F.A.Z.* [24.02.] (Leserbrief, ***Replik*** auf Eickhoff)
- (2002): ›The Gaonic Period in Israel/Palestina‹; *C&CR* [2/2002, 38-41] (***Replik*** auf B. Peiser [2002])
- (2003): ›Krojer und die Auschwitzleugnung‹; *ZS* [3/2003, 516 f.] (***Replik*** auf F. Krojer [2003])

Henkel, Martin, 1943–2021, Dr., Sozialwissenschaftler, als Autor Gegner von Arno Schmidt

- (2004): ›„...spâhe sind Peigira." Althochdeutsche Sprache und Literatur und die Phantomzeit-These‹; *ZS* [1/2004, 125-144]
  Replik: HI: ›Stabwechsel mit Martin Henkel. Eine Antwort‹; *ZS* [1/2004, 145-151]

Herrmann, Dieter B., 1939–2021, Prof., Astronom, H.-Uni Berlin, Archenhold-Sternwarte, Berliner Zeiss-Großplanetarium, emsigster Gegner, obendrein graue Eminenz hinter F. Krojer und Ronald Starke (s. dort).

- (1998): *„Der Stern von Bethlehem. Die Wissenschaft auf den Spuren des Weihnachtssterns";* Paetec, Berlin [77-80]
  Replik s. Replik auf 1999a
- (1999a): *„11. August 1999. Die Jahrhundertfinsternis";* Paetec, Berlin [31-33]; zitierte leider auch aus einem Privatbrief von HI.
  Replik: HI: ›Boulevard und Seminar‹; *ZS* [1/1999, 84-88] • *WhU* [1999, 147-150]
- (1999b): ›Gab es eine Phantomzeit in unserer Geschichte?‹ *Acta Historica Astronomiae* [II (2) 7-10]

Replik: HI: ›Astromanie und Wissenschaft‹; *ZS* [4/2000, 662 f., 676-678].

- (2000a): ›Nochmals: Gab es eine Phantomzeit in unserer Geschichte?‹ *Acta Historica Astronomiae* [III, 211-214]
  Repliken: HI: ›Astromanie und Wissenschaft‹; *ZS* [4/2000, 662 f., 676-678] • ›Langobarden, Juden, Astronomen und auch Aachen‹; *ZS* [1/2001, 120]
- (2000b): ›Die Sonnenuhr des Augustus und die „Phantomzeit" von HI‹; *Acta Historica Astronomiae* [III, 215-224]
  Replik: HI: ›Astromanie und Wissenschaft‹; *ZS* [4/2000, 664-674];
- (2000b): ›Die Legende vom erfundenen Mittelalter. Astronomische Argumente gegen die Phantomzeit des HI‹; *Skeptiker* [4/2000, 180-188]
  Repliken: HI: ›Langobarden, Juden, Astronomen und auch Aachen‹; *ZS* [1/2001, 117-121]; ›Vergebliche Abwehr‹; *Skeptiker* [4/2001, 184-187]
- (2001a): ›Die astronomischen Grundlagen der Chronologie‹; Vortrag vor dem Plenum der *Leibniz-Sozietät,* Berlin [15.03.]
  Replik: HI: ›Vom Rütteln (an) der Wahrheit‹; *ZS* [3/2001, 513 f.]
- (2001b): ›Astronomische Argumente‹ (an Herrmanns Stelle von Dr. Anton Wohlfart vorgetragen auf dem) Wochenendseminar über Chronologiekritik, Thomas-Dehler-Gesellschaft, Fürth [27.-29.07.] = ***Replik***
  Replik: HI: ›Hinterweltler aller Art‹; *ZS* [1/2002, 152-155]
- (2002): Statement bei Martin Koch: ›Das verschwundene Jahrtausend · Russischer Forscher behauptet: in unserer Geschichte hat es nie ein Mittelalter gegeben‹; *Neues Deutschland* [30.03.]
- (2004): Äußerung bei Jan Berndorff: ›Die verschwundenen Jahrhunderte‹; *P.M. Perspektive* [1/2004, 86-89]
  Replik: HI: ›Die Debatte der Schweigsamen‹; *ZS* [1/2004, 92 f.]
- (2005): ›Die Legende von einer „Phantomzeit" in der Geschichte‹; in: *„Astronomiegeschichte. Ausgewählte Beispiele zur Entwicklung der Himmelskunde";* Paetec, Berlin [278-291]
- (2013): ›Das Rätsel der verschwundenen Jahrhunderte‹. Vortrag für die Neubrandenburger Tage der Raumfahrt, 08.11., von Exopolitik auf Youtube [eingestellt am 25.02.2014]; [https://www.dbherrmann.de/vortrag.htm]
  Replik: W. Frank / HI: ›„Das Nicil von Konzäa" · Freud'sche Fehlleistung von Dieter B. Herrmann‹; *ZS* [2/2017, 197-202]

Herzinger, Richard, * 1955, Dr., Germanist, Journalist

- (1997): ›Das Millennium wird verrückt. Wir schreiben das Jahr 1699 · Überlegungen zum neuen Bedürfnis nach Umschreibung der Geschichte‹; *Die Zeit* [26.09. S. 64]
  Repliken: HI: ›Frieds Saat geht auf‹; *ZS* [3/1997, 359] • ›Aktuelle Kontroversen‹; *ZS* [1/2011, 13]

Heske, Immo, Hannover, 1994 *ZS*-Autor zum erfundenen MA

Hespers, Simone, * 1974, Dr., Kunstgeschichte, Uni Erlangen-Nürnberg

- (2007/08): WS-Mittelseminar über die Marienkapelle in Aachen
  Erwähnung: *ZS* [3/2007, 685]

Hoffmann, Volker, * 1940, Prof., Architekturhistoriker, Uni Bern, 1995–2015 *ZS*-Autor zum erfundenen Mittelalter, entwickelte für Aachen ein nirgends akzeptiertes Gegenmodell zu HI

- (2002): SS-Hauptseminar übers Aachener Münster (inklusive Prüfung der Thesen von HI)
- (2004): Vortrag am 07.05.: ›Die Pfalzkapelle zu Aachen – Plädoyer für eine fiktive Kunstgeschichte‹; bei *Kunstgeschichtliche Gesellschaft zu Berlin*
  Kommentar: H.-U. Niemitz / HI: ›Aachen: alt, ganz alt oder noch älter?‹ *ZS* [2/2004, 272-278]

Hofmann, Karl, Neusäß, 2010 *ZS*-Autor zum erfundenen MA

Hornung, Erik, 1933–2022, Prof., Ägyptologe, Uni Basel

- (2003): Informant von F. Krojer [101, 118]
  Replik: BHI

Hubel, Achim, * 1945, Prof., Bauforscher, Bamberg

- (2000): Statements bei Günter Schiessl: ›Auf den Spuren „Karls des Fiktiven" im Kreuzgang‹; *Mittelbayerische Zeitung,* Regensburg [03.02.]
  Repliken: G. Anwander/HI: ›„Eine einzige Spatelknopfnadel..."‹; *ZS* [2/2000, 253 f., 258] • *BuP* [2002, 436, 496, 509]

Huber, Gerald, * 1962, M.A., Historiker, Schriftsteller, Landshut

- (2007): Bei der Podiumsdiskussion zwischen T. Straub, G. Riedel, J. Haberstroh, G. Anwander und HI im Stadtmuseum Ingolstadt [26.11.] als Moderator eingesetzt, ließ aber als Parteigänger Straubs keine Erwiderungen zu.
  Kommentar: HI: Karleskes zwischen Aachen und Ingolstadt; *ZS* [3/2006, 674-676]

Huemer, Peter, * 1941, Dr., Historiker, Journalist, Leiter des „Club 2“ im ORF und „Im Gespräch“ im Radio-Programm Österreich 1

- (1998): Interview: ›Im Gespräch mit HI‹: ORF 1 (Radio, 60 min.), Wien [26.02., wiederholt am 23. 07.]

Hunger, Herrmann, * 1942, Prof., Assyriologe, Astronomiehistoriker, Uni Wien

- (2003): Informant von F. Krojer [180 f., 295, 394, 398, 406]
  Replik: BHI [inkl. 489-493]

Janko, Richard, * 1955, Prof., Klassischer Philologe, Gräzist, Univ. of Michigan

- (2003): Informant von F. Krojer [436]
  Replik: BHI

Jarnut, Jörg, 1942–2023, Prof., Mediävist, Uni Paderborn

- (1996a): Diskussion nach dem Vortrag HIs an der Uni Paderborn [04.06.] = ***Replik***.
  Wiedergabe *und* ***Replik***: ›Von der Karlslüge‹; ZS [3/1996, 335]
- (1996b): Statement für „mv“: ›Otto der III. ein großer Fälscher?‹; *Neue Westfälische* [06.06.]
- (1999): Statement bei Andrea Pistorius: ›Dr. HI irritiert Historiker · Karl gab es nicht‹; *Westfälisches Volksblatt* [02.10.]
  Replik: HI: ›Mumpitz in Absurdistan‹; *ZS* [4/1999, 617]

Jurisch, Alexander, München, 1996 *ZS*-Autor zum erfundenen MA

Kämmerer, Jens, Mühlhausen, 2013 *ZS*-Autor zum erfundenen MA

Kalckhoff, Andreas, 1944–2022, Dr., Mediävist, Karlsbiograph aus der Abiturklasse von HI, Stuttgart;

- (1997): Statement am 26.11. bei Xaver Frühbeis (Statements auch von HI, L. Wamser und S. Weinfurter)
  Replik: HI: ›Hauen und Stechen auf breiter Front‹; *ZS* [1/1998, 125 f.]

Katzinger, Willibald, 1949–2019, Dr., Historiker, Museumsdirektor, Linz, Unterstützer von HI, *ZS*-Autor zum erfundenen Mittelalter,

- (1999): Statement bei G. Lorenz: ›Es fehlen 300 Jahre...‹ [dito von W. Pohl]; *täglich alles* [28.12.]
- (2001): ›Ein Anti-Illig-Buch, das ganz ohne ihn auskommt‹; *ZS* [2/2001, 258-265] ***Replik*** auf M. Kerners Buch (2000): *Karl der Grosse · Entschleierung eines Mythos;* Böhlau, Köln

- (2002): Phantomzeit-Präsentation im Rahmen der Ausstellung „Mystifikationen der Geschichte"; *Nordico Museum,* Linz
- (2000/02): Veranstaltung am 16.10. 2000 in Wels und Herausgabe (2002) von *„Zeitbegriff. Zeitmessung und Zeitverständnis im städtischen Kontext",* im Auftrag des Österreichischen Arbeitskreises für Stadtgeschichtsforschung; *„Beiträge zur Geschichte der Städte Mitteleuropas",* Band 17; Linz, mit Zuziehung von HI
- (2003): *„echt_falsch. Will die Welt betrogen sein?"* (Hg. mit Hannes Etzlstofer und Wolfgang Winkler); Kremayr & Scheriau, Wien, mit dem Beitrag von HI: »Gefälschtes Mittelalter« [280-293].
- (2003): Linz, Nordico-Museum: Ausstellung „Mystifikationen der Geschichte. Von Irrtümern, frommen Lügen, Manipulationen und Fälschungen" [20.11.– 29.02. 2004], mit einem eigenen Ausstellungsraum für das fiktive Mittelalter.
- (2004): ›Linz ohne Phantomzeit‹; in *„Stadtarchiv und Stadtgeschichte. Forschungen und Innovationen. Festschrift für Fritz Mayrhofer zur Vollendung seines 60. Lebensjahres";* Linz [327-340].
  Kommentar: HI: ›Siebigs' Fund und Fried ohne Freud‹; *ZS* [3/2004, 625-652]

Keipert, Helmut, * 1941, Prof., Slawist, Uni Bonn

- (2000): WS-Vorlesung über erfundene Vergangenheit in der Slavischen Philologie;

Keller, Béatrice, ca. 1950, Dr., Kunsthistorikerin beim Archäologischen Dienst Graubünden

- (1999): – [Leserbrief]; *Archäologie in Deutschland* [4/99, 77]
  Replik: HI: ›Mumpitz in Absurdistan‹; *ZS* [4/1999, 618] • ›Brennpunkt Phantomzeit‹; *ZS* [1/2000, 141 f.]

Keller, Stefan, Rheinau, 1997 *ZS*-Autor zum erfundenen MA

Kerner, Max, * 1940, Prof., Mediävist, Uni Aachen, größter Spötter in Bezug auf HI

- (1993): Statement bei Maria Enders: ›Münchner Forscher behauptet: Karl der Große hat nie gelebt. Aachener Historiker: Ein neuer Däniken?‹ *Aachener Volkszeitung,* [31.08.]
- (1996): Vortrag ›Karl der Große – Karl der Fiktive? Wi(e)der die Karlslüge!‹ als *Uni im Rathaus,* Aachen [14.11.]
  Repliken: HI: *DeM* [1998, 409] • ›Von Wenden und schrecklichen Visionen‹ *ZS* [2/1997, 262 f.] • *BuP* [2002, 263-531, passim „unser Max"].

- (1997): Disput im *Deutschlandfunk* mit HI [01.01. 17:30] = telefonische ***Replik***
  Replik: HI: ›Von Wenden und schrecklichen Visionen‹; *ZS* [2/1997, 263-272] (Protokoll des Disputs)
  Ergänzung: ›„Vor einem Abgrund an Falsifikaten"‹; *ZS* [3/1998, 462] • *WhU* [1999, 155]
- (1999): *›Der verschleierte Karl · Karl der Große zwischen Mythos und Wirklichkeit‹;* ohne Verlag; Aachen
- (2000): Zitation bei Alfred Stoffels: ›Der große Karl – entschleiert‹; *Aachener Zeitung* [16.11.]
  Replik: HI: ›Den Mythos erinnern, Karl vergessen‹; *ZS* [4/2000, 635 f.] • ›Langobarden, Juden, Astronomen und auch Aachen‹; *ZS* [1/2001, 114] • W. Katzinger (2001): ›Ein Anti-Illig-Buch, das ganz ohne ihn auskommt‹; *ZS* [2/2001, 258-265]
- (2000): ›Karl der Große zwischen Faktizität und Aktualität‹ [Einleitungstext zu der entsprechenden Sitzung bei der Veranstaltung; mit Vorträgen von Matthias Becher, Frank Fürbeth, Knut Görich, Matthias Page, Michel Parisse, Rudolf Schieffer]; in: Max Kerner (Hg. 2001): *„Eine Welt - Eine Geschichte? 43. Deutscher Historikertag in Aachen, 26. bis 29. 9. 2000";* Oldenbourg, München [S. 137]

Klamt, Martin, München, 2003 ZS-Autor zum erfundenen MA

Kleinen, Michael, Dr., Historiker, Uni Magdeburg

- (1997?): Semesterkurs: ›Das erfundene Mittelalter – Eine Überprüfung der These des HI‹ (kein Inhalt bekanntgeworden)

Klier, Walter, * 1955, Schriftsteller, Herausgeber, Maler, Innsbruck;

- Autor der ZS ab 2000, Multiplikator in verschiedenen Medien

Kloppenburg, Franz, 1917–2016, Höxter, 2007 *ZS*-Autor zum erfundenen MA

KLUGE, Alexander, * 1932, Filmemacher („Neuer deutscher Film"), Schriftsteller, Fernsehproduzent.

- (1997): In seiner Eigenschaft als Begründer und Betreiber von *dctp* produzierte und sendete er ab 1997 eine Reihe von Interviews mit HI, die maßgeblich zur Verbreitung der Mittelalter-Thesen beitrugen, etwa am 02.11. 1997 ›Der Phantomzeitforscher‹, aber auch noch am 18. 02. 2005: ›Karl der Große, Fehlanzeige‹ [ZS 1/2005, 124], daneben zu anderen Themen wie Egon Friedell oder den Bau der Cheops-Pyramide.

Knops, Tilo, * 1953, Prof., Institut für Theater, Musiktheater und Film, dreht mit seiner Frau Kirsten Waschkau sog. „Enthüllungsstories"

- (1996): N3 im NDR [04.06.]: Herabwürdigende Filmglosse über die Hamburger *Zeitensprünge*-Jahrestagung und das erfundene MA.
  Vorabkommentar: HI: *ZS* [2/1996, 132]

Koch, Marianne, Leopoldshöhe, 2007–2014 *ZS*-Autorin zum erfundenen MA

Kölzer, Theo, * 1949, Prof., Mediävist, Uni Bonn

- (1997): ›Brief statt Kritik‹; *EuS* [491]
  Repliken: HI: ›Drei Jahrhunderte bleiben fragwürdig‹; *EuS* [508] • HI: ›Hauen und Stechen auf breiter Front‹; *ZS* [1/1998, 126] • *DeM* [1998, 401, 409] • M. Lettner: ›Sanctus amor patriae? Einige notwendige Gedanken zur Geschichtswissenschaft‹; *ZS* [4/1999, 629 f.] • ›Hinterweltler aller Art‹; *ZS* [1/2002, 157-159] • *BuP* [2002, 587, 589] • HI: ›Aktuelle Kontroversen‹; *ZS* [1/2011, 12]
- (1998): indirekt bei Matthias Schulz: ›Schwindel im Skriptorium‹; *DER SPIEGEL* [13.07.]
  Replik: HI: ›„Vor einem Abgrund an Falsifikaten"‹; *ZS* [3/1998, 463 f.] • *DeM* [1998, 409]

Kokott, Wolfgang, 1937–2007, Dr., Astronom, München

- (2003): Informant von F. Krojer [114, 244, 252]
  Replik: BHI

Korth, Hans-Erdmann, Stuttgart, 2002–2007 *ZS*-Autor zum erfundenen MA; wollte/will die Thesen von HI übertreffen.

Koschik, Harald, * 1944, Dr., Archäologe, u.a. Leiter des Rheinischen Amtes für Bodendenkmalpflege

- (2004): Statement bei Jan Berndorff: ›Die verschwundenen Jahrhunderte‹; *P.M. Perspektive* [1/2004, 86-89]
  Replik: HI: ›Die Debatte der Schweigsamen‹: *ZS* [1/2004, 90]

Kreiler, Kurt, * 1950, Dr., Autor und Dramaturg, Planegg

- (2001): ›Das erfundene Mittelalter. Die umwerfenden Geschichtsthesen von HI‹; zweiteilige Radiosendung, *SFB Berlin* [08. 02. + 15.02.] mit Statements von W. Schlosser, R. Schieffer und Thomas Fischer, auch von HI, der aber trotz des Sendungs-titels im zweiten Teil nicht mehr vorkam.

Krojer, Franz, * 1958, Informatiker, Hobby-Astronom, von vielen Wissenschaftlern 2003 als 'Transmissionsriemen' für das indirekte Vorbringen von Argumenten benutzt, insbesondere von Dieter B. Herrmann im Zusammenspiel mit *„Skeptiker“*.

- (2003): *„Die Präzision der Präzession. Illigs mittelalterliche Phantomzeit aus astronomischer Sicht“;* Differenz Verl., München. Krojer wurde dabei von mindestens 21 namentlich genannten Wissenschaftlern unterstützt bzw. er hat ihnen eine Plattform geboten; sie sind in der vorliegenden Aufstellung enthalten.
  Positive Rezension: Kühne, Ulrich (2003): ›Einstürzendes Himmelszelt · Phantomzeitloser: Für Franz Krojer steht das Mittelalter in den Sternen‹; *SZ* [19.07.]
  Repliken unter dem Obertitel: ›Das Scheitern der Archäoastronomie‹; HI: BHI [3/2003, 478-507] • J. Beaufort: ›Die Fälschung des Almagest und ihre Verdrängung durch Franz Krojer‹; *ZS* [3/2003, 508-515] • G. Heinsohn: ›Krojer und die Auschwitzleugnung‹; *ZS* [3/2003, 516 f.]
- (2004a): Äußerung bei Jan Berndorff: ›Die verschwundenen Jahrhunderte‹; *P.M. Perspektive* [1/2004, 86-89]
  Replik: HI: ›Die Debatte der Schweigsamen‹; *ZS* [1/2004, 92]
- (2004b): ›Diskussion nur vordergründig “hinfällig”‹; *Zeitschrift für Anomalistik* [4 (1-3), 203-205]. Eine Kehrtwende von Krojer als Antwort auf einen Artikel von Jörg Dendl.
  ***Kommentar**:* HI, ZS [3/2004, 626]
- (2007): ›Leuchttürme der Vergangenheit. Astronomische Überlieferungen und das „erfundene Mittelalter“ HIs ‹; Vortrag F. Krojer in Bad Herrenalb [23.06.] (2009): ›*Leuchttürme der Vergangenheit. Astronomische Überlieferungen und das „erfundene Mittelalter“ HIs‹;* München (Schriftliche Fassung des Vortrages vom 23.06. 2007 als Broschüre im eigenen Differenz-Verlag)

Kronk, Gary W., * 1956, Amateurastronom, Kometenforscher

- (2003): Informant von F. Krojer [259]
  Replik: BHI

Kühn, Hans-Joachim, * 1958, Historiker, Uni Saarland

- (2007/08): Vorlesung ab 25.10. 2007: ›Erfundene Jahrhunderte? Grundlinien mittelalterlicher Chronologie‹
  Erwähnung: *ZS* [3/2007, 685 f.]

Kühne, Ulrich, * 1966, Dr., Wissenschaftsphilosoph und -historiker

- (2003): ›Einstürzendes Himmelszelt · Phantomzeitloser: Für Franz Krojer steht das Mittelalter in den Sternen‹; *SZ* [19.07.]
  Repliken: siehe F. Krojer

Kunitzsch, Paul, 1930–2020, Prof., Astronomiehistoriker, Uni München

- (2003): Informant von F. Krojer [128, 208]
  Replik: BHI

Kurze, Dietrich, 1928–2016, Prof., Mediävist, Uni Berlin

- (1996): Rundfunk-Statement, *Ostdeutscher Rundfunk Brandenburg* [23.07.]
  Replik: HI: ›Von der Karlslüge‹; *ZS* [3/1996, 336]

Lange, Klaus-Peter, Prof., Germanist, Uni Leiden

- (2000): ›Mythos und Realität des Kaisers. Prof. Dr. Klaus-Peter Lange zweifelt an Karl dem Großen‹; (Leserbrief) *Aachener Zeitung* [17.08.]
  Kommentar: HI: ›Naturwissenschaftler verteidigen 'ihren' Thron‹; *ZS* [3/ 2000, 490 f.]

Larsson, Lars-Åke / **Ossowski Larsson**, Petra, Software-Spezialisten, Dendrochronologen, Saltsjöbaden (Schweden)

- (2016): *›Astronomical dating of Roman time‹;* Academia.edu, ResearchGate.et
  ***Repliken*:** K.-H. Lewin: ›Dendrochronologie und Archäo-astronomie‹; *ZS* [2/2016, 219-238]. HI: ›Kommentar zum Ansatz der LARSSONS und ein weiterer Zwischenstand nach 2006‹; *ZS* [2/2016, 239-242].
- (2016): *›Redating West-Roman history – about specious twin events and anachronisms in Late Antiquity‹;* Academia.edu, ResearchGate.et
  ***Replik*:** HI: ›Phantomzeit der Larssons oder Der Anspruch der »sciences«‹; *ZS* [3/2016, 329-338]

Laszlo, Renate, Höhn, 2006–2013 *ZS*-Autorin zum erfundenen MA

Laudage, Johannes, 1959–2008, Prof., Mediävist, Uni Düsseldorf

- (2002): Podiumsdiskussion am 10.01. in der Katholischen Hochschulgemeinde, Düsseldorf, mit HI = ***Replik***
  Repliken: HI: ›Hinterweltler aller Art‹; *ZS* [1/2002, 155-157] • ›Aktuelle Kontroversen‹; *ZS* [1/2011, 20]

Legler, Rolf, * 1945, Dr., Kunsthistoriker, Sachbuchautor, München

- (2009): ›Replik zu HI (2009): *Fehlende Kreuzgänge und Benediktiner‹;ZS* [2/2009, 469-472]. Fraglicher HI-Artikel *ZS* [1/2009, 194-219].
  Replik: HI: ›Aachen im Glück? Köln · Rowley · P.M. · Legler‹; *ZS* [2/2009, speziell 484-486]

Lehmann, Johannes, Dr., Lektor

- (2000): Am 12.04. in Köln parteiischer Moderator beim Streitgespräch zwischen S. Schütte und HI = ***Replik***
  Replik: HI: ›Die Debatte der Schweigsamen‹; *ZS* [1/2004, 91]

Lehner, Manfred, * 1963, Prof., Archäologe, Uni Graz

- (2013): Podiumsdiskussion an der Uni Graz (Meerscheinschlössl) am 14. 05. mit Prof. Johannes Gießauf und HI = ***Replik.*** Als Moderatoren Dr. Elisabeth Holzer und Oliver Pink.
  Repliken: HI: ›Erstmals ein Archäologe. Das erfundene Mittelalter wird in Graz diskutiert‹; *ZS* [25 (2) 426-443] • Kommentar zur Podiumsdiskussion in Graz; *ZS* [25 (3) 649-652] • ***Ergänzung:*** Nachschrift der Podiumsdiskussion; *ZS* [25 (3) 617-648]. Die Filmaufnahme der Diskussion ist mittlerweile ins Internet gestellt.

Lelarge, Günter, Andernach, 2001 *ZS*-Autor zum erfundenen MA; Diskutant in Internet-Foren, dort herausgerissen durch schwerste Krankheit.

Lettner, Martin, damals Student der Geschichte, München

- (1999): ›Sanctus amor patriae? Einige notwendige Gedanken zur Geschichtswissenschaft‹; *ZS* [4/1999, 631] (***Replik*** auf M. Borgolte [1999], J. Fried [1999b], T. Kölzer [1997] und R. Schieffer [1999])

Lewin, Karl-Heinz, ZS-Autor, Haar,

- 2003–2017 einschlägige *ZS*-Artikel
- (2005): ›Komputistik contra Phantomzeitthese. Führt der Computus Paschalis die Phantomzeitthese ad absurdum?‹ *ZS* [2/2005, 455-464] (***Replik*** auf U. Voigt [2005])

Liesching, Birgit, * 1940, Diplom-Übersetzerin, *ZS*- und *SIS*-Autorin, Überlingen

- (2002): ›Dark Ages, Illig, Niemitz and Palmer‹; *C&CR* [2/2002, 41] (***Replik*** auf B. Peiser [2002])
- (2014): ›Lesermeinung · Gefälschte Dokumente‹; *Südkurier* [02.10.]. Unmittelbar darauf: Prof. Michael Borgolte: ›Lesermeinung · Gefälschte Dokumente‹; *Südkurier* [02.10.].
  Replik: HI: ›'Borgolte schützt Überlingens wackliges Jubiläum vor Unhold'‹; *ZS* [2/2014, 561-566]

Lobbedey, Uwe, 1937–2021, Prof., MA-Archäologe, Kunsthistoriker,

- (2000): ›Corvey steht fest auf karolingischen Mauern‹; *Jahrbuch 2000 des Kreises Höxter;* Beverungen.
  Replik: Lobbedey von uns wegen Corvey immer wieder kritisiert.

Löffler, Sigrid, * 1942, Mag., Literatur- und Kulturkritikerin (Literarisches Quartett mit Marcel Reich-Ranicki)

- (1997): Hier genannt als damalige Vorgesetzte von Dr. R. Herzinger bei der *„Zeit“,* die ihn schützte.

Loh, Werner, * 1944, Dr., Philosoph, Aussagenlogiker; der maßgebliche, immer objektiv bleibende Lektor von *EuS* [1997]

Lohrmann, Dietrich, * 1937, Prof., Mediävist, Uni Aachen

- (1993): Statement bei Maria Enders: ›Münchner Forscher behauptet: Karl der Große hat nie gelebt. Aachener Historiker: Ein neuer Däniken?‹ *Aachener Volkszeitung* [31.08.]
- (1997): ›Richter über Zeiten und Zeugen‹; *EuS* [491-493]
  Repliken: HI: ›Drei Jahrhunderte bleiben fragwürdig‹; *EuS* [508, 510-512, 515, 517] • ›Aachens Pfalzkapelle gerät in Bewegung‹; *ZS* [4/1997, 659] • ›Hauen und Stechen auf breiter Front‹; *ZS* [1/1998, 127 f., 132] • *DeM* [1998, 394, 397-400] • ›Aktuelle Kontroversen‹; *ZS* [1/2011, 12]
- (1998): – [TV-Interview HI durch Stephan Schlentrich mit Einblendung von Prof. Dietrich Lohrmanns Statements]; *Deutsche Welle,* Berlin [12.06.] = ***Replik***
- (2002): ›Historische Bemerkungen zu HI‹; *Zeitschrift des Aachener Geschichtsvereins* [Bd. 103, 387-398, 2001; 1 Jahr später erschienen]
  Replik: HI: ›Mittelalterdebatte – trübe bis heiter‹; *ZS* [3/2002, 558-561].

Lütge, Christoph, * 1969, Dr., Uni Braunschweig unter Gerhard Vollmer, Prof., Philosoph

- (1999): Oberseminar [13.01.] zum erfundenen MA

Maintz, Helmut, * 1959, Dombaumeister 2000–2023, Aachen

- (2009): Zitation bei Thomas Kreft: ›Karl den Großen gab es doch. Im Aachener Dom wurden Hölzer gefunden, die eine genaue Datierung des Baus ermöglichen‹; *Kirchenzeitung,* Aachen [nach dem 07.06., S. 6 f.]
  Replik: HI: ›Aachen im Glück? Köln · Rowley · P.M. · Legler‹; *ZS* [2/2009, 473-478]
- (2010): Maintz-Kommentar zur vergeblichen Grabsuche in Sachen Karl d. Gr. in: Rossmann, Andreas (2010): ›Domrätsel. Aachens Geheimnis. Das Grab Karls des Großen‹; *F.A.Z.* [21.05.]
  Kommentar: HI: Aachen; *ZS* [2/2010, 510 f.]. Die fünfte Grabsuchkampagne, nicht zuletzt durch HI bewirkt.

Maissen, Thomas, * 1962, Prof. (damals habilitierend), Historiker, Uni Zürich

- (1997): ›Hat Karl der Grosse nie gelebt?‹ [Rezension]; *Neue Zürcher Zeitung* [22.01.]
- (1998): Podiumsdiskussion mit HI [08.11.] = ***Replik***

Martin, Paul C., Dr., 1939–2020, Historiker, Ökonom, Journalist, stellvertretender Chefredakteur BILD, Hamburg · Zürich, sehr früh BILD-Artikel zu Zeitensprünge-Thesen;

- 1996–2002 *ZS*-Artikel zum erfundenen MA
- (2000): ›Numismatische Ungereimtheiten zur Zeit Karls des Großen‹; *F.A.Z.* [24.02.] (Leserbrief-***Replik*** zum Artikel von E. Eickhoff)

Matthiesen, Stephan, * 1967, Dr., Diplom-Physiker, bis 2003 Redaktionsleiter bei ›*Skeptiker · Zeitschrift für Wissenschaft und kritisches Denken*‹ als 'Ausputzer' für Prof. D. Herrmann,

- (2001): ›Erfundenes Mittelalter – fruchtlose These‹; *Skeptiker*. [2/2001, 76-79]
  Repliken: HI: ›Vergebliche Abwehr‹; *Skeptiker* [4/2001, 184-187] (Dieser Text ist von Matthiesen/*Skeptiker* zensiert worden!) • ›Vom Rütteln (an) der Wahrheit‹; *ZS* [3/2001, 514-518] • ›Aktuelle Kontroversen‹; *ZS* [1/2011, 13 f.]

Meisegeier, Michael, Dr., Schaderode, 2006–2010 *ZS*-Autor zum erfundenen MA, entwickelte eine eigene These in Verbindung mit Heinsohns Phantomzeit.

Mercier, Raymond, Astronomiehistoriker, Cambridge

- (2003): Informant von F. Krojer [320]
  Replik: BHI

Meulen, Jan van der, 1929–2011, Prof., Architekturhistoriker, Univ. Cleveland (Ohio)

- (1997): ›Die Grabeskultstätte Saint-Denis‹; *EuS* [493-506]
  Repliken: HI: ›Drei Jahrhunderte bleiben fragwürdig‹; *EuS* [508-512] • ›Hauen und Stechen auf breiter Front‹; *ZS* [1/1998, 127 f.] • *DeM* [1998, 395 f.] • ›Aktuelle Kontroversen‹; *ZS* [1/2011, 12]

Minkmar, Nils, * 1966, Dr., Historiker, Journalist

- (1997): ›Karl der Falsche! Kann die Weltgeschichte um 300 Jahre gekürzt werden?‹ *SZ* [28.01.]
  Replik: HI: ›Ein Schwelbrand breitet sich aus‹; *ZS* [1/1997, 126]

Mitchell, Steve, * 1943, SIS-Autor, der zahlreiche Artikel zur Bestätigung herrschender Chronologie veröffentlicht hat.

- (2001): ›The Dark Ages Hiatus: a response to Clark Whelton‹; *C&CR* [1/2001, 20-21]
- (2002): ›Chasing phantom centuries. The Gregorian calender reforms: a further analysis of Illig's argument‹; *C&CR* [1/2002, 26]
- (2004): ›Lifting „Bickerman's veil"‹; *C&CR* [3/2004, 4-12]
- (2005): ›Medieval Europe: Dating and Recent Developments – Solar Eclipses as Chronological Markers‹; *C&CR* [3/2005, 15-19]
- (2010): ›Medieval Europe: Dating and Recent Developments – Defining the Augustinian Chronology of Bede's History. Part 2: Wilfried and his connections with the Merowingians‹; *C&CR* [1/2010, 18-21]
- (2013): ›Dark Earth: a challenge to the chronology of Britain in the first millennium AD‹; *C&CR* [1/2013, 2-28]
  Replik: HI: ›Wie gingen die Uhren in England? Steve Mitchells Phantomzeiten‹; *ZS* [3/2013, 668-676]

Molkenthin, Ralf, Dr., Ruhrmuseum Essen, Mediävist, Technikhistoriker, Uni Bochum; als Liudger123 bzw. Altfrid II. bei *Wikipedia* wie ein „Verfälscher" [ZS 2/2007,511] zugange.

- (1998): ›Die Fossa Carolina‹; *Technikgeschichte* [Bd. 65 (1) 1 ff.]
  Repliken: *DeM* [1998, 402-406] • *BuP* [2002, 67]
- (2005): *Straßen aus Wasser · Technische, wirtschaftliche und militärische Aspekte der Binnenschiffahrt im Westeuropa des frühen und hohen Mittelalters;* LIT, Münster, mit einem Seitenhieb gegen HI [S. 57, Fn. 175].
  Replik: HI: ›Industrielle Revolution im Mittelalter · Mühlen, Hämmer und Kanäle‹; *ZS* [3/2013, 681-697, spez. 690-693]
- (2007): ›Phantomzeit und Mediävistik. Oder: Zwölf Jahre ‚Mittelalterdebatte' – und was davon zu halten ist‹; *Zeitschrift für Geschichtswissenschaft* [Heft 7/8]
  Repliken: HI: ›Ein Verfälscher am Werk. Replik auf Ralf Molkenthins Kritik‹; *ZS* [2/2007, 511-526] • Z. A. Müller: ›An-, Über- und Abspannen‹; *ZSp* [2007, 133-136]
- (2008): ›Die Phantomzeit und das Mittelalter – oder: Wie HI eine Erfindung erfand. Eine mediävistische Erläuterung‹; in: Ralf Molkenthin / Bodo Gundelach (Hgg.): *De Ludo Kegelorum;* Skriptorium-Verlag, Morschen [19-34]
  Replik: HI: ›Aktuelle Kontroversen‹; *ZS* [1/2011, 14-19]

Morrison, Leslie V., Dr., Astronom, Royal Greenwich Observatory

- (2003): Informant von F. Krojer [182]
  Replik: BHI

Müllejans, Hans, 1929–2009, Dr., Dompropst, Aachen

- (1999): Statement bei (cz): ›„Aachen ist eine biblische Stadt"‹; *Aachener Nachrichten* [11.03.]

Müller, Zainab-Angelika, Lektorin, Berlin,

- von 1992 bis 2012 einschlägige *ZS*-Artikel
- (2007): ›An-, Über- und Abspannen‹; *ZSp* [2007, 132-136] (***Replik*** auf M. Borgolte [1999] und R. Molkenthin [2007])

MÜLLER-BAUSENEIK, Jens, Journalist

- 2009 fasste er Argumente von akademischen Gegnern (s. Fehr, Sawicki, Schieffer) zusammen: ›Gefälschte Geschichte: Hat Karl der Große nie gelebt?‹ *P.M. HISTORY* [6/2009, 66-72]
  Replik: HI: ›Aachen im Glück? Köln · Rowley · P.M. · Legler‹; *ZS* [2/2009, 482-484]

Müller-Götz, Matthias, Dipl.-Ing., Denkmalpfleger, Uni Cottbus · Mainz; bei *Wikipedia* HI-Dauergegner

- (2001): ›Illigs 24 Anachronismen der Aachener Pfalzkapelle – eine kritische Zurückweisung‹; http://www.mamg.de/ illig.htm
  Replik: HI: ›Abwehrk(r)ämpfe bei WikipediA‹; *ZS* [3/2010, 698-703]
- (2010): – [An der *Wikipedia*-Seite „HI" beteiligt, Stimmführer auf deren Diskussionsseite, neben einem Glückskeksprüchetexter]
  Replik: HI: wie oben bei *ZS* [3/2010, 694-704]

Mütz, Karl, Kalenderforscher, Gymnasiallehrer, Tübingen

- (2001): ›Die „Phantomzeit" 614-911 von HI. Kalendertechnische und kalenderhistorische Einwände‹; *Zeitschrift für württembergische Landesgeschichte* [60 (2001) S. 11-23]
  Erwähnung: *ZS* [2/2008, 423]

Naumann, Jens, 1943–2013, Prof., Erziehungswissenschaftler, Uni Münster

- (2002): Vergeblicher Vorschlag eines Ehrendoktorats für HI; dieser deshalb in der Festschrift zum 60. Geburtstag Naumanns vertreten: ›Fehde um das frühe Mittelalter‹ in *„Akzeptanz und Ignoranz. Festschrift für Jens Naumann"* (Hg. Rainer Jansen u. a., 2003); Frankfurt a. M. [269-284]

Neusel, Manfred, Langen, 2006 *ZS*-Autor zum erfundenen MA

Niemitz, Hans-Ulrich,1946–2010, Prof., Wissenschaftshistoriker, HTWK Leipzig, engagiert bei C14 und Dendrochronologie

- Bei einem Telefonat mit ihm im Juli 1990 fand HI zum entscheidenden Kalenderindiz.
- 1991–2004 einschlägige *ZS*-Artikel
- (1995a): Initiator für HI-Vortrag am 16.03. in Berlin + ***Diskussion***
- (1995b, c, d): Radio-Interviews am 17.08. auf *Sender Freies Berlin 3,* am 13.10. auf *Sender Freies Berlin,* am 25.10. bei *Ostdeutscher Rundfunk Brandenburg*
- (1996): Vortrag am 30.03. in Freiburg/Sachsen
- (1997): Statement bei SIM
- (1997) zusammen mit C. Blöss: *C14-Crash. Das Ende der Illusion, mit Radiokarbonmethode und Dendrochronologie datieren zu können;* Mantis, Gräfelfing
- (1998a, b, c): Vortrag am 14.02. 1998 an der Uni Halle-Wittenberg; am 29.04. 1998 an der HTWK Leipzig zwei Veranstaltungen: 1. auf Initiative von Prof. Ingeborg Flagge: ›Wie das Frühmittelalter verschwindet – und ein Exkurs durch die naturwissenschaftlichen Methoden der Datierung – und Architektur‹ 2. ›Chronologierevisionen in Antike und Mittelalter‹
- ***Replik*** (1999): ›„Laßt diesen Gedanken nicht in die Köpfe der Jugend!“ oder Beobachtungen vom 8. Symposium des Mediävistenverbandes: *„Karl der Große und das Erbe der Kulturen!“* 15.-18. März 1999 an der Universität Leipzig – speziell zum Thema: „Karl der Fiktive, genannt Karl der Große“. Zur Diskussion um die Eliminierung der Jahre 614 bis 911 aus der Geschichte‹; *ZS* [11 (2) 231-234].
- (1999a): ›Schummelei bei der Baumring-Chronologie‹; *F.A.Z.* [03. 07.] (Leserbrief, s. H. Hänsel)
- (2004): 1. Leipziger Geschichtssalon: ›Welches Datum haben wir heute‹, ein Vortrag von H.-U. Niemitz und Ronald Starke + ***Diskussion***.

Oberschelp, Walter, * 1933, Prof., Informatiker, Uni Aachen

- (1999): ›Verfinsterte Sonne auch über nichtexistenten Jahrhunderten‹; *F.A.Z.* [22.06.] (Leserbrief, s. Hänsel)
  Replik: HI: ›Sperrfeuer vor Paderborn‹; *ZS* [3/1999, 396 f.]
- (2011): Klieser, Jule: ›Mit der „Sofi-Brille“ kann man den Mond vor der Sonne sehen‹; *Aachener Nachrichten* [05.01.] (Mit State-

ments von Oberschelp zu karolingischen Finsternissen und zum erfundenen Mittelalter)

Opll, Ferdinand, * 1950, Prof., Mediävist, Uni Wien

- (2000): Diskutant nach dem Vortrag von HI (›Zum städtischen Zeitverlust im frühen Mittelalter‹, auf der Tagung des *Österreichischen Arbeitskreises für Stadtgeschichtsforschung),* Wels [16.10.] = ***Replik***
- (2010): zitiert bei Herbert Lackner: ›Historiker schreiben die Geschichte Wiens neu‹; *Profil,* Wien [02.08., 75- 78] (eine indirekte Bestätigung für HI)

  Kommentar: HI: ›Mittelalterliche Aktivitäten von Aachen bis Wien‹; *ZS* [3/2010, 646 f.]

Ossowski Larsson, Petra, s. Larsson

Otte, Andreas, * 1967, Oerlinghausen, Diplom-Informatiker, *ZS*-Autor und Online-Techniker, Mantis- und *Zeitensprünge*-Internet-Auftritt, maßgeblich für das Online-Stellen der *Zeitensprünge.*

- 2004–2014 ZS-Artikel zum erfundenen MA,
- (2005): ›Heinrich Tischner über die Phantomzeitthese‹; eingestellt am 30.12. unter http://www.fantomzeit.de/?p=31 (***Replik*** auf H. Tischner)

Palmer, Trevor, * 1944, Prof., Biologe, Univ. Nottingham, SIS-Autor

- (2001): ›An Investigation into the Reality of the Early Medieval Dark Age‹; *C&CR* [1/2001, 14-19]

  Replik: HI: ›Do the Early Middle Ages Survive only as a Sacred Cow?‹ *C&CR* [1/2001, 18-23, erst 2002 erschienen]
- (2002): ›Answer to HI‹; *C&CR* [1/2002, 23-26]

  Replik: B. Liesching: ›Dark Ages, Illig, Niemitz and Palmer‹; *C&CR* [2/2002, 41]

Pap, Gábor, * 1939, Kunst- und Literaturhistoriker: Träger des ungarischen Kulturerbepreises

- (2002): Gespräch im *Pannon Radio,* Budapest, zur Thematik; 07.01. Daraus entstanden der Kontakt zum Verlag Allprint Kiadó, Budapest, fünf ins Ungarische übersetzte Bücher und der bereits in seinem Vorwort für *DeM* gegen seine ursprüngliche Meinung formulierte Widerstand von Pap.

Paraschiv, Cornelius, Mannheim, 2009 *ZS*-Autor zum erfundenen MA

Partenheimer, Lutz, * 1957, Dr., Historiker, Spezialist für Brandenburger Geschichte, Universität Potsdam,

- (2004): Teilnehmer an der Zeitungsfehde zwischen Prof. H. Assing und D. Franz, festgehalten in dessen Potsdam-Buch [2008]

Patzold, Steffen, * 1972, Prof., Mediävistik, Tübingen

- (2014): *„Ich und Karl der Große · Das Leben des Höflings Einhard“;* WBG, Darmstadt.
  Replik: HI: ›Blicke auf Karl und Einhard · Weinfurter · Hartmann · Patzold · Pieper/Saltzwedel · Imhof/Winterer‹; *ZS* [1/2014, 36-40]

Peiser, Benny Josef, * 1957, Dr., Kulturwissenschaftler, Uni Liverpool, anfänglich *ZS*-Autor,

- (1998): – [Leserbrief]; *ZS* [1/1998, 164-166]
  Replik: HI: Hauen und Stechen auf breiter Front‹; *ZS* [1/1998, 133-140, 167 f.]
- (2002): ›Jewish History 500-1099 AD, The Gaonic Period in Israel/Palestine‹; *C&CR* [2/2002, 33-37]
  ***Repliken**:* G. Heinsohn: ›The Gaonic Period in Israel/Palestina‹: *C&CR* [2/2002, 38-41] • B. Liesching: ›Dark Ages, Illig, Niemitz and Palmer‹; *C&CR* [2/2002, 41]

***Pfister**,* Christoph, Fribourg, 1997–2000 *ZS*-Autor zum erfundenen MA, entwickelte alternative Thesen.

***Pickel**,* Hajo, Kelkheim, 2006 *ZS*-Autor zum erfundenen MA

Pohl, Walter, * 1953, Prof. für mittelalterliche Geschichte, Uni Wien

- (1999): Statement bei G. Lorenz: ›Es fehlen 300 Jahre...‹: *täglich alles* [28.12.] (ebenso Statement von W. Katzinger)

***Polatschek**,* Klemens, Berlin, u.a. maßgeblich für das Online-Stellen der *Zeitensprünge.*

Poqué, Helmut, * 1939, Dompropst, Aachen

- (2009): Zitation bei Georg Dünnwald / Fabian Nawrath: ›Sicher: Dom ist 1200 Jahre alt. Großes Aufatmen bei Dompropst Helmut Poqué und Dombaumeister Helmut Maintz. Das Alter des Münsters ist jetzt *wissenschaftlich* bestätigt‹; *Aachener Nachrichten,* Aachen [04.06.]
  ***Replik**:* HI: ›Aachen im Glück? Köln · Rowley · P.M. · Legler‹; *ZS* [2/2009, 473]

Pre*cht*, Richard, David, * 1964, 1999 noch Radio-Reporter und Journalist, heute Prof., Publizist, TV-Moderator

- (1999): Sendung im Deutschlandfunk, Köln, zum erfundenen Mittelalter, mit verschiedenen Einspielungen [28.04. 20:10]; vorausgegangen sind Interviews mit W. Schlosser, H.-U. Niemitz und HI

- (2000): ›Der große Karl hat nie gelebt · Die gefälschte Zeit‹; *Kölner Stadtanzeiger* [01.04.]
- (2000): ›Karl der Fiktive‹; *Nürnberger Nachrichten · Wochenmagazin* [19.05.]
- (2022): R. D. ***Precht*** / Harald ***Welzer***: *„Die vierte Gewalt · Wie Mehrheitsmeinung gemacht wird, auch wenn sie keine ist“;* Fischer, Frankfurt a. M. [zu HI 157 f.]

Prinz, Friedrich, 1928–2003, Prof., Historiker, Uni München

- (1996): ›Ist das Mittelalter drei Jahrhunderte zu lang oder Wie man die Rechnung ohne Karl den Großen macht‹; [mit Prof. Rudolf Schieffer contra HI, Moderator: B. Müller-Ullrich] im *Südwestfunk Baden-Baden* [12.01., 17:00-18:00] = ***Replik***
  Kommentar: HI: ›Streit ums zu lange Frühmittelalter‹; *ZS* [1/1996, 113-119]

Rade, Claus Dieter, Bonn, 1997–1999 *ZS*-Autor zum erfundenen MA

Ratzinger, Joseph, 1927–2022, Prof., Kardinal, später Papst Benedikt XI.; damals Präfekt der Glaubenskongregation, Rom

- (2000): *Gott und die Welt (Gespräche mit Peter Seewald);* DVA, München [zu HI 171 f.]. Sonderausgabe: *Salz der Erde/ Gott und die Welt;* DVA, München [2006, 467 f.] ***Text*** siehe *ZS* [1/2001, 170]

Reinhardt, Volker, * 1954, Prof., Historiker, Uni Fribourg

- (1998): ***Diskussion*** nach Vortrag von HI: ›Das Ende als manipulierter Anfang. Die simulierte Jahrtausendwende‹ am 11.06. in Berlin beim Kongress *„Enden von Geschichten / Geschichte des Endens“,* geleitet von Constance Blackwell (1934–2018) und Prof. Wilhelm Schmidt-Biggemann (* 1946) = ***Replik***
  Replik: HI: ›Vor einem Abgrund an Falsifikaten“‹; *ZS* [3/1998, 461]

Reiter, Johann, Dr., Mathematik-Zentrum der TU München

- (2003): Informant von F. Krojer [88]
  Replik: BHI

Richard, Jörg, * 1942, Dr. (heute Prof.), Kulturwissenschaftler, Uni Bremen

- (1999): beteiligt am Bremer Seminar [21.01.] = ***Replik***
  Kommentar: ›Boulevard und Seminar‹; *ZS* [1/1999, 82 f.]

Richter, Dieter, * 1934, Prof., Literaturwissenschaften, Uni Bremen

- (1999): beteiligt am Bremer Seminar [21.01.] = ***Replik***
  Kommentar: ›Boulevard und Seminar‹; *ZS* [1/1999, 82 f.]

Richter, Dietmar, 1930–2012, Dr. Dr., Radebeul, Spezialist für Sonnenuhren, *ZS*-Artikel zum erfundenen MA, 2000-2001,

- ›Phantomzeit vor dem 1. Millennium?‹ Vortrag am 26. 01. im Kulturpalast Dresden; Intervention von Prof. Karlheinz Blaschke
  Replik: D. Richter: ›„Sie und Ihre Gesinnungsgenossen…" Bericht über einen Vortrag‹; *ZS* [1/2000, 124 f.]

Riedel, Gerd, Dr., Archäologe, Stadtmuseum Ingolstadt, später Stadtarchäologe von Ingolstadt

- (2006): Diskutant in Ingolstadt am 26.11. beim Streit zwischen T. Straub und J. Haberstroh gegen G. Anwander und HI = ***Replik***
  Repliken: HI: ›Karleskes zwischen Aachen und Ingolstadt‹; *ZS* [3/2006, 676] • G. Anwander: ›Ingolstadt November 2006‹; *ZSp* [2007, 144 f.].

Riedmann, Josef, * 1940, Prof., Archäologe, Uni Innsbruck

- (1997): Statement bei Floo Weismann: ›Karl der Fiktive? Ein Autor wirft ein kurioses Gedankenspiel in die Geschichte; Fachleute halten seine These für phantasievollen Humbug‹; *Tiroler Tageszeitung* [Magazin Nr. 276, 31.10.] (Statements auch von Prof. H. Stadler und Dr. C. Haidacher)
  Replik: HI: ›Hauen und Stechen auf breiter Front‹; *ZS* [1/1998, 131]

Riha, Ortrun, * 1959, Prof., Medizinhistorikerin, Uni Leipzig

- (2007): ›Virtuelles Mittelalter, oder: Warum es so schwierig ist festzustellen, wie es „wirklich war"; in Prof. Elmar Schenkel / Nadja Kroker (Red. 2009): *Leipziger Universitätsreden. Vorträge aus dem Studium universale 2004 – 2007;* Uni Leipzig (Heft 106, 8-20, spez. 10)

Roese, Gerhard, Darmstadt, 1999–2008 *ZS*-Autor – auch unter Pseudonym – zum erfundenen MA

Rohr, Christian, * 1967, Mag., heute Prof., Historiker, Uni Salzburg

- (2004): ›Ein gefälschtes Mittelalter? Methoden der Historischen Hilfswissenschaften zur Analyse von Urkunden‹, Vorlesung an der Uni Salzburg [22.11.]
  Replik: HI: ›Alte Kreuze, alte Throne und Byzanz‹; *ZS* [1/2005, 115 f.]

Rothwangl, Sepp, ca. 1950, Kulturastronom, Waldwirt, Kirchengegner. Vernetzt mit F. Krojer und Prof. W. Schlosser

- (2000): ›300 Jahre erfundenes Mittelalter?‹ *raum&zeit* [108, 84-90]
  Replik: HI: ›Astromanie und Wissenschaft. D. Herrmann · F. Kro-

jer · S. Rothwangl · W. Schlosser‹; *ZS* [4/2000, 672-676]

- (2003): Informant von F. Krojer [128]
  Replik: BHI

Rowley, Anthony, * 1953, Dr., Dialektologe für bayerische Dialekte, Augsburg

- (2007): ›Das „erfundene" Althochdeutsch? Über HIs Kürzung der bairischen und deutschen Sprachgeschichte um 300 Jahre‹; *Klagenfurter Beiträge zur Sprachwissenschaft;* Klagenfurt [Jg. 34-35, 1-10].
  Replik: HI: ›Aachen im Glück? Köln · Rowley · P.M. · Legler‹; *ZS* [2/2009,473-487; nur zu Rowley 481 f.]

Ruby, Othmar, Dr., (†), Volkshochschule Salzburg,

- Ruby ließ die Zeitenspringer G. Heinsohn, P. Mikolasch und HI ihre Themen in den Anfangsjahren präsentieren.

Rühli, Frank, * 1971, Prof., Paläopathologe, Evolutionäre Medizin, Zürich

- (2013): ›Gab es Karl den Grossen wirklich? Ein Streitgespräch‹; Landesmuseum Zürich: Karl der Grosse und die Schweiz, 20.9. 2013–2.2.2014 Unterlagen für Schulen · Bildung und Vermittlung [25-27]. Das Streitgespräch hat nie stattgefunden, sondern es wurde ein Text von L. Wiegelmann über HI abgedruckt (›Wie man Karl den Grossen aus der Geschichte tilgt‹, dazu von Rühli ein Befund zu den Knochen von Karl d. Gr. Ein Fake als Schulunterlage!

Saltzwedel, Johannes, * 1962, Dr., Germanist und Studium mittelalterlicher Geschichte, Autor, auch für *Spiegel*-Hefte

- (2012): ›Seitenblick. Die abstruse These vom „erfundenen Mittelalter". Gestrichene Jahrhunderte‹; in J. Saltzwedel (2012): ›Karl der Große. Der mächtigste Kaiser des Mittelalters‹; *Der Spiegel Geschichte* [105]
  Replik: HI (2012): ›Cum grano salis‹; *ZS* [1/2012, 520]
- Pieper, Dietmar / Saltzwedel, Johannes (2013): *„Karl der Große · Der mächtigste Kaiser des Mittelalters";* DVA, Wiesbaden.
  Replik: HI (2014): ›Blicke auf Karl und Einhard · Weinfurter · Hartmann · Patzold · Pieper/Saltzwedel · Imhof/Winterer‹; *ZS* [1/2014, 40-42].

Sawicki, Diethard, * 1968, Dr., Historiker, Lektor

- (2001): ›Lügenkaiser Karl der Große? Ein kritischer Blick auf HIs These vom erfundenen Mittelalter‹; in T. Bendikowski / A. Hoff-

mann / D. Sawicki (2001): *„Geschichtslügen. Vom Lügen und Fälschen im Umgang mit der Wahrheit";* Westfälisches Dampfboot, Münster [75-104]
***Repliken**:* HI: ›Hinterweltler aller Art‹; *ZS* [1/2002, 159-169] • G. Anwander: ›Müller, Napoleon und der Beginn der deutschen Art, Geschichte zu schreiben‹; *ZS* [3/2005, 710 f., 729 f.]

- (2009): Zitation bei J. Müller-Bauseneik: ›Gefälschte Geschichte: Hat Karl der Große nie gelebt?‹ *P.M. History* [6/2009, 66-72]
Replik: HI: ›Aachen im Glück? Köln · Rowley · P.M. · Legler‹; *ZS* [2/2009, 483]

***Schätzing**,* Frank, * 1957, Bestseller-Autor, Köln

- (2015): ›Das will ich archiviert sehen‹; Rede zum *„11. Nationalen Aktionstag für die Erhaltung schriftlichen Kulturguts",* Köln, *F.A.Z.* [26.09.], mit positiver Bewertung der Fiktionalisierung Karls.
***Zitation**:* *ZS* [3/2015, 686 f.]

Schellewald, Barbara, * 1952, Prof., Kunstgeschichte, Archäologie, Uni Bonn

- (2000): Seminar, 23.11.: ›„Dark Ages"? Das Mittelalter als Herausforderung für die Kunstgeschichte‹

Schieffer, Rudolf, 1947–2018, Prof., Mediävist, Präsident der MGH, Uni München

- (1996): Rundfunk-Diskussion: ›Ist das Mittelalter drei Jahrhunderte zu lang oder Wie man die Rechnung ohne Karl den Großen macht‹ mit Prof. F. Prinz contra HI, Moderator B. Müller-Ullrich; *Südwestfunk Baden-Baden* [12.01., 17:00-18:00], zugleich ***Replik**.*
***Replik**:* HI: ›Streit ums zu lange Frühmittelalter‹; *ZS* [1/1996, 113-119] • M. Lettner: ›Sanctus amor patriae? Einige notwendige Gedanken zur Geschichtswissenschaft‹; *ZS* [4/1999, 631] • *BuP* [2002, 48 f., 526]
- (1997a): Statement bei SIM;
Replik: HI: ›Streit ums zu lange Frühmittelalter‹; *ZS* [2/1997, 260]
- (1997b): ›Ein Mittelalter ohne Karl den Großen oder Die Antworten sind jetzt einfach‹; *Geschichte in Wissenschaft und Unterricht* [10/1997, 611-617]
Repliken: HI: ›Drei Jahrhunderte bleiben fragwürdig‹; *EuS* [1997, 509] • ›Aachens Pfalzkapelle gerät in Bewegung‹; *ZS* [4/1997, 660-664] • *DeM* [1998, 395 f.] • *WhU* [1999, 83] • ›Aktuelle Kontroversen‹; *ZS* [1/2011, 13]

- (2001): Stellungnahme in der Sendung von K. Kreiler: ›Das erfundene Mittelalter. Die umwerfenden Geschichtsthesen von HI‹; *SFB Berlin* [08. 02. + 15.02.]
  Replik: HI: ›Langobarden, Juden, Astronomen und auch Aachen‹; *ZS* [1/2001, 121]
- (2003): Statement bei H. Unterstöger: ›Buchautor HI und das erfundene Mittelalter‹; *SZ* [07.02.]
  Replik: HI: ›Karls-Miszellen‹; *ZS* [1/2003, 224]
- (2004): Äußerung bei J. Berndorff: ›Die verschwundenen Jahrhunderte‹; *P.M. Perspektive* [1/2004, 86-89]
  Replik: HI: ›Die Debatte der Schweigsamen‹; *ZS* [1/2004, 90]
- (2009): Zitation bei J. Müller-Bauseneik: ›Gefälschte Geschichte: Hat Karl der Große nie gelebt?‹ *P.M. History* [6/2009, 66-72].
  Replik: HI: ›Aachen im Glück? Köln · Rowley · P.M. · Legler‹; *ZS* [2/2009, 483 f.]

Schlosser, Wolfhard, 1940–2022, Prof., Astronom, Archäoastronom (Nebra-Scheibe), Uni Bochum

- (1997): Statement bei SIM = ***Replik***
  Replik: HI: ›Streit ums zu lange Frühmittelalter‹; *ZS* [2/1997, 261]
- (1997): ›Astronomie und Chronologie‹; *EuS* [506]
  Repliken: HI: ›Drei Jahrhunderte bleiben fragwürdig‹; *EuS* [513 f.] • ›Hauen und Stechen auf breiter Front‹; *ZS* [1/1998, 129] • *DeM* [1998, 400] • ›Aktuelle Kontroversen‹; *ZS* [1/2011, 12]
- (2000): s. Rothwangl (2000)
- (2001): Stellungnahme in der Sendung von K. Kreiler: ›Das erfundene Mittelalter. Die umwerfenden Geschichtsthesen von HI‹; *SFB Berlin* [08.02. + 15.02.]
  Replik: HI: ›Langobarden, Juden, Astronomen und auch Aachen‹; *ZS* [1/2001, 121-123]

Schmidt, Burghart, * 1943, Dr., Dendrochonologe, Uni Köln, Laborleiter 1972–2008

- (1997): Statement bei SIM
  Replik: HI: ›Streit ums zu lange Frühmittelalter‹; *ZS* [2/1997, 261]

Schmidt, Gerald, Roßlau, 2002–2004 *ZS*-Autor zum erfundenen MA

Schmidt, Hanjo, Stuttgart, 1998–2002 ZS-Autor zum erfundenen MA

Schmidt, Thomas, Techniker, Uni Bochum

- (2001): Stellungnahme in der Sendung von K. Kreiler: ›Das erfundene Mittelalter. Die umwerfenden Geschichtsthesen von HI‹;

SFB Berlin [08.02. + 15.02.]

- (2003): ›Zur Datengrundlage moderner Ephemeriden‹; Ko-Autor bei F. Krojer [2003, 353-421]
  Kommentar: J. Beaufort: ›Unterwegs‹; *ZSp* [2007, 48]

SCHMIDT-BIGGEMANN, Wilhelm, * 1946, Prof., Philosoph, Uni Berlin

- (1998): Einladender für Vortrag von HI am 11.06. an der Uni Berlin beim Kongress *„Enden von Geschichten / Geschichte des Endens"*. Kontrahent Volker Reinhardt

SCHNEIDER, Günther, 1939–2019, Journalist bei den Salzburger Nachrichten, der wohl die Debatte vom 02. 02. 2000 in Salzburg initiiert und mit Artikeln vorbereitet hat.

Schneidmüller, Bernd, * 1954, Prof., Mediävist, Heidelberg

- (2011): Mitautor des Sammelbands: ›Das Reich Karls des Großen‹ (s. Becher, Matthias)
  Replik: HI: ›Das Reich Karls des Großen. Eine Kritik‹; *ZS* [3/2011, 719].

Schöller, Marco, * 1968, Dr., Orientalisches Seminar, Uni Köln, später Prof. für Islamische Geschichte

- (1999): ›Absurdes über das Islam-Alter‹; (Attacke im Zusammenhang mit dem Streit ums erfundene Mittelalter) *F.A.Z.* [16.06.] (Leserbrief, s. H. Hänsel)

Scholkmann, Barbara, (* 1941), Prof., MA-Archäologin, Tübingen

- (2000): Zitation bei Martin Ebner: ›Karl der Gefälschte‹; *Letzebuerger Land* [07. 07.]

Schütte, Sven, * 1953, Dr., Archäologe, Köln, damals Leiter *Archäologische Zone,*

- (1999): ›Verdachtschöpfer gegen die mediävistische Fachwelt‹; *F.A.Z.* [16. 06.] (Leserbrief; s. H. Hänsel)
  Replik: HI: ›Sperrfeuer vor Paderborn‹; *ZS* [3/1999, 394-397]
- (2000): – [Störrede nach HIs Vortrag übers erfundene Mittelalter am 12.04. im Kölner „Museum für Angewandte Kunst", gestützt durch Moderator Dr. Johannes Lehmann und Museumsleiterin Susanne Anna] = ***Replik***
  Replik: HI: ›Naturwissenschaftler verteidigen ‘ihren’ Thron‹; *ZS* [3/2000, 476-480]
- (2004): Äußerung bei J. Berndorff: ›Die verschwundenen Jahrhunderte‹; *P.M. Perspektive* [1/2004, 86-89]
  Replik: HI: ›Die Debatte der Schweigsamen‹; *ZS* [1/2004, 89-92]

- Die seit 2000 oftmals versprochene, doch nie erschienene Monografie über den Aachener Thron, deren Kenntnis S. Schütte von mir schon 2000 verlangt hat (siehe oben: 2000).

Schütz, Michael, Physiker, damals Tübingen

- (1990): ›Zur Sonnenuhr des Augustus auf dem Marsfeld · Eine Auseinandersetzung mit E. Buchners Rekonstruktion und seiner Deutung der Ausgrabungsergebnisse aus der Sicht eines Physikers‹; *Gymnasium* [97, 432-457]
- (1992): – {Private Mitteilung an HI, dass die von ihm herangezogene Sonnenuhr überinterpretiert sei, weshalb noch 1999 [WhU 51] von HI vermerkt wurde: „Nur eine Haaresbreite trennt uns von der absoluten Sicherheit.“} Ausgeräumt durch

  ***Repliken**:* W. Frank (2012): ›Bemerkungen zur Gregorianischen Kalenderrestitution und zu den Jahreseckpunkten unter Augustus‹; *ZS* [2/2010, 457-464]; HI: *GKR* [62-66]

Schulz, Armin, 1966–2010, Dr., später Prof., Germanist, Gräfelfing, Uni Konstanz

- (1997): ›Bücher aus Gräfelfing‹; *Gräfelfinger Rotbuche, SPD* [3/97, Okt.]

  Replik: HI: ›Aachens Pfalzkapelle gerät in Bewegung‹, *ZS* [4/1997, 664 f.]

Schwanitz, Dietrich, 1940–2004, Dr., Anglist, Literaturwissenschaftler und Autor, der nie Kontakt mit HI hatte.

- (1999): *Bildung · Alles, was man wissen muss;* Eichborn, Frankfurt am Main. In der bebilderten Ausgabe von 2002 empfiehlt Schwanitz [699] *„Das erfundene Mittelalter“* als eines der Bücher zum Weiterlesen. „Dies ist ein Grundkurs in historischer Wissenschaft mit den Mitteln der Schocktherapie.“

Schwarcz, Andreas, * 1952, Prof., Mediävist, Historische Chronologie, Uni Wien

- (2005): – (Stellungnahme zur *ORF ON* Science-Frage, [01.03.])

  Replik: HI: ›Alte Kreuze, alte Throne und Byzanz‹; *ZS* [1/2005, 117]

Scott, Emmet, Anonymus (Emmet Sweeney?)

- (2014): *A Guide to the Phantom Dark Age;* Algora Publishing, New York

  ***Kommentar**:* HI: ›Der überfällige Eintritt in den englischen Sprachraum – Emmet Scotts Guide‹; *ZS* [3/2016, 408-411]

Sedmak, Clemens, * 1971, Prof., Philosoph, Theologe, Uni London · Salzburg

- (2003): ›Systematisch irreführende Äpfel‹; in Hans Joas (Hg.): *Was sind religiöse Überzeugungen?* Wallstein, Göttingen [54-103, speziell 99].

Seewald, Berthold, * 1957, Dr., Historiker, Journalist

- (1996): ›HI entsorgt Karl den Großen‹; *Die Welt* [14.09.]
  Replik: HI: ›Wie das letzte Aufgebot‹; *ZS* [4/1996, 535]

SEEWALD, Peter, * 1954, Journalist, Autor, München,

- (1996, 2000): Fragesteller für Josef Ratzingers beide Bücher, s.d.; beim ersten Buch kein Kirchenmitglied mehr, danach wieder.

Seggern, Harm von, * 1964, PD, Uni Kiel, Historiker

- (2008): SS-Übung: ›Illig und seine Widerlegung‹;
  Kommentar: HI: ›Funde aus dem Frühmittelalter‹; *ZS* [2/2008, 423]

Seibt, Gustav, * 1959, Dr., Historiker, Philologe, Autor

- (2012): ›Die Saat des Zweifels. Sehr anregend: Zum 70. Geburtstag des Historikers Johannes Fried‹; *SZ* [23.05.]
  Kommentar: HI: ›Zeitensprünge querbeet‹; *ZS* [2/2012, 508]

Siebigs, Hans-Karl, 1930–2018, Dr., Architekt, Dombaumeister zu Aachen

- (2004): *„Der Zentralbau des Doms zu Aachen – Unerforschtes und Ungewisses“;* Wernersche, Worms [zu HI 192, 212]
  Replik: HI: ›Siebigs' Fund und Fried ohne Freud‹; *ZS* [3/2004, 630-635].

Siepe, Franz, 1955–2013, Marburg, 1998–2008 *ZS*-Autor zum erfundenen MA, auch Buchautor [2002]: *„Fragen der Marienverehrung · Anfänge, Frühmittelalter, Schwarze Madonnen.*

SIMMERING, Klaus, 1958–2004, Wissenschaftsjournalist, Filmproduzent, Rheydt, wesentlicher Multiplikator.

- (1996) Film: *›300 Jahre erstunken und erlogen?‹,* SIM, mit acht Interview-Partnern: W. Bergmann, G. Heinsohn, HI, H.-U. Niemitz, R. Schieffer, W. Schlosser, B. Schmidt, M. Wemhoff und B. Weninger. Gedreht bei den Interview-Partnern und in Aachen. Erstsendung [19.02. 1996, 20:45]; in den Folgejahren oft nächtens in *BR 3 (›Space night‹)* wiederholt.

Soisson, Robert (* 1950), Psychologe, Schulpsychologe, Luxembourg, auch Buch-Autor: *„Charlemagne – une légende? La reconstruc-*

tion de l'histoire selon HI"; BoD, Norderstedt. Die Weitergabe in den französischen Sprachraum blieb ohne größere Resonanz.

Spiegel, Joachim, ca. 1957, Dr., Historiker an der Bayer. Akademie der Wissenschaften, Autor der MGH, Heimatforscher in Wolnzach

- (2000) Bei HIs Vortrag am 16.10. in Wolnzach wollte Spiegel als Diskutant antreten, entschied sich aber für einen Gegenvortrag in 2001, den er absagte und 2004 dann doch halten wollte, jedoch durch den Vortrag: *„Über die Karolinger (in Bayern)"* ersetzte.
  ***Replik**:* ZS [1/2004, 101]

Spillmann, John, Zürich, 2004 *ZS*-Autor zum erfundenen MA

Springsfeld, Kerstin, Dr., Mathematik, Astronomie, RWTH Aachen

- (2002): *„Alcuins Einfluß auf die Komputistik zur Zeit Karls des Großen";* Sudhoffs Archiv (Dissertation); [226]
  ***Replik**:* HI: ›Karls-Miszellen‹; ZS [1/2003, 222-229]

Stadler, Harald, * 1959, Prof., Historiker, Uni Innsbruck

- (1997): Statement bei Floo Weismann: ›Karl der Fiktive? Ein Autor wirft ein kurioses Gedankenspiel in die Geschichte; Fachleute halten seine These für phantasievollen Humbug‹; *Tiroler Tageszeitung* [Magazin Nr. 276, 31.10.] (Statements auch von C. Haidacher und J. Riedmann)
  Replik: HI: ›Hauen und Stechen auf breiter Front‹; *ZS* [1/1998, 131 f.]

Starke, Ronald, * 1980, Dipl.-Physiker, Leipzig · Wien (sein Mentor zunächst H.-U. Niemitz, dann Dieter B. Herrmann)

- (2009): *Niemand hat an der Uhr gedreht! Die Phantomzeittheorie auf dem Prüfstand;* Differenz Verlag von F. Krojer, München (erschienen wohl 2010)
  Repliken: HI: ›Aktuelle Kontroversen‹; *ZS* [1/2011, 10-28] • HI: ›Das Frühmittelalter und seine Fundarmut als chronologisches Problem‹, Vortrag zur Ringvorlesung zu Ehren des verstorbenen Prof. H.-U. Niemitz; Leipzig [06.04.]
- (2011): ›Diskussion um Chronologie und das Problem des Messens‹ Vortrag zur Ringvorlesung zu Ehren von Prof. H.-U. Niemitz; Leipzig [13.04.]

Stiegemann, Christoph, * 1954, Dr. (heute Prof.), Museumsleiter, Uni Paderborn. Er verhinderte 1999 in übler Manier ein Interview von Helge Cramer mit HI im Museum.

- (1999a, mit Matthias Wemhoff): ›799 - Kunst und Kultur der Karolingerzeit. Karl der Große und Papst Leo III. in Paderborn‹ [2 Katalogbände und ein Ergänzungsband; Zabern, Mainz]. Der Verlag warb für die Kataloge mit dem Slogan: „Prachtvoller können Illigs Thesen nicht widerlegt werden" (faksimiliert hier S. 172). Die drei Bände nennen hingegen den Namen HI an keiner Stelle.
  Repliken: HI: ›Paderborns prachtvolle Phantomzeit‹; *ZS* [3/1999, 403-438] • M. Bohrer: ›Karolingerpfalz in Paderborn?‹ *ZS* [3/1999, 439-458] • G. Zeising: ›'Zwischen den Zeiten' oder Zeitensprung?‹ *ZS* [3/1999, 473 f., 476 f.]
- (1999b): Britsch, Eckhard / Maoro, Roland: „Selbst die Mafia könnte das nicht" [Interview mit C. Stiegemann / M. Wemhoff]; *Neue Westfälische,* Paderborn [01.09.] (Reaktion auf das Interview mit HI vom 31.08, ebd.)
  Replik: HI: ›Mumpitz in Absurdistan‹; *ZS* [4/1999, 614-617]

STOLLMANN, Rainer, * 1947, PD, Kulturwissenschaften, später Prof. für Germanistik, Uni Bremen

- (1999a): Initiator des Vortrags von HI an der Uni und dem nachfolgenden Großseminar in Bremen [20./21.01.]
  Ergänzung: HI: ›Boulevard und Seminar‹; *ZS* [1/1999, 82 f.]
- (1999b): Radio-Interview mit HI, *Bremer Rundfunk* [02.06.]

Straub, Theodor, 1930–2023, Dr., pensionierter Gymnasiallehrer, 2006 Kulturpreisträger der Stadt Ingolstadt

- (2006): – [am 26. 11. Schmährede gegen G. Anwander, HI und ihr Buch *BuP* im Stadtmuseum Ingolstadt; eine Replik wurde von Moderator Gerald Huber M.A. nicht zugelassen.
  Repliken: HI: ›Karleskes zwischen Aachen und Ingolstadt‹; *ZS* [3/2006, 674-676] • G. Anwander: ›Ingolstadt November 2006‹; *ZSp* [2007, 137-145]

Strauwitz, Jürgen von, Dresden, Ingenieur, 2004–2006 *ZS*-Autor zum erfundenen MA

Suhr, Detlef, (1962–2013), Dr., Arzt und Autor, Gotha, *ZS*-Artikel ab 2011, auch Buch-Autor, etwa 2007: *„Schicksal. Wenn Krankheiten Geschichte schreiben";* Wagner, Gelnhausen. Er starb an Karls vermeintlichem Todestag.

- (2010): *„Zweifel · Gab es Karl den Großen wirklich?"* Verl. Neue Literatur, Jena. In Internet-Foren attackiert und diskutiert.

Sweeney, Emmet, * 1955, SIS-Autor, Chronologiekritiker, London

- (2005): ›Is Illig Right, and AD Chronology Wrong?‹ *C&CW* [3/2005, 10-14]

***Tamerl**,* Alfred, Schönwies, 2002–2003 *ZS*-Autor zum erfundenen MA, auch Buch-Autor [1999]: *„Hrotsvith von Gandersheim“.*

Thiel, Thomas, * 1975, Dr., Kulturwissenschaften, Journalist

- (2017): ›Karl, der große Russe · Geschichte in Putins Sinn: Die neue Chronologie‹; *F.A.Z.* [16.08.]
  ***Replik**:* HI: ›Karl der große Russe‹; *ZS* [3/0217, 440]

Thiel, Werner, Greven, 2005–2016 *ZS*-Autor zum erfundenen MA, auch Buch-Autor [2005]: *„Schwert aus Pergament“.*

Tischner, Heinrich, 1942–2023, Theologe, Pfarrer, Bensheim

- (2005): ›Warum HI Unrecht hat. Das Kardinalargument, das seine Theorie ins Wanken bringt‹; http://web.archive.org/web/20050320184941/http:/www.dike.de /pfr-tischner/33-gesch/versch/ht-illig.htm
  Repliken: A. Otte: ›Heinrich Tischner über die Phantomzeitthese‹; am 30.12. eingestellt unter: www.fantomzeit.de /?p=31 • K. Weissgerber: ›Heinrich Tischner „widerlegt“ HI‹; [am 30. 01. 2006 eingestellt unter http://www.fantomzeit.de/?p=30]

Topper, Uwe, Berlin, 1994–1998 *ZS*-Autor zum erfundenen MA, usurpierte und überlagerte HI-Thesen.

Trömel, Martin, 1934–2017, Prof., Wissenschaftshistoriker, Uni Frankfurt

- (2001): ›Himmelsbeobachtung in karolingischer Zeit. Zugleich ein Beitrag zur Frage der drei erfundenen Jahrhunderte‹; *Internationale Zeitschrift für Geschichte und Ethik der Naturwissenschaften, Technik und Medizin* [Januar-Heft, S. 1-12]
  Replik: HI: ›Langobarden, Juden, Astronomen und auch Aachen‹; *ZS* [1/2001, 121-123]

Tüllmann, Wilfried, Stralsund, 2007 *ZS*-Autor zum erfundenen MA

Twardella, David, Teilnehmer an einer Schülerakademie,

- (2011): ›6.6. Quellenkritik, Teil I. Pseudowissenschaft! Die Illig-Kontroverse‹; in: Cynthia Hog-Angeloni u. a. (2011): 7. Hessische Schülerakademie Oberstufe 24. Juli – 5. August 2011 Schulpraktikum / Lehrerfortbildung Dokumentation; Burg Fürsteneck, Akademie für berufliche und musisch-kulturelle Weiterbildung. Nur aufgenommen, weil „mit einem selbstverfassten Illig-Lied der Betreuer“ musikalischer Einstieg in die Sitzung geboten wurde [71 f.].

Uhrig, Klaus, * 1980, Redakteur, Autor, Regisseur

- (2016): ›Fälschungen im Mittelalter · Was nicht passt, wird passend gemacht‹; *BR radio Wissen* [18.04. 9:05- 9:30]
  ***Replik**:* HI: Von Karl und anderen Fälschungen. Aus zwei Rundfunksendungen; *ZS* [2/2016, 187 f.]

Unschuld, Paul Ulrich, * 1943, Dr., Chinesische Medizin, Uni Berlin · München

- (2009): *What is medicine? Western and eastern approaches to healing;* Univ. of California Press, Berkeley [24 f.]

Untermann, Matthias, * 1956, Prof., Kunsthistoriker, Archäologe, Uni Heidelberg

- (1999): ›„opera mirabili constructa“. Die Aachener ‘Residenz’ Karls des Großen‹; in Stiegemann/Wemhoff (1999): *799 – Kunst und Kultur der Karolingerzeit · Karl der Große und Papst Leo III. in Paderborn;* Ausstellungskatalog [3. Band, 152-164, spez. 162], zum Bodenbefund in Aachen
  Replik: HI: ›Vom Rütteln (an) der Wahrheit‹; *ZS* [3/2001, 516 f.] (in die Diskussion gebracht durch Stephan Matthiesen [2001])

Unterstöger, Hermann, * 1943, Journalist, Kolumnist, ein Verfasser des täglichen *Streiflichts* in der *SZ;*

- (1996): ›Wann holt Achill die Schildkröte ein?‹ *SZ* [28.12.] (zum Mythos „Zeit“)
- (2003): ›Buchautor HI und das verschwundene Mittelalter · Willkommen im Jahr 1706‹; *SZ* [07.02.] (mit Zitat von R. Schieffer)

Venn, Hubert vom, alias Hubert Franke, * 1953 Schriftsteller, Kabarettist, Theaterleiter zu Roetgen, dem Tor zur Eifel.

- (2000): *„Kaisermord · Kriminalroman“* [Rhein-Mosel-Verlag], in dem Hans Ihle alias HI erschossen wird.
  ***Replik**:* HI schrieb einen „Brief aus dem Jenseits“ für die *Aachener Zeitung* und lud H. v. Venn ein, beim Jahrestreffen der *Zeitenspringer,* 2000 in Aachen, ‘Wiedergutmachung’ zu leisten, was er beifallsumrauscht tat.

Vogtherr, Thomas, * 1955, Prof., Mittelalter-Historiker, Uni Leipzig · Osnabrück;

- (2000): Podiumsdiskussion mit HI am 24.06. in Freyburg a.d. Unstrut, Schloss Neuenburg, Festsaal = ***Replik***

Repliken: HI: ›Zwischen Hamburg und der Jahreslänge‹; *ZS* [2/2002, 393-397] • *BuP* [2002, 49]

- (2001): *„Zeitrechnung · Von den Sumerern bis zur Swatch“;* Beck, München. Hier wird HI nicht erwähnt, sein Nicäa-Argument verfälschend entschärft.

Voigt, Ulrich, * 1941, Dr., Gymnasialprofessor, Mnemotechniker, ZS-Autor, Hamburg

- (1996): – [Leserbrief: ›Wie lässt sich schlüssig beweisen?‹ *ZS* [2/1996, 242 f.]
  Replik: HI: –; *ZS* [2/1996, 243]
- (2000): ›Zeitensprünge und Kalenderrechnung‹; *ZS* [2/2000, 296-309]
- (2005a): ›Über die christliche Jahreszählung‹; *ZS* [2/2005, 420-454]
  Repliken: K.-H. Lewin: ›Komputistik contra Phantomzeitthese. Führt der Computus Paschalis die Phantomzeitthese ad absurdum?‹ *ZS* [2/2005, 455-464]. A. Birken: ›Das porphyrne Fundament der Mittelalterthese‹; *ZS* [2/2005, 465-471]. HI: ›Antwort auf Ulrich Voigt‹; *ZS* [2/2005: 472-481]
- (2005b): ›Über die christliche Jahreszählung. Anmerkungen und Ergänzungen‹; *ZS* [3/2005, 732-736]
- (2006): ›L = 0‹; *ZS* [3/2006, 741-747]

Vollmer, Gerhard, * 1943, Prof., Philosoph, Uni Braunschweig

- (1999): Oberseminar am 13.01. zum erfundenen MA, geleitet durch Dr. Christoph Lütge

Wandruszka, Nikolai, Fargau, 2004 *ZS*-Autor zum erfundenen MA

Wagner, Peter Christoph, Dr., Uni Konstanz, Bibliothekar

- (2003): Informant von F. Krojer [203, 209]
  Replik: BHI

Wamser, Ludwig, * 1945, Prof., Archäologe, Archäologisches Museum München

- (1997): Statement bei F.X. Frühbeis [26.11.] (Statements auch von A. Kalckhoff, S. Weinfurter und HI)
  Replik: HI: ›Hauen und Stechen auf breiter Front‹; *ZS* [1/1998, 123 f.]

Weinfurter, Stefan, 1945–2018, Prof., Mediävist, Uni München · Heidelberg

- (1996): Statement bei F.X. Frühbeis [28.08.] (einstündige Rundfunksendung)

Repliken: HI: ›Ein Schwelbrand breitet sich aus‹; *ZS* [1/ 1997, 127-129] • HI: ›Streit ums zu lange Frühmittelalter‹; *ZS* [2/1997, 275 f.]

- (1997): Statement bei F.X. Frühbeis [26.11.] (Statements auch von HI, A. Kalckhoff, L. Wamser)
Repliken: HI: ›Hauen und Stechen auf breiter Front‹; *ZS* [1/1998, 123-126] • zu seiner Karlsbiographie (2014): ›Blicke auf Karl und Einhard · Weinfurter · Hartmann · Patzold · Pieper/Saltzwedel · Imhof/Winterer‹; *ZS* [1/2014, 28-32]

Weismann, Floo, Journalist, befragte für seinen Artikel verschiedene Wissenschaftler:

- (1997): ›Karl der Fiktive? Ein Autor wirft ein kurioses Gedankenspiel in die Geschichte. Fachleute halten seine These für phantasievollen Humbug‹; in: *Tiroler Tageszeitung,* [Magazin Nr. 276, 31.1.] Statements von C. Haidacher, J. Riedmann und H. Stadler.

Weissgerber, Klaus, 1936–2012, Dr., Jurist, Historiker, Ilmenau, ab 1999 bis 2012 zahlreiche ZS-Artikel zum erfundenen MA, auch Buch-Autor [2003]: *„Ungarns wirkliche Frühgeschichte · Árpád eroberte schon 600 das Karpatenbecken“.*

- (2006): ›Heinrich Tischner „widerlegt“ HI‹; eingestellt am 30.01. 2006 bei *fantomzeit.de* unter http://www.fantomzeit.de/?p=30 (s. Tischner 2005)

Welcker, Roland, Leipzig, 1998–2005 *ZS*-Autor zum erfundenen MA

Weltecke, Dorothea, * 1967, Prof., Religionshistorikerin, Uni Göttingen · Konstanz

- (2003): Informantin von F. Krojer [209, 211]
Replik: BHI

Wemhoff, Matthias, * 1964, Dr., Archäologe, Uni Paderborn (heute Prof., Direktor des Museums für Vor- und Frühgeschichte der Staatlichen Museen zu Berlin – Preußischer Kulturbesitz sowie Landesarchäologe des Bundeslandes Berlin)

- (1999a, b) siehe Stiegemann, Christoph
- (1997): Statement bei SIM
Repliken: HI: ›Streit ums zu lange Frühmittelalter‹; [ZS 2/1997, 261] • HI: ›Paderborns prachtvolle Phantomzeit‹; *ZS* [3/1999, 405, 409] • G. Zeising: ›„Zwischen den Zeiten“ oder Zeitensprung?‹ *ZS* [3/1999, 473 f., 476 f.].

Weninger, Bernhard, Dr., Physiker, Uni Köln

- (1997): Statement bei SIM
  Replik: HI: ›Streit ums zu lange Frühmittelalter‹; *ZS* [2/1997, 261]

Wenzek, Morten, * 1990, Redakteur

- (2016): ›Verschwörungstheorien · Setzt eure Aluhüte auf‹; *BILD plus* [17.11.];
  Replik: HI: ›Verschwörungstheorien bis zum Abwinken · Ein Blick in die Abgründe der Wissenschaft‹; *ZS* [3/2016, 420-422]

Whelton, Clark, SIS-Autor, New York,

- (1998): ›Did the Dark Ages of the First Millennium Really Exist?‹ Lecture at the *Autumn Lecture Meeting, Nov.*
  Replik: Steve Mitchell: ›The Dark Ages Hiatus: a response to Clark Whelton‹; *C&CR* [1/2001, 20-21]

Widder, Ellen, * 1955, Prof., Historikerin, Uni Tübingen

- (1999): Statement in *Neue Revue* [25.02.]

Wiegelmann, Lucas, * 1983, Journalist, Ressortleiter der Zeitung *„Die Welt"*

- (2009): ›Der Mann, der Karl den Großen aus der Geschichte tilgt · HI liefert den Stoff, aus dem Verschwörungstheorien gemacht sind. Seine Bücher sind Bestseller‹; *Die Welt,* 16. 11.
  Kommentar: *ZS* [3/2009, 770] ***Replik:*** ›WIKIPEDIA und die Wahrheit‹; *ZS* [2/2010, 494]
- (2013): eine Textreprise siehe Rühli, Frank
- (2014): ›Karl der Größte‹; *Die Welt* [26.01.]
  Replik: HI: ›Blätterrauschen zu Karls 1200. Todestag · Ein Potpourri‹; *ZS* [1/2014, 59]
- (2016): ›Gelesenes kritisch hinterfragen: Die „Phantomzeitthese" des HI · Wie man Karl den Großen aus der Geschichte tilgt‹; *sprachreif2, Schulbuch* [24-26]

Wikipedia: Anonym auftretende Gegnerschaft gegen HI und das erfundene Mittelalter. Bis heute tendenziöse Berichterstattung; s. a. Fiebig, Henriette. Wohl seit 2004 wird der Artikel „HI" gepflegt. Mitarbeiter sind u.a. MMG = Matthias Müller-Götz, Ralf Molkenthin alias Liudger123 bzw. Altfrid II.
Repliken: (2010a): HI: ›AbwehrK(r)ämpfe bei WIKIPEDIA · Wissenschaftler diffamieren inkognito‹; *ZS* [3/2010, 694-704] • (2011): HI: ›Aktuelle Kontroversen‹; *ZS* [1/2011, 10-28].

Willemsen, Roger (1955–2016), Prof., Publizist, Fernsehmoderator, Hörbuchautor und -sprecher

- 2007 Tournee mit dem Kabarettisten Dieter **Hildebrandt** (1927–2013) mit »*„Ich gebe ihnen mein Ehrenwort!" Die Weltgeschichte der Lüge*« (Text von Traudl Bünger und R. Willemsen). Als Buch 2007 bei Fischer, Frankfurt a. M. [zu HI 56-58, 72, 147, 184, 188].
  Replik: HI: ›Von Willemsen bis Weishaupt · Von alten und neuen Lügen‹; *ZS* [3/2007, 717-723]. Das genannte Buch brachte in der Zweitauflage von 2009 meinen berichtigten Namen und den abgestrittenen Titel. Hildebrandt hatte sich bereits am 11. 12. 1999 in seinem *„Scheibenwischer"* zu den erfundenen Jahren geäußert.

Wirsching, Armin, Hamburg, 2005–2015 *ZS*-Autor zum erfundenen MA

Wirth, Jürgen, * 1952, Dr., Astronom, Physiker, aktiv auf der web-site ›Radikalkritik‹ von Dr. Hermann Detering (1953–2018)

- (2009): – [Eintrag ins Gästebuch von ›Radikalkritik‹]
  Replik: J. Beaufort: ›Vom Umgang mit antiken Finsternisberichten ohne die Prämisse der traditionellen Mittelalterchronologie‹; auf web-site ›Radikalkritik‹ [eingestellt am 26.08. 2009]

Womersley, David, * 1957, Prof., Anglist, Uni Oxford

- (2003): Informant von F. Krojer [139]
  Replik: BHI

Wurster, Herbert, * 1950, Dr., Historiker, Archivdirektor der Diözese Passau

- (1994): Rezension zu ›Hat Karl d. Gr. je gelebt?‹ *Fantasia* [Nr. 91/92, März].
- (2000): ›Auch ein Zeitenende. Verschwundene Jahrhunderte‹; Vortrag auf dem 5. Kongress der Phantasie, Passau, Oberburg. Er verweigerte eine Replik durch den anwesenden HI, der davor den Vortrag ›Apokalypse des 1. Jahrtausend‹ gehalten hatte.
- (2003): ›Auch ein Zeitenende. Verschwundene Jahrhunderte‹; in Gustav Gaisbauer (Hg. 2003): *Weltendämmerungen. Endzeitvisionen und Apokalypsevorstellungen in der Literatur. Vorträge auf dem Fünften Kongress der Phantasie;* Erster Deutscher Fantasy Club e.V., Passau [94-112; zugrunde liegender Vortrag am 23.06. 2000]
  Repliken: HI: ›Apokalypse im ersten Jahrtausend‹; (Der Schlussabschnitt geht explizit auf Wursters Vortrag ein) [ebd. 86-91] • *BuP* [2002, 127-129; 553-583] • HI: ›Die Debatte der Schweigsamen‹ [*ZS* 1/2004, 95].

Zarnack, Wolfram, 1938–2022, Prof., Uni Göttingen

- (1999): ›300 Jahre europäischer Geschichte erfunden?‹ in *„Mensch und Maß“* [39. Jg., Folge 2-8], etwas verändert als Nachwort zur Neuauflage (2000) von Wilhelm Kammeier (1935): *„Die Fälschung der deutschen Geschichte;* Verlag für ganzheitliche Forschung, Viöl [347-434]
  Replik: HI: ›Von Kolumbus zu Eis- und Eisenzeit‹; *ZS* [3/2004, 697 f.]

Zeising, Gert, * 1936, Dr., Richter, Grafikdesigner, Buchautor, Amorbach, 1998–1999 *ZS*-Artikel zum erfundenen MA.

- (1999): ›Offener Brief an den Bundespräsidenten‹; *ZS* [4/1999, 623-626], ***Replik*** auf M. Borgolte [1999].

Zeller, Manfred, Erlangen, 1991–2005 ZS-Autor zum erfundenen MA

Zöllner, Wolfgang, Erkrath, 2014 *ZS*-Autor zum erfundenen MA

Zuberbühler, Robert, 1920–2017, Winkel bei Zürich, 1996–1999 *ZS*-Autor zum erfundenen MA.

\- - - - -

Mit Sicherheit fehlt gerade Ihr Name oder Ihr Statement. Dafür entschuldige ich mich, vielleicht verständlich angesichts der Überfülle.

\- - - - -

Das ausführliche Zitat von Christian Meier (S. 7):

> „Eine Disziplin soll nicht wie eine Herde Elefanten ihr jeweils Allerwertestes nach außen kehren, um die auszuschließen und zu bestrafen, die sich um ein allgemeineres Begreifen ihrer Gegenstände, ein Begreifen innerhalb eines allgemeineren wissenschaftlichen Diskurses kümmern. Sondern sie soll gefälligst ihr Gesicht zeigen und jene widerlegen – oder gar nach Möglichkeit über sie hinauszukommen suchen. Wir müssen insbesondere eine gewisse Toleranz entwickeln, wenn jemand anders sich von außen in unser Fachgebiet wagt. Nicht die Toleranz, Falsches für richtig zu halten, aber die, die ein Gespräch, ein gegenseitiges Lernen ermöglicht. Und dabei sollten wir sogar mehr als tolerant, nämlich zuvorkommend sein und nicht allzu pingelig“ [Meier 1989, 29 f].

Literatur

Hier werden die Quellen angegeben, die nicht in der ausführlichen Debattenliste enthalten sind.

aachenerdom: https://www.aachenerdom.de/ort-der-geschichte/architektur-und-entstehungsgeschichte/der-dom-in-zahlen/

Adam, Ernst (1968): *Epochen der Architektur · Vorromanik und Romanik;* Umschau, Frankfurt a. M.

– (1990): *Baukunst der Stauferzeit in Baden-Württemberg und im Elsaß;* Gondrom, Bindlach

Adso von Montier-en-Der (vor 954): *Epistola Adsonis Monachi ad Gerbergam Reginam de Ortu et Tempore Antichristi;*

Albrecht, Stephan (2003): *Die Inszenierung der Vergangenheit im Mittelalter. Die Klöster von Glastonbury und Saint-Denis;* Deutscher Kunstverlag, München

Althoff, Gerd (1995): ›Von Fakten zu Motiven. Johannes Frieds Beschreibung der Ursprünge Deutschlands‹; *Historische Zeitschrift,* 260 (1) 107 [Rezension des ersten Bands der *Propyläen Geschichte Deutschlands*: ›Der Weg in die Geschichte. Die Ursprünge Deutschlands bis 1024‹ von Johannes Fried]

– (1996): *Otto III.;* WBG, Darmstadt

Anwander, Gerhard (2007): Ingolstadt November 2006; in: *ZSp* [2007, 137-145]

AZ (2009): Holzstücke beweisen: Karl der Große hat den Dom in Rekordzeit gebaut; *Aachener Zeitung-web.de,* 03. 06. 17:10

Badische Zeitung: https://www.badische-zeitung.de/wankendes-meisterwerk-der-freiburger-muensterturm--104559428.html

Barral i Altet, Xavier (1997): *Frühes Mittelalter · Von der Spätantike bis zum Jahr 1000. Taschens Weltarchitektur;* Taschen, Köln

– (1998): *Romanik · Städte· Klöster und Kathedralen. Taschens Weltarchitektur;* Taschen, Köln

Bayerischer Landtag (2021): *Forum Antworten · Verschwörungstheorien · Eine Publikation zur Aufklärung und Aufarbeitung;* Bayerischer Landtag, München

Bayerl, Günter (2013): *Technik in Mittelalter und Früher Neuzeit;* Theiss, Stuttgart

Begleitheft (2018): *Der Dom leuchtet · Die Geschichten hinter den Bildern · Wir feiern 40 Jahre UNESCO Weltkulturerbe · Begleitheft;* www.aachendom2018.de

Benoît, Paul / Cillaux, Denis (1991): *Moines et Métallurgique dans la France médiévale;* Paris

Benoît, Paul (1996, Hg. mit Armelle Bonis, Monique Wabont und Léon Pressouyre): *L'hydraulique monastique · Milieux, résaux, usages;* Grâne

– (2019): *L'industrie cistercienne (Xe – XXIe siecle);* Somogy, Paris (Kolloquium 2015 in Troyes, Clairvaux und Fontenay)

Bergmann, Jennifer (2023): Die offene Gesellschaft und die Grenzen des Sagbaren. Der Philosoph Julian Nida-Rümelin warnt bei einem Vortrag im Unterhachinger Kubiz vor »Cancel Culture« und wirbt für Streitkultur; *SZ,* 12. 10.

berufsfeuerwehr (1996, ohne Autor): *125 Jahre Berufsfeuerwehr Aachen. Menschen schützen Menschen;* Meyer et Meyer, Aachen

bild (2013): Neues vom Protz-Bischof. 100 000 Euro für Adventskranz · Strafbefehl gegen Limburger Geistlichen Tebartz-van Elst; *Bild-Zeitung,* 10. 10.

bimah: https://de.m.wikipedia.org/wiki/Datei:Bimah2.jpg

Binding, Günther (1997/87): Die Aachener Pfalz Karls des Großen als archäologisch-baugeschichtliches Problem; *Zeitschrift für Archäologie des Mittelalters,* Jg. 25/26, p. 63-85

Blöss, Christian / Niemitz, Hans-Ulrich (1997): *C14-Crash · Das Ende der Illusion, mit Radiokarbonmethode und Dendrochronologie datieren zu können;* Mantis, Gräfelfing

Bode, Claudia (1999): Da schweigt die Fachwelt, und der Laie wundert sich; *Darmstädter Echo,* 27. 09. [Bericht über den Vortrag von HI in Lorsch am 25. 09.]

Böker, Johann Josef / Brehm, Anne-Christine / Hanschke, Julian / Sauvé, Jean-Sébastien (2013): *Die Architektur der Gotik: Die Rheinlande;* Müry, Salzmann, Salzburg

Borst, Arno ([4]1991) *Computus · Zeit und Zahl in der Geschichte Europas;* Wagenbach, Berlin

Bredekamp, Horst (2014): *Der schwimmende Souverän. Karl der Große und die Bildgestalt des Körpers. Eine Studie zum schematischen Bildakt;* Wagenbach, Berlin

brix: portal-o.hm.edu/home/fb/fb13/professoren/brix/paris/pages/01.html

Brown, Dan (2004): *The Da Vinci code;* Corgi, London ([1]2006: *Sakrileg · The Da Vinci Code;* Bastei Lübbe, Bergisch Gladbach

Brühl, Carlrichard (1990): *Deutschland – Frankreich · Die Geburt zweier Völker;* Böhlau, Köln · Wien

– (1990a): *Palatium und Civitas. Studien zur Profantopographie spätantiker Civitates vom 3. bis zum 13. Jahrhundert. Band II: Belgica I, beide Germanien und Raetia II;* Böhlau, Köln

Bühler, Dirk / Huerta, Santiago (2019): Ziegelgewölbe · Die lange Wanderung einer Konstruktionstechnik vom Mittelmeer nach Deutschland; in: Wolfram Jäger (2019): *Mauerwerk-Kalender* Bd. 18, 141-164

BW: https://www.zum.de/Faecher/G/BW/Landeskunde/rhein/elsass/staedte/obernai/stodile/heidenmauer.htm

Cali, François (1963): *Das Gesetz der Gotik · Eine Studie über gotische Architektur* · Photographien von Serge Moulinier; Prestel, München

Cartier, Stephan (1999): Im Zeitloch wird wieder gearbeitet. Auf HI reagieren die Historiker allergisch; *Weser-Kurier,* Bremen, 17. 09.

Centre1: https://centre-charlemagne.eu/museum/dauerausstellung/

centre2: https://centre-charlemagne.eu/termin/koenige-und-kroenungen-3/ [Ankündigung für eine Führung am 29.05. 2023, ergänzt um ein aktuelles Pfalzmodellfoto]

Classen, Peter (1964): Die Geschichte der Königspfalz in Ingelheim bis zur Verpfändung an Kurpfalz 1375; in: Autenrieth, Johanne (Hg. 1964): *Ingelheim am Rhein · Forschungen und Studien zur Geschichte Ingelheims;* Boehringer Sohn, Ingelheim, 87-146

Claussen, Peter Cornelius (2008): *Die Kirchen der Stadt Rom im Mittelalter 1050-1300: S. Giovanni Laterano (Bd. 2);* Steiner, Stuttgart. https://www.zora.uzh.ch/id/eprint/13058/1/Claussen_CorpCos_2_San_Giovanni.pdf

damals (2015): Geschichte der Abtei von Glastonbury muss neu geschrieben werden; *damals.de,* 27. 11.

dic: https://de-academic.com/dic.nsf/dewiki/26036

Dillmann, Philippe (2011): From Soissons to Beauvais · the use of iron in some French cathedrals; in: Jiří Hošek / Henry Cleere / Łubomir Mihok (2011): *The archaeometallurgy of iron · Recent developments in archaeological and scientific research;* The Institute of Archaeology of the ASCR, Prag, 173-196, 308-310

DIO: *Deutsche Inschriften Online. Inschriftenkatalog:* Aachen (Dom). Nr. 28 Dom, Oktogon, Kronleuchter

D/N = Dünnwald, Georg / Nawrath, Fabian (2009): Sicher: Dom ist 1200 Jahre alt. Großes Aufatmen bei Dompropst Helmut Poqué und Dombaumeister Helmut Maintz. Das Alter des Münsters ist jetzt ***wissenschaftlich*** bestätigt; *Aachener Nachrichten,* 04. 06.

dom/bau: https://www.zum.de/Faecher/G/BW/Landeskunde/rhein/staedte/speyer/dom/bau1755.htm

– dpa (2019): Aachener Dom 1200 Jahre alt – definitiv; *Frankfurter Rundschau,* 27. 01.

– https://www.fr.de/wissen/aachener-1200-jahre-definitiv-11524102.html

dreamstime: https://www.dreamstime.com/photos-images/glastonbury.html

Dürrenmatt, Friedrich (1967): *Grieche sucht Griechin;* DBG, Berlin ([1]1955)

Duong, Adeline Abrioux (2019): Le squelette de fer des cathédrales; *Les Clionautes,* 28. 04.

Eckermann, Johann Peter (o.J. = 1938): *Gespräche mit Goethe in den letzten Jahren seines Lebens · 1823 – 1832;* DBG, Berlin ([1]1836)

Eichfelder (2023): *Mythos Worms · Stadt / Geschichte / Sage;* Worms-Verlag

Eickhoff, Ekkehard (2000): Seltene Münzen sind nur selten, wenn sie selten sind; *F.A.Z.,* 08. 02.

Einhard (1981): *Das Leben Karls des Großen lateinisch/deutsch;* Reclam, Stuttgart ([1]ca.835 oder 1190)

Enders, Maria (1993): Münchner Forscher behauptet: Karl der Große hat nie gelebt. Aachener Historiker: Ein neuer Däniken? *Aachener Volkszeitung,* 31. 08.

Engels, Odilo (1988): Des Reiches heiliger Gründer. Die Kanonisation Karls des Großen und ihre Beweggründe; in: Müllejans, Hans (1988): *Karl der Große und sein Schrein in Aachen. Eine Festschrift;* Einhard-Verlag, Aachen, 37 f.

Epp, Verena (2002): Von Theoderich dem Großen zu Karl dem Großen; in: Peter Godman / Jörg Jarnut / Peter Johanek (2002): *Am Vorabend der Kaiserkrönung. Das Epos „Karolus Magnus et Leo papa" und der Papstbesuch in Paderborn 799;* Akad.-Verl., Berlin, 219-231

Faller, Yvonne (2018): Die Turmhelmsanierung 2006 – 2018 [Freiburg]; in: *Münsterblatt,* Nr. 25, 37-49

Faller, Yvonne / Zebura, Weronika (2018): *Die große Sanierung des Freiburger Münsterturms;* Freiburger Münsterbauverein e.V.

Férauge, Marc / Mignerey, Pierre (1996): L'utilisation du fer dans l'architecture gothique. L'exemple de la cathédrale de Bourges; in: *Bulletin Monumental, Société Française d'Archéologie,* TI54, 129-146

Fießinger, Herbert (2023): *Kloster Reichenau im Zeichen des Geflügelten Löwen;* Mantis, Gräfelfing

Filser, Hubert (2023): Die Hightech-Kathedrale; *SZ,* 17. 03.

Flasch, Kurt (2008): *Kampfplätze der Philosophie · Große Kontroversen von Augustin bis Voltaire;* Klostermann, Frankfurt a. M.

Fößel, Amalie (1999): Karl der Fiktive? *Damals · Das aktuelle Magazin für Geschichte und Kultur,* 31 (8) 20-21

frauenkirche: *Bauwerksdaten;*
https://www.frauenkirche-dresden.de/bauwerksdaten

Fried, Johannes (1994): *Der Weg in die Geschichte. Die Ursprünge Deutschlands bis 1024;* Propyläen, Berlin

– (1995): ›Über das Schreiben von Geschichtswerken und Rezensionen‹; *Historische Zeitschrift,* 260 (1) 120 [Februar 1995]

– (1996a): Die Garde stirbt und ergibt sich nicht. Wissenschaft schafft die Welten, die sie erforscht. Das Beispiel der Geschichte; *F.A.Z.* 03.04.

– (1996b): ›Wissenschaft und Phantasie. Das Beispiel der Geschichte‹; *Historische Zeitschrift,* 163 (2) 291-316

– (1996c): Vom Zerfall der Geschichte zur Wiedervereinigung. Der Wandel der Interpretationsmuster; in: Otto Gerhard Oexle (Hg. 1996): *Stand und*

Perspektiven der Mittelalterforschung am Ende des 20. Jahrhunderts; Wallstein, Göttingen, 47-72

– (2001): Das verschleierte Bild zu Aachen. Nackte Wahrheit ohne allen Schmuck werden die Biographen Karls des Großen niemals offenbaren können: Max Kerner sichtet des Kaisers alte Kleider; *F.A.Z.* 26. 03.

– (2001a): *Aufstieg aus dem Untergang · Apokalyptisches Denken und die Entstehung der modernen Naturwissenschaft im Mittelalter;* Beck, München

– (2004): *Der Schleier der Erinnerung · Grundzüge einer historischen Memorik;* Beck, München

Friedrich, Volker (2006): Zur Zeitstellung Karls des Großen; *ZS,* 18 (2) 417-434

fritz: https://www.astrid-fritz.de/hintergrundinformation_turm_aus_licht.html

Gaehtgen Thomas W. (2018): *Die brennende Kathedrale. Eine Geschichte aus dem Ersten Weltkrieg;* Beck, München

Gall, Ernst ([2]1955): *Die gotische Baukunst in Frankreich und Deutschland. Teil 1 · Die Vorstufen in Nordfrankreich von der Mitte des elften bis gegen Ende des zwölften Jahrhunderts;* Klinkhardt & Biermann, Braunschweig

geschichte: https://www.aachenerdom.de/ort-der-geschichte/architektur-und-entstehungsgeschichte/

Goetz, Hans-Werner (2003): „Konstruktion der Vergangenheit“. Geschichtsbewusstsein und „Fiktionalität“ in der hochmittelalterlichen Chronistik“; in: Johannes Laudage (Hg. 2003): *Von Fakten und Fiktionen. Mittelalterliche Geschichtsdarstellungen und ihre kritische Aufarbeitung;* Böhlau, Köln, 225-257

– ([4]2014): *Proseminar Geschichte: Mittelalter;* Ulmer, Stuttgart ([1]1993)

Grimme, Ernst Günther (1994): *Der Dom zu Aachen · Architektur und Ausstattung;* Einhard, Aachen

– (2002): *Der Karlschrein und der Marienschrein im Aachener Dom;* Einhard, Aachen

Grodecki, Louis (1973): Architektur und Schmuck; in: Grodecki, Louis / Mütherich, Florentine / Taralon, Jean / Wormald, Francis (1973): *Die Zeit der Ottonen und Salier* (Reihe *Universum der Kunst*); Beck, München

Groten, Manfred (1988): Die Urkunde Karls des Großen für Saint-Denis von 813 (D 286) eine Fälschung Abt Sugers? *Historisches Jahrbuch,* Jahrg. 108, 1-36

Hammermeister, Marc (2022): *Ringanker – was ist das eigentlich?* https:///www.massivhaus.de/hausbau/ringanker/

Hannemann, Jürgen: www.vcd-freizeitfahrplan.eu/de/ausflugsregionen/els%C3%A4ssischen-weinstra%C3%9Fe/tourentipps/73-barr%2C-ste-odile

Hansen, Heike (2007): *Die Westfassade von Saint-Gilles-du-Gard. Bauforscherische Untersuchungen zu einem Schlüsselwerk der südfranzösischen Spätromanik;* Institut für Architekturgeschichte der Universität Stuttgart

Hartmann, Martina (2003): Faußner, Hans Constantin. Wibald von Stablo. Seine Königsurkunden und ihre Eschatokollvorlagen aus rechtshistorischer Sicht… Eine Rezension; http://www.koeblergerhard.de/ZRG122Internetrezensionen/FaussnerHansConstantin-Wibald.htm

– Haupt, Albrecht (1909): Die älteste Kunst insbesondere die Baukunst der Germanen: von der Völkerwanderung bis zu Karl dem Grossen; Degener, Leipzig

Heckner, Ulrike / Schaab, Christoph (2012): Bautechnik, Bauausführung, Bauplastik: Übersicht über die Befunde an Sechzehneck, Oktogon und Westbau; in: *Pufke,* 169-228 = H/S

Heinsohn, Gunnar (1988): *Die Sumerer gab es nicht;* Eichborn, Frankfurt a. M.

Heinsohn, G. / Illig, Heribert (1990): *Wann lebten die Pharaonen?* Eichborn, Frankfurt a. M.

Heliosch, Susanne (2009): Neuentdeckte Urkunden lassen so manches Stadtjubiläum platzen; *Schwäbische Zeitung,* 09.03.

HI siehe Illig, Heribert

Hiebl, Manfred: https://www.manfred-hiebl.de/genealogie-mittelalter/deutschland_koenige_2/gertrud_deutsche_koenigin_1146_sulzbacher_staufer/gertrud_von_sulzbach_deutsche_koenigin_+_1146.html

Hoffmann, Volker (2015): Hölzerne Ringanker in den Kuppeln der Hagia Sophia in Istanbul (Teil I, II); *ZS,* 27 (1) 102-112 + 27 (2) 425-439

Hollstein, Ernst (1980): *Mitteleuropäische Eichenchronologie;* Zabern, Mainz

Holzer, Stefan (2021/22): *Skriptum Baugeschichte* (Studienjahr 2021/22 an der ETZ Zürich) https://ethz.ch/content/dam/ethz/special-interest/arch/idb/holzer-dam/Skripte/Baugeschichte/Skript_Baugeschichte_komplett.pdf

Holzhaider, Hans (2015): Dem Geheimnis auf der Spur: Das verschwundene Grab; *SZ,* 17. 04.

H/S siehe Heckner / Schaab

Huysmans, Joris Karl (o.J.): *Die Kathedrale;* Wegweiser, Berlin ([1]1898)

Illig, Heribert = HI (1988): *Die veraltete Vorzeit;* Eichborn, Frankfurt a. M.

– (1991): Die christliche Zeitrechnung ist zu lang; in: *Vorzeit-Frühzeit-Gegenwart,* 3 (1) 4-20

– (1992): *Karl der Fiktive, genannt Karl der Große. Als Herrscher zu groß, als Realität zu klein;* Mantis, Gräfelfing

– (1993): St. Denis und Suger – zum zweiten. Wie ein Karolingerbau verschwindet und Frankreich entsteht; *Vorzeit–Frühzeit–Gegenwart,* 5 (2) 57-71

– (1994): *Hat Karl der Große je gelebt? Bauten, Funde und Schriften im Widerstreit;* Mantis, Gräfelfing (4 Auflagen)

– (1994a): Doppelter Gregor – fiktiver Benedikt. Pseudo-Papst erfindet Fegefeuer und einen Vater des Abendlandes; *ZS,* 6 (2) 20-39

- (1996): *Das erfundene Mittelalter. Die größte Zeitfälschung der Geschichte;* Econ, Düsseldorf (Als Hardcover und Paperback bislang 23 Auflagen)
- (1999): Paderborns prachtvolle Phantomzeit · Ein Rundgang durch die Karolinger-Ausstellungen; *ZS,* 11 (3) 403-439
- (1999a): *Wer hat an der Uhr gedreht? Wie 300 Jahre Mittelalter erfunden wurden;* Econ, München, spätere Auflagen Ullstein, Berlin = WhU
- (2000): Naturwissenschaftler verteidigen 'ihren' Thron. MA-Diskussion mit emotionalen Verwerfungen; *ZS,* 12 (3) 476-494
- (2001): Langobarden, Juden, Astronomen und auch Aachen. Zum Frühmittelalter und der einschlägigen Debatte; *ZS,* 13 (1) 108-130
- (2001a): Kaiser Karl im Ruhestand · Zum Stand der Mittelalterdebatte; *ZS,* 13 (2) 266-271
- (2001b): Vom Rütteln (an) der Wahrheit · Zur weiteren Diskussion der Phantomzeitthese; *ZS,* 13 (3) 513-523
- (2002): Theoderich d. Gr. – Vorlage für Karl d. Gr.; *ZS,* 14 (4) 656-671
- (2004): Die Tyrannei des Trivialen. Zum Mittelalterdiskurs; *ZS,* 16 (2) 258-271
- (2006): Karleskes zwischen Aachen und Ingolstadt; *ZS* 18 (3) 672-676
- (2006a): Konzertierte Fälschungen · Glastonbury, Wells und Saint-Denis; *ZS* 18 (3) 692-712
- (2008): *Die Chiemseeklöster · Neue Sicht auf alte Kunst;* Mantis, Gräfelfing
- (2009): Aachen im Glück? Köln · Rowley · P.M. · Legler · Osnabrück; *ZS,* 21 (2) 473-487
- (2012): Aachen auf dem Reißbrett · Ulrich Heckner entwirft die Pfalzkapelle; *ZS,* 24 (2) 424-431
- (2013): Industrielle Revolution im Mittelalter. Mühlen, Hämmer und Kanäle; *ZS,* 25 (3) 682-697
- ([4]2014): *Aachen ohne Karl den Großen · Technik stürzt sein Reich ins Nichts;* Mantis, Gräfelfing ([1]2011)
- (2014a): Fluxus – Karl – geschwurbelt. Eine Bredekamp-Rezension; *ZS,* 26 (1) 45-54
- (2015): Entgegnung auf Volker Hoffmann [zu V.H. 2015]; *ZS,* 27 (2) 440-443
- (2015a): Der Bauherr von Aachens Pfalzkirche; *ZS,* 27 (2) 444-457
- (2016): Verschwörungstheorien bis zum Abwinken · Ein Blick in die Abgründe des Wissenschaftsbetriebes; *ZS,* 28 (3) 420-422
- ([23]2017): *Das erfundene Mittelalter · Hat Karl der Große je gelebt?* Ullstein, Berlin ([1]1996, Econ, Düsseldorf)
- (2017a): *Des Kaisers leeres Bücherbrett. Wer bewahrte das antike Erbe?* Mantis, Gräfelfing
- (2017b): Bei Karl alles in Butter? Ein Sammelsurium; *ZS,* 29 (1) 166-170

– (2018): Eisenanker in Freiburgs Münsterturm; *ZS,* 30 (3) 520-524

Imhof, Michael / Winterer, Christoph ([2]2013): *Karl der Große · Leben und Wirkung, Kunst und Architektur;* Imhof, Petersberg

Jaxtheimer, Bodo W. (1968): *In den Himmel geworfen · Das Wunder der gotischen Baukunst;* Südwest, München

Kaiser, Jürgen (2011): *Gotik im Rheinland;* Greven, Köln (Fotografien Florian Monheim)

Kalchthaler, Peter / Linke, Guido / Straub, Mirja (2013): *Baustelle Gotik · Das Freiburger Münster.* Ausstellung vom 30. 11. 2013 – 25. 05. 2014; Freiburger Münsterbauverein

karlsverein: https://www.karlsverein.de/vor-100-jahren-spektakulaere-rettungs aktion-fuer-die-aachener-chorhalle/

Kayser, Christian (2021): Die Oktogonhalle im Westturm des Freiburger Münsters: Form, Konstruktion und Rezeption; in: *Zimdars,* 129-170

Killé, Céline (2023): Savez-vous a qui appartenait la chape … de Charlemagne? Republicain-lorrain.fr; 23. 11.

Kinder, Joachim (2021): Die Ringanker: Bestand, Befunde, Materialanalysen und Bewertungen. Eigenschaften und Typ des Ringankerwerkstoffs; in: *Zimdars,* 189-200

King, Stefan (2018): Die Bau-, Reparatur- und Restaurierungsgeschichte des Turmhelms; *Münsterblatt,* Nr. 25, 19-36

Kitzler, Jens (2018): Das Münster ist entrüstet · Nach zwölf Jahren ist der Turm vom Gerüst befreit – bald gibt's dazu ein Fest; in: *Badische Zeitung,* 23. 09.

Koebler: http://www.koebler-gerhard.de/ZRG122Internetrezensionen/FaussnerHansConstantin-Wibald.htm

Kramp, Mario (Hg. 2000): *Krönungen. Könige in Aachen, Geschichte und Mythos.* Katalog der Ausstellungen in 2 Bänden; Zabern, Mainz

Kraus, Thomas R. (2013): *Aachen · Von den Anfängen bis zur Gegenwart. Band 2: Karolinger – Ottonen – Salier · 765-1137;* Stadtarchiv Aachen, Aachen

Kreft, Thomas (2009): Karl den Großen gab es doch. Im Aachener Dom wurden Hölzer gefunden, die eine genaue Datierung des Baus ermöglichen; *Kirchenzeitung,* Aachen, S. 6 f. [nach dem 07. 06.]

Krojer, Franz (2003): *Die Präzision der Präzession · Illigs mittelalterliche Phantomzeit aus astronomischer Sicht";* Differenz-Vlg., München

Krücken, Monika (2016): *Offensichtlich Verborgen · Die Aachener Pfalz im Fokus der Forschung;* Geymüller, Aachen

Kubach, Hans Erich / Verbeek, Albert (1976): *Romanische Baukunst an Rhein und Maas;* Bd. 1; Dt. Vlg. für Kunstwissenschaften, Berlin

Küffner, Georg (2005): Ein Anker verteilt die Kuppellast; *F.A.Z.,* 25. 10. https://www.faz.net/aktuell/technik-motor/technik/die-technik-ein-anker-verteilt-die-kuppellast-1277753.html

Lambert, Georges / Lavier, Catherine (1991): A New Historical Master Chronology for Dendrochronology of the Oak in the East of France. Questions about the Dating in a Large Geographical Area; *dendrochronologia,* 9, 165-179

Lange, Klaus Peter (2020): Mythos und Realität des Kaisers. Prof. Dr. Klaus-Peter Lange zweifelt an Karl dem Großen‹; [Leserbrief]; *Aachener Zeitung,* 17. 08.

Lausch, Martin (2017): Sprechende Bilder · Architektur, Glasmalerei und Ikonographie der Kathedrale Saint-Étienne in Auxerre; online: arthistoricum.net https://books.ub.uni-heidelberg.de/arthistoricum/reader/download/198/ 198-16-78666-2-10-20170912.pdf

LeFigaro (2023): La restauration de Notre-Dame révèle les secrets de ses agrafes de métal; *Le Figaro* (+ AFP), 16.03. https://www.lefigaro.fr/culture/patrimoine/la-restauration-de-notre-dame-revele-les-secrets-de-ses-agrafes-de-metal-20230316

Le Goff, Christine / Glassman, Gary (2010): *Kathedralen – Wunderwerke der Gotik;* gesendet auf TV-Kanal *Arte* am 23. 04. 2011 um 20:15. [Ein mitarbeitender Wissenschaftler war Paul Benoît.]

Lekai, Ludwig (1958): *Geschichte und Wirken der Weißen Mönche. Der Orden der Cistercienser;* Wienand, Köln

Lenz, Siegfried (1968): *Deutschstunde* · Roman; Hoffmann u. Campe, Hamburg. Lizenzausgabe

Lepie, Herta / Minkenberg, Georg (1995): *Die Schatzkammer des Aachener Domes;* Domkapitel, Aachen

Leroux-Dhuys, Jean-François (1998): *Die Zisterzienser · Geschichte und Architektur;* Könemann, Köln

L'Héritier, Maxime (2019): Le fer et le plomb dans la construction monumentale au Moyen Âge, de l'étude des sources écrites à l'analyse de la matière. Bilan de 20 ans de recherches et perspectives; in: *Ædificare Revue internationale d'histoire de la construction,* (6) 79-121. Verbreitet von Classiques Garnier, Paris, © 2020. DOI: 10.15122/isbn.978-2-406-10690-6.p.0079 mit Verweisen auf zahllose Quellen.

– (2022): Emission 111: Le chantier de Notre-Dame de Paris au Moyen Age; in: *Chemins d'histoire,* Ed. 111, 30. Nr. des 3. Jahrg., 24. 04. https://cheminsdhistoire.fr/emission111/

– (2023): *Notre-Dame de Paris: The first iron lady? Archaeometallurgical study and dating of the Parisian cathedral iron reinforcements* (mit Aurélia Azéma, Delphine Syvilay, Emmanuelle Delqué-Kolic, Lucile Beck, Ivan Guillot, Mathilde Bernard, Philippe Dillmann); 15. 03. https://doi.org/10.1371/journal.pone.0280945

L'Héritier, Maxime / Dillmann, Philippe / Sarah, Guillaume (2020): Deciphering the Iron Provenance on a Medieval Building Yard: The Case of Bourges Cathedral; in: *Minerals,* 10 (12) 1131 ff., ins Netz gestellt am 16. 12. https://hal.science/hal-03081344

Lincoln, Henry / Baigent, Michael / Leigh, Richard (1982): *The Holy Blood and the Holy Grail;* Cape, London ([1]1984: *Der Heilige Gral und seine Erben;* Lübbe, Bergisch Gladbach

Ludwig, Karl-Heinz (1997): Technik im hohen Mittelalter zwischen 1000 und 1350/1400; in: Ludwig, Karl-Heinz / Schmidtchen, Volker (1997): *Metalle und Macht · 1000 bis 1600;* Propyläen, Berlin, 9-205 ([1]1990/92)

Lugenheim, Matthias (2002): Die Korrelation von Architekturform und Strukturform im Kuppelbau und deren Einfluß auf die Ingenieurbaukunst – dargestellt am Beispiel der Frauenkirche zu Dresden; Dissertation TU Dresden http://www.matthias-lugenheim.de/download/kap3/3_07_stein.pdf

Maintz, Helmut (2004): *Sanierung karolingisches Mauerwerk. Sanierung Turmkreuz und Neuverschieferung Turmhelm* (Veröffentlichungen des Karlsverein-Dombauverein, Band 7); Aachen [divergierende Jahreszahlen auf Titelblatt (2005) und in der Titelei (2004)]

– (2012): Die Sanierung des karolingischen Mauerwerks – Bericht des Dombaumeistes über die Maßnahmen 2000-2004; in: *Pufke,* 73-116

Mann, Albrecht (1965): Großbauten vorkarlischer Zeit und aus der Epoche von Karl dem Großen bis zu Lothar I.; in Wolfgang Braunfels / Hermann Schnitzler (1967): *Karl der Große. Lebenswerk und Nachleben. Band III „Karolingische Kunst“,* 320 f.; Schwann, Düsseldorf

Marszk, Doris (2001): „Zwei Drittel der Merowinger-Urkunden sind Fälschungen“; *Bild der Wissenschaft online,* Newsticker 10.12.

Meier, Christian (1989): *Die Welt der Geschichte und die Provinz des Historikers;* Wagenbach, Berlin

Mittelalter-Lexikon: gegründet durch Peter C. A. Schels; https://www.mittelalter-lexikon.de/wiki/Hauptseite

Ney, Andreas (2018): *Wasser- und Windmühlen in Westfalen und angrenzenden Regionen im Mittelalter nach urkundlichen Quellen;* Schäfer, Detmold

– (2019): *Waser- und Windmühlen in Europa in der Spätantike und dem Mittelalter nach archäologischen, bildlichen und schriftlichen Quellen;* Schäfer, Detmold

Niemitz, Hans-Ulrich (1995): Die “magic dates” und “secret procedures” der Dendrochronologie; *ZS,* 7 (3) 291-314

Nyitarch: Drawing: http://nyitarch161.blogspot.com/2016/10/san-vitale-at-ravenna-ravenna-italy.html. Accessed November 1, 2018

ökumene = https://www.heiligenlexikon.de/BiographienB/Balthasar.htm

Ortega y Gasset, José (1909): *Los terrores de año mil. Crítica de una leyenda;* Dissertation [1904] Universidad Central de Madrid (deutsch [1]1992: *Die Schrecken des Jahres eintausend. Kritik an einer Legende*; Reclam, Leipzig)

ortsverein = http://www.ortsverein-guenterstal.de/archiv/guenterstaeler-stammtisch11-2012.html

Otte, Andreas (2007): *Zeitenspringer · HI zum 60 Geburtstag;* Verlag Otte, Oerlinghausen

– (2008): *Kritische Dendrochronologie;* 30. 08. http://www.fantomzeit.de/?p=370

– (2014): Halton „Chip" Arp · 1927 – 2013; *ZS,* 26 (1) 249-251

Péguy, Charles (1971): *Die Welt von Chartres; Gedichte von Charles Péguy,* Fotografien von Pierre Belzeaux: Echter, Würzburg

Peterich, Eckart (1961): *Italien · Zweiter Band: Rom und Latium · Neapel und Kampanien;* Prestel, München

Philipp, Klaus Jan (2009/2012): *Die Abtei Saint-Gilles-du Gard. Bauforschung zur Baugeschichte eines vergessenen Hauptwerks der französisichen Romanik* – AEGIDIANA; DFG https://gepris.dfg.de/gepris/projekt/91871225/ergebnisse

Pick, Richard (1889): Der angebliche Aachener Stadtbrand 1146; *Aus Aachens Vorzeit Bd 2,* 1-3

– (1985): *Aus Aachens Vergangenheit · Beiträge zur Geschichte der Kaiserstadt* von Richard Pick, Archivar der Stadt Aachen; Creutzer, Aachen

Pistorius, Andrea (1999): Dr. HI irritiert Historiker. Karl gab es nicht; *Westfälisches Volksblatt,* Paderborn, 02. 10.

Precht, Richard David / Welzer, Harald (2022): *Die vierte Gewalt · Wie Mehrheitsmeinung gemacht wird, auch wenn sie keine ist;* Fischer, Frankfurt am Main

Pufke, Andrea (Hg. 2012): *Die karolingische Pfalzkapelle in Aachen · Material · Bautechnik · Restaurierung;* Wernersche, Worms

Raabe, Christian / Trautz, Martin / Di Pumpo, Carlaluisa (2018): *Karolingische Tonnengewölbe im Aachener Dom · Baugeschichte, Konstruktion und Technik;* RWTH Aachen, [aufgerufen am 30. 07. 2023] = RTP http://publications.rwth-aachen.de/record/754880/files/754880.pdf

rathausverein (2014): Aktuelles · Riesige römische Mauer mitten in der Kaiserpfalz; *Rathausverein Aachen e.V.,* 05. 04.

rathausverein (2017): Aktuelles · Die Karolinger bauten auf die Römer; *Rathausverein Aachen e.V.* 21. 04.

reisen: http://www.reisefinder.conti-reisen.de/reisen/1497/verlaufvorschau

Rempel, Hans (1989): *Die Rolandstatuen · Herkunft und geschichtliche Wandlung;* WBG, Darmstadt

Riboulet, Thomas (2023): Chape de Charlemagne à Metz; in: *Le Lorraine,* 26. 08. https://www.blelorraine.fr/2023/08/chape-de-charlemagne-a-metz/

Rickens, Christian (Hg. ²2015): *Das Glühbirnenkomplott · Die spektakulärsten Verschwörungstheorien – und was an denen dran ist;* Kiepenheuer & Witsch, Köln

Rind, Michael (1994): *Ausgrabung »Kanal II« des Bayerischen Landesamts für Denkmalpflege 1980.* Band 3 der Reihe: *Archäologie am Main-Donau-Kanal;* (Hg. Bayer. Landesamt für Denkmalpflege, Buch am Erlbach

Rodin, Auguste (o.J. = 1941): *Die Kathedralen Frankreichs;* Genius, Berlin; ([1]1914): *Les Cathédrales de France. Avec cent planches inédites hors texte.* Introduction par Charles Morice; Paris

Roederer, Joachim (2005): „Der schönste Turm auf Erden". Professor Ernst Schulin kann nun belegen, was der Gelehrte Jacob Burckhardt über das Freiburger Münster wirklich gesagt hat; *Badische Zeitung,* 16. 03. https://www.badische-zeitung.de/der-schoenste-turm-auf-erden-172156758.html

Rohr, Mathieu von (2010): Im Innern des Weltwissens; *Der Spiegel,* Nr. 18 vom 19. 04., 152-156

routeYou: https://www.routeyou.com/de-fr/location/view/4464587/kathedrale-von-soissons; creative commons 2.0

rp = Rheinische Post, undatiert https://rp-online.de/advertorial/lotto/warum-der-koelner-dom-eine-dauerbaustelle-ist_aid-19135113

RTP s. C. Raabe / M. Trautz / C. Di Pumpo

S/B s. A. Speer / G. Binding

Schäfer, Ulrike (2023a): Karl der Große regierte häufig von Worms aus; *Wormser Zeitung* (Redaktion), 28. 09.

– (2023b): Schon unter Kaiser Barbarossa war Worms erstmals „wow"; *Wormser Zeitung,* 16. 10.

Schaub, Andreas (2013 [2014]): Archäologische Untersuchungen am „Marienturm" des Aachener Rathauses; *Archäologie im Rheinland,* 150 f.

– Schmidt, Burghart / Gruhle, Wolfgang (2017): *Klimaspuren der Bäume · Strahlungsschwankungen der Sonne als Impulsgeber;* Nünnerich-Asmus, Mainz = S/G

– Schmidt, Burghart / Heckner, Ulrike / Maintz, Helmut / Neyses-Eiden, Mechthild / Frank, Thomas / Schaub, Andreas (2009): Die Hölzer aus dem karolingischen Oktogon der Aachener Pfalzkapelle · Möglichkeiten einer dendrochronologischen Datierung; in: *Jahrbuch Rheinische Denkmalpflege,* 40/41, 220-235

Schmitz-Cliever-Lepie, Herta ([5]1986): *Die Domschatzkammer zu Aachen;* Domkapitel, Aachen

Scholles, Sabrina (2018): *Das Würfelkapitell;* http://www.urbs-mediaevalis.de/media/06_Bauteiltypologie/W/Wuerfel-kapitell/Wuerfelkapitell_SabrinaScholles_Endfassung.pdf

Schütte, Sven (2000): Der Aachener Thron; in *„Krönungen. Könige in Aachen - Geschichte und Mythos",* Katalog in 2 Bänden; Zabern, Mainz, 213-222

– (2001): Der Aachener Königsstuhl. Graffiti aus Jerusalem. Forscher beweist: Thron entstand doch schon zur Zeit Karls des Großen; *Kölner Stadt-Anzeiger,* 02. 06.

Schütte, Sven / Gechter, Marianne ([2]2012): *Köln: Archäologische Zone · Jüdisches Museum · Von der Ausgrabung zum Museum – Kölner Archäologie zwischen Rathaus und Praetorium · Ergebnisse und Materialien 2006 – 2012;* Stadt Köln, Köln

Schütz, Thomas (2011): *Baumeister und Muhandis · Technologietransfer zwischen Orient und Okzident;* Olms, Hildesheim

Schuller, Manfred (1989): Bauforschung; in: Peter Morsbach (1989): *Der Dom zu Regensburg · Ausgrabung · Restaurierung · Forschung;* Schnell + Steiner, München

Schulz, Matthias (1998): Schwindel im Skriptorium; *Der Spiegel,* Nr. 29/98

– (1999): Weltherrscher im Klappstuhl; *Der Spiegel,* Nr. 10/99, 274 f.

Schwieschei, Gerhard (2000): „Plausibel, aber absurd"; *Salzburger Nachrichten,* 04. 02.

Sedlmayr, Hans (1993): *Die Entstehung der Kathedrale;* Herder, Freiburg i. Br. ([1]1950, Zürich)

S/G siehe Schmidt / Gruhle

Shaw, Patrick (2014): Sonderausstellung im Treuchtlinger Volkskundemuseum; *nordbayern.de,* 25. 10.

Siebigs, Hans-Karl (2004): *Der Zentralbau des Domes zu Aachen – Unerforschtes und Ungewisses –;* Wernersche, Worms

Silberer, Elke (2010): Aachener Dom · Grab von Karl dem Großen bleibt verschollen; *Der Spiegel,* 19. 05.

Simson, Otto von (1972): *Die gotische Kathedrale · Beiträge zu ihrer Entstehung und Bedeutung;* WBG, Darmstadt

Singer, Wolf (2000): *Wahrnehmen, erinnern, vergessen;* Vortrag auf dem Historikertag in Aachen; vgl. ZS, 12 (4) 630

Speer, Andreas / Binding, Günther ([3]2008 = S/B): *Abt Suger von Saint-Denis · Ausgewählte Schriften: Ordinatio, De consecratione, De administratione;* WBG, Darmstadt ([1]2000)

Spengler, Oswald (1963): *Der Untergang des Abendlandes · Umrisse einer Morphologie der Weltgeschichte;* Beck, München (Band 1: [1]1918; Band 2: [1]1922)

Stephany, Erich [Bild Karlsschrein]

stern = (ohne Verfasser, 2009): Aachener Dom · Eichenpfähle verraten Alter des Doms; *Stern PLUS,* 04. 06.

Tausend Jahre: https://www.1000-jahre-mainzer-dom.de/startseite.html

tie-rods: https://www.researchgate.net/figure/Iron-tie-rods-in-Rouen-cathedral-lantern-tower-early-13th-century_fig5_278624022

Timbert, Arnaud (2009): *L'homme et la matière: l'architecure gothique· Actes du colloque, Noyon, 16 – 17 novembre 2006:* Picard, Paris

Toman, Rolf (1996): *Die Kunst der Romanik · Architektur · Skulptur · Malerei;* Könemann, Köln

tourist: aachen tourist service e.v.

tournus: www.evolution-mensch.de/Anthropologie/St-Philibert_(Tournus)

Trees, Wolfgang (1993): Trotz aller Tricks: Karl der Große „lebt" weiter; *Aachener Volkszeitung,* 11. 09.

Unterstöger, Hermann (2003): Willkommen im Jahr 1706! Ein streitbarer Gelehrter aus Gräfelfing will beweisen, dass die Menschheit um 297 Jahre betrogen wurde; *SZ,* 07. 02.

Venn, Hubert vom (2000): *Kaisermord · Kriminalroman;* Rhein-Mosel-Verlag, Briedel

wdr: https://www1.wdr.de/kultur/kulturnachrichten/stand-restaurierung-notre-dame-100.html; 14. 04.

Weishaupt, Gero (o.J.): geroweishaupt.com/impressum/

Weisweiler, Hermann (1981): *Das Geheimnis Karls des Großen · Astronomie in Stein: Der Aachener Dom;* Bertelsmann, München

Wenzek, Marton (2016): Verschwörungstheorien · Setzt eure Alu-Hüte auf! *BILDplus,* 17. 11.

Wenzel, Fritz (Hg. 2007): *Berichte vom Wiederaufbau der Frauenkirche zu Dresden;* Universitätsvlg., Karlsruhe

WhU = HI 1999a

Wiegelmann, Lucas (2009): Wie man Karl den Großen aus der Geschichte tilgt; *Welt,* 16. 11.

Wies, Ernst W. (1986): *Karl der Große · Kaiser und Heiliger;* Bechtle, Esslingen

wieselburg: https://www.wieselburg.gv.at/vereine-events/entdecken-und-besichtigen/sehenswuerdigkeiten/kirche-und-oktogon

Wigand, Marion (1995): 300 Jahre erstunken und erlogen. Kaiser Karl den Großen hat es nie gegeben, behaupten zwei Historiker; *taz,* Berlin, 11. 09.

Winterfeld, Dethard von (1993): *Die Kaiserdome Speyer, Mainz, Worms und ihr romanisches Umland;* Zodiaque Echter, Würzburg

Wollschläger, Hans (1973): *Die bewaffneten Wallfahrten gen Jerusalem · Geschichte der Kreuzzüge;* Diogenes, Zürich

Worms (2023): Karl der Große regierte häufig von Worms aus; *Wormser Zeitung,* 28. 09.

Worringer, Wilhelm ([12]1920): *Formprobleme der Gotik;* Piper, München ([1]1911)

yumpu: https://www.yumpu.com/de/document/view/9275476/1-architektonische-grundbegriffe-in-der-gotik

zah: *Zentrum für Astronomie / Universität Heidelberg* (2014): Dr. Ulrich Bastian erhält Bruno Hans Bürgel Preis der Astronomischen Gesellschaft; https://zah.uni-heidelberg.de/news/detail/dr-ulrich-bastian-erhaelt-bruno-hans-buergel-preis-der-astronomischen-gesellschaft

Zeitensprünge. Interdisziplinäres Bulletin, von 1989 bis 2018. Alle Hefte online unter *zeitensprünge.de*

Zimdars, Dagmar (2021): *Der Freiburger Münsterturm · Handwerk, Hightech, Forschung – Stein, Farbe, Holz, Metall;* Regierungspräsidium Stuttgart, Landesamt für Denkmalpflege, Arbeitsheft 41; Thorbecke, Ostfildern

Register

Mantis Verlag

Fießinger, Herbert (2023): ***Kloster Reichenau*** *im Zeichen des Geflügelten Löwen.* Mit einem Nachwort von H. Illig; 136 S., 24 Abb., Pb. 14,90 €

Franz, Dietmar (2008): ***Rätsel um Potsdams Ersterwähnung*** · *Urkundenfälschungen auf Otto III.;* 135 S., 11 Abb., Pb., 12,90 €

Friedell, Egon (2020): ***Der Schatten der Antike*** · *Das bislang fehlende Schlusskapitel der ‚Kulturgeschichte des Altertums'* (Hg. H. Illig); 157 S., 10 Abb., Pb., 14,90 €

Heinsohn, Gunnar ([3]2020): ***Die Erschaffung der Götter*** · *Das Opfer als Ursprung der Religion;* 228 S., 30 Abb., Pb., 18,40 €

Heinsohn, G. (2007): ***Die Sumerer gab es nicht;*** *Von den Phantom-Imperien der Lehrbücher …;* 311 S., 30 Abb., Pb., 21,90 €

Illig, Heribert (2023): ***Evolution nach Fabre und Darwin*** · *Instinkte, Insekten, Symbiosen;* 234 S. 80 Abb., Pb., 19,80 €

Illig, H. (2022): ***Darwins dunkle Seite*** · *Person, Primat, Plagiat;* 224 S., 42 Abb., Pb., 19,80 €

Illig, H. ([2]2020): ***Gregors Kalenderreform 1582*** · *Cäsar, Nikäa und zwei päpstliche Notlügen;* 265 S., 22 Abb., Pb., 18,90 €

Illig, H. (2019): ***Alte Skulptur verjüngt*** · *Christlicher Neuanfang nach 1000 in Stein, Holz und Bronze;* 269 S., 179 Abb., Pb., 18,90 €

Illig, H. (2017): ***Des Kaisers leeres Bücherbrett*** · *Wer bewahrte das antike Erbe?* 293 S., 70 Abb., Pb., 19,90 €

Illig, H. (2013): ***Meister Anton, gen. Pilgram****, oder Abschied vom Manierismus;* 360 S., 167 Abb., Pb., 14,90 €

Illig, H. (2008): ***Die Chiemseeklöster*** · *Neue Sicht auf alte Kunst;* 150 S., 49 Abb., Pb., 8,90 €

Illig, H. / Anwander, Gerhard (2002): ***Bayern in der Phantomzeit;*** 2 Bände, 958 S., 346 Abb., Pb., 19,80 €

Kerner, Martin (2007): ***Vom Steinbeil zum Pantheon*** · *Kulturgeschichte der Kalendarik;* 197 S., 47 Abb., **geb.**, 18,90 €

Mayer, Josef M. (2015): ***Die Himmelspferde von Nebra und Stonehenge*** *Astronomie und Mythos;* 97 S., **DIN A4**, Pb., 49 ***Farbabb.***, 22,90 €

Menting, Georg (2002): ***Die kurze Geschichte des Waldes*** · *Plädoyer für eine Kürzung der Waldgeschichte;* 170 S., 34 Abb., Pb., 14,90 €

Siepe, Franz (2002): Fragen der Marienverehrung · *Anfänge, Frühmittelalter, Schwarze Madonnen;* 240 S., 16 Abb., 17,90 €

Weissgerber, Klaus (2003): ***Ungarns wirkliche Frühgeschichte*** · *Árpád eroberte schon 600 das Karpatenbecken;* 325 S., 42 Abb., Pb., 19,80